Bullet Journal

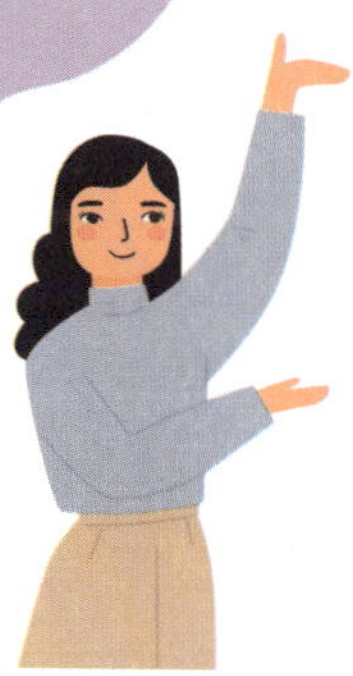

Sie finden uns hier:

www.instagram.com/mitp_verlag/

www.facebook.com/mitp.Verlag

www.tiktok.com/@mitp_verlag

blog.mitp.de

www.linkedin.com/company/mitp-verlag

Diana Meier-Soriat

Bullet Journal

Das Praxisbuch

mitp

Bibliografische Information der Deutschen Nationalbibliothek
Die Deutsche Nationalbibliothek verzeichnet diese Publikation in der Deutschen Nationalbibliografie; detaillierte bibliografische Daten sind im Internet über <http://dnb.d-nb.de> abrufbar.

Bei der Herstellung des Werkes haben wir uns zukunftsbewusst für umweltverträgliche und wiederverwertbare Materialien entschieden.
Der Inhalt ist auf elementar chlorfreiem Papier gedruckt.

ISBN 978-3-95845-706-5
1. Auflage 2018

http://www.mitp.de
E-Mail: mitp-verlag@lila-logistik.com
Telefon: +49 7953 / 7189 - 079
Telefax: +49 7953 / 7189 - 082

Lektorat: Sabine Schulz
Sprachkorrektorat: Sibylle Feldmann
Coverbild: Diana Meier-Soriat
Satz: Petra Kleinwegen
Druck: ADverts in Riga, Lettland

Inhalt

Über die Autorin

Diana Meier-Soriat gründete 2015 *Sketchnotes by Diana* und gibt regelmäßig Visualisierungs-Workshops in Bremen und deutschlandweit in verschiedensten Unternehmen. Sie bietet außerdem Graphic Recordings an oder zeichnet Auftrags-Sketchnotes, um Präsentationen zu pimpen oder komplexe Zusammenhänge auf ein Bild zu reduzieren.

Zudem betreibt sie mit großer Leidenschaft einen Blog, in dem sie Interessierte mit in ihren Alltag nimmt und ihre Leidenschaft für Stifte, Papier und Co. mit ihren Lesern teil. Diana ist in Salzburg geboren und lebt mit ihrer Familie in Bremen.

www.sketchnotes-by-diana.com

Instagram/Twitter/Pinterest: @dianasoriat

YouTube: *youtube.com/c/DianaMeierSoriat*

Danksagung

Ich hätte nie gedacht, dass ich jemals ein Buch schreiben würde. Das war auch sicherlich nicht mein Plan. Als die Anfrage vom mitp-Verlag kam, war ich natürlich sehr stolz und fühlte mich geehrt. Natürlich hätte ich eigentlich auch ein Buch über Sketchnotes schreiben können. Anfragen von anderen Verlagen gab es bereits, aber das kam für mich nicht in Frage, denn es gibt bereits so viele tolle Bücher, und wer möchte schon einer von vielen sein?

Das Thema Bullet Journal war für mich ein völlig anderes. Ich bin ja erst über Sketchnotes – mein eigentliches Steckenpferd – darüber gestolpert. Und ich habe mich diesem Thema natürlich sofort mit großer Leidenschaft gewidmet. Gerne hätte ich dazu ein Buch gehabt. Aber: es gab keins. Weder auf Englisch und schon gar nicht auf Deutsch war irgendetwas Brauchbares zu finden. Und so habe ich Blogs und Social-Media-Kanäle durchforstet, um zu sehen: Wie geht das eigentlich mit dem Bullet Journal? Worauf muss ich achten? Wie passe ich mir das am besten an? Wie sehr hätte ich mir einen Ratgeber gewünscht, ohne kreuz und quer durch das Netz surfen zu müssen. Aufgrund meiner intensiven

Sketchnote-Zeit hatte ich immerhin schon Erfahrung mit Stiften und Papier. Und da frage ich mich: Wie geht es da wohl den anderen, die sich alles aneignen müssen.

Die Gelegenheit, das alles nun zu einem Ratgeber zusammenzufassen, um anderen den Zugang auf einen Schlag zu ermöglichen, musste ich natürlich sofort ergreifen. Und so ist dieses Buch entstanden.

Was wäre ein Buch ohne eine Lektorin? Ich bedanke mich zuallererst bei Sabine Schulz vom mitp-Verlag. Ich bedanke mich für deine motivierenden Worte. Dein permanentes »Zur Seite Stehen.« Für deine Anmerkungen und Ideen und deine große Hilfe – dein Input als »Außenstehende« war für mich besonders wichtig. Denn JEDER soll dieses System begreifen können. Ohne jegliche Voraussetzung. Das war auch für mich wichtig, denn es gab ja auch noch keinen Ratgeber, mit dem ich vergleichen konnte. Und ich bedanke mich besonders dafür, dass du gerade auch im Endspurt immer für mich da warst und für unsere sehr nette und angenehme »Standleitung«.

Dann möchte ich mich bei allen Mitwirkenden bedanken. Tanja Wehr (Autorin der »Sketchnote Starthilfe«) für das zur Verfügung stellen deiner Schriften aus deinem Buch. Ich bedanke mich bei Marcus Lemke für die textliche Unterstützung zum Thema Habit Tracker. Besonders bedanke ich mich auch bei Sophie Jehle für das zur Verfügung stellen der Bilder für das Thema Studium planen im Bullet Journal. Mein Studium ist doch schon so lange her.

Außerdem bedanke ich mich für die schönen Inspirationen zum Thema Bullet Journal nochmal bei Sopie Jehle, dann bei Anne Broszies, Sabine Wieners, Julia Geörger, Helen Colebrook, Anne Kuen, Maren Janka, Ilona Regenery, Carina Schwarz, Anja Tönjes, Christine Leinweber, Michelle Bertram, Nathalie Güllü und Michelle Tiedmann. Ihr seid auch für mich immer wieder eine tolle Inspiration und ich bewundere euch für diese grandiose Vielfalt und die vielen Ideen.

Und zu guter Letzt danke ich meinem Mann Christoph und meiner Familie, die mich in dieser Zeit so unterstützt haben.

Es ist und bleibt ein Herzensprojekt, und ich hoffe sehr, dass auch euch ein so »externes Gehirn« wie das Bullet Journal weiterbringt.

1 Einleitung

Wir leben heute in einem digitalen Zeitalter. Wir holen uns die ganze Welt auf unsere Smartphones, Computer und Tablets, egal wo wir uns befinden – ob zu Hause, unterwegs oder an unserem Arbeitsplatz. Es gibt unzählige Apps, die uns helfen sollen, unser Leben zu organisieren; Apps, um unsere Termine einzutragen; Apps, um unser Gewicht zu kontrollieren; Apps, die unser Budget verwalten; Apps für Rezepte, die wir ausprobieren möchten; Apps, die uns unterstützen, unsere Meetings vorzubereiten. Unser Smartphone gibt den Geist auf? Nichts ist gesichert? Eine Vollkatastrophe.

Wenn es schnell gehen muss, wir vielleicht nicht die geeignete App haben oder in einer Konferenz nicht auf unserem Laptop oder Smartphone tippen möchten, greifen wir wieder zu Stift und Papier. Wir notieren alles kreuz und quer – auf Servietten, Post-its oder irgendeinem Blatt Papier, das uns gerade zur Verfügung steht. Verlieren wir diese Notizen, vergessen wir unsere Aufgaben und Termine oder sind wieder mal auf der Suche nach eben DIESER EINEN Notiz.

Die Digitalisierung eröffnet uns einerseits die Welt und hilft uns, Grenzen zu überwinden, andererseits laufen wir Gefahr, uns in dieser Welt zu verlieren. Wir sind permanent beschäftigt, aber irgendwie auch wenig produktiv. Wir rennen durch die Gegend, und alles droht uns über den Kopf zu wachsen. Unsere To-do-Listen sind digital und analog verstreut, vielleicht auch nur im Kopf und in den Gedanken verankert. Und so geht uns immer wieder mal so einiges flöten.

Wie soll man heutzutage in der Lage sein, diese Flut an Informationen und Aufgaben zu bündeln? Wie kann man es schaffen, sich besser zu strukturieren und zu organisieren?

Das Führen eines Bullet Journals ist seit 2015 das Trendthema schlechthin. In den sozialen Medien findet man unzählige Inspirationen, Netzwerkgruppen widmen sich mit großer Leidenschaft diesem Thema, und es ist eine große Onlinecommunity entstanden. Die User teilen ihre Ideen, tauschen sich über Notizbücher und Stifte aus, kommentieren ihre Werke und unterstützen sich in ihrer Lebensplanung.

Durch das Führen eines sogenannten »Bullet Journals« wirst du endlich in der Lage sein, dein »Beschäftigt-Sein« in ein sinnvolles »Produktiv-Sein« umzuwandeln. Schluss mit tausend Apps und verstreuten Notizzetteln. Ein Bullet Journal ist ein geniales System und hilft dir, endlich Ordnung zu schaffen.

Das Bullet Journal kann all das sein, was du brauchst. Du kannst deinen Alltag strukturieren, deine Termine planen, deinen eigenen Kalender führen, deine Aufgaben festhalten und es als Tagebuch benutzen. Es ist ein sehr flexibles System, und du kannst es genau an deine Wünsche und Bedürfnisse anpassen. Das ist das Schöne am Führen eines Bullet Journals: Du passt es dir genau so an, wie du es brauchst.

Die ursprüngliche Idee stammt von Ryder Carroll (www.bulletjournal.com), einem Produktdesigner aus New York. Er nennt es das analoge System im digitalen Zeitalter. Er hat für sich ein System gesucht, um folgende Hauptpunkte abzudecken.

- Track the Past
- Organize the Present
- Plan the Future

Wie kann ich Vergangenes verfolgen, das Heute organisieren und Zukünftiges planen? Genau dafür ist ein Bullet Journal optimal geeignet.

1.1 Wann ist ein Bullet Journal das Richtige für mich?

Folgende Fragen solltest du dir grundsätzlich stellen:

- Möchtest du besser organisiert sein?
- Möchtest du gern einen Kalender oder eine Art Tagebuch führen?
- Stört oder stresst dich das Benutzen unterschiedlicher Apps?
- Möchtest du endlich Schluss machen mit der ewigen Zettelwirtschaft?
- Hast du wieder Lust, Stift und Papier in die Hand zu nehmen, statt permanent Smartphone und Laptop zu benutzen?
- Möchtest du alles an einem Platz wiederfinden?

Wenn du auch nur eine Frage mit Ja beantwortest, sollte das Führen eines Bullet Journals das Richtige für dich sein.

Ein Bullet Journal ist im Grunde nichts anderes als ein Notizbuch, in dem du dein Leben organisierst und das du genau nach deinen Bedürfnissen anpasst. Dieses codierte Agenda-System bringt endlich Ordnung in alle deine Aufgaben, und hast du das Konzept erst einmal verstanden, kannst du das System für dich so abwandeln, wie du es für dich und deine Bedürfnisse brauchst.

1.2 Wie soll mein Bullet Journal aussehen?

Dein Bullet Journal kann genau so aussehen, wie du es möchtest. Es gibt kein Richtig oder Falsch. Ryder Carroll bezeichnet es als ein »customizable and forgiving system« – das heißt, dein Bullet Journal ist »anpassbar« und »vergebend«. Es muss für dich funktionieren – für niemanden sonst. Du möchtest ein kreatives Bullet Journal führen? Dann tobe dich aus. Du wünschst es dir minimalistisch? Kein Problem – denn es ist deins – und nur deins.

1.3 Über dieses Buch

In diesem Buch erfährst du alles, was du wissen musst, um dein eigenes Bullet Journal so zu führen, dass es genau zu dir passt. Ich zeige dir, wie du dir deine Grundstruktur anlegen kannst, und verschiedene Ansätze, Inspirationen und Vorlagen werden dir helfen, dein eigenes und persönliches Organisationssystem zu entwickeln. Picke dir genau das heraus, was du persönlich brauchst, was dir gefällt und was du für sinnvoll erachtest. Wahrscheinlich wirst du Dinge ausprobieren, die sich später für dich nicht als sinnvoll erweisen. Und vermutlich wirst du durch die Inspiration auch deine eigenen Ideen entwickeln.

1.4 Aufbau des Buches

Nachdem du in diesem Kapitel erfahren hast, was ein Bullet Journal überhaupt ist, wo es herkommt und wofür es gedacht ist, geht es in Kapitel 2 um das Material: Was brauchst du, um ein Bullet Journal zu starten? Welche Notizbücher eignen sich, was musst du beim Papier beachten, welche Stifte kannst du verwenden und welche kleinen Helferlein gibt es noch?

Kapitel 3 beschäftigt sich mit dem Organisationssystem. Was ist Rapid Logging und wofür sind Key Codes gut? Du wirst hier lernen, wie du deine ersten Einträge startest.

In Kapitel 4 geht es richtig los. Hier erfährst du, wie du dein Bullet Journal aufbaust und welche Elemente dein Bullet Journal enthalten sollte: Index, Future Log, Wochen-, Monats- und Tagesübersichten.

Wenn du ein kreatives Bullet Journal führen möchtest, dann erfährst du in Kapitel 5 alles über Sketchnotes und Schriften. Dort findest du u.a. eine Bibliothek mit Symbolen und Schriften, die du für dein Bullet Journal übernehmen kannst.

In Kapitel 6 findest du zahlreiche Anwendungsbeispiele: To-do-Listen, Habit Tracker und viele weitere Anwendungsbeispiele für verschiedene Tracker, Präsentationsplanung, Eventplanung wie Hochzeit, Geburtstag und Präsentationen, Reiseplanung sowie Haushalts- und Einkaufsplanung und vieles mehr.

Kapitel 7 beschäftigt sich mit dem Bullet Journal als Tagebuch und in Kapitel 8 findest du alles zum Thema Travel Journal.

In Kapitel 9 bekommst du eine Einführung, wie du mit Farben deinem Bullet Journal eine persönliche Note gibst und wie du dich kreativ austoben kannst.

Weitere Dekorationselemente und Anwendungsbeispiele findest du in Kapitel 10.

Das reicht alles nicht? Die schönsten Bullet-Journal-Ideen anderer Bullet JournalerInnen findest du schließlich in Kapitel 11.

Ich wünsche dir viel Spaß mit deinem Bullet Journal!

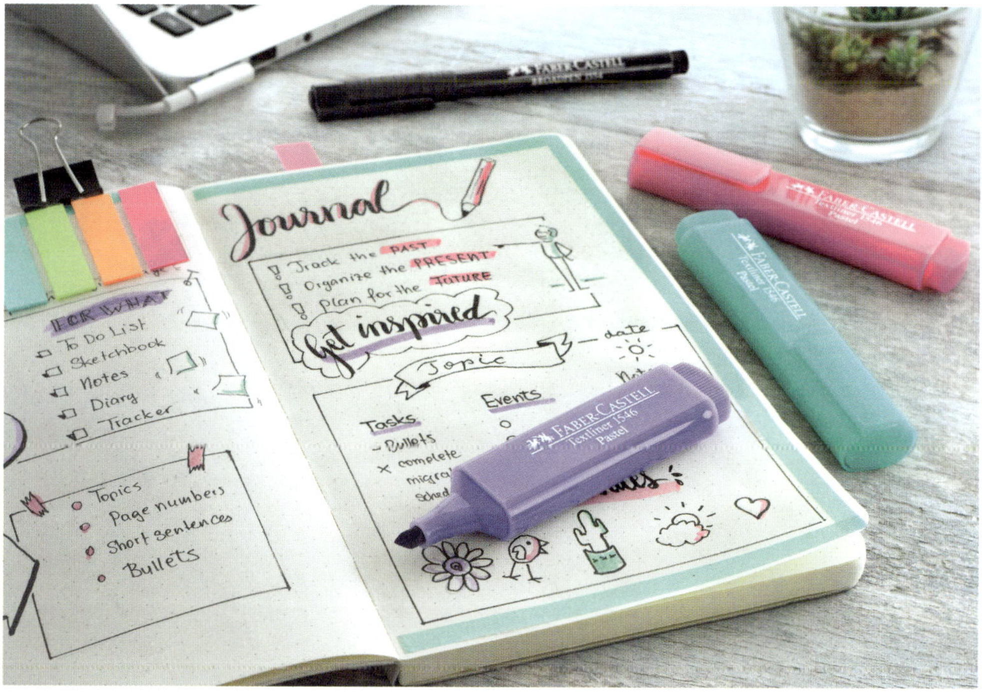

2 Materialkunde

Sobald du mit deinem Bullet Journal beginnen möchtest, stehst du natürlich vor der Frage, mit welchen Materialien du starten sollst. Welches Notizbuch eignet sich am besten, und welche Stifte benutzt du im Idealfall?

Im Grunde genommen eignet sich zunächst jedes Notizbuch oder jeder Stift, dennoch gibt es einige Dinge, auf die du achten solltest und die ich dir aus meiner Erfahrung heraus raten kann.

Deine Entscheidung hängt in erster Linie davon ab, wie du dein Bullet Journal nutzen möchtest. Soll es eher minimalistisch werden, oder willst du das Ganze kreativ gestalten? Je mehr Stifte du benutzen oder auch kombinieren möchtest, desto wichtiger wird es, auf die Qualität und Beschaffenheit der Stifte und des Papiers zu achten.

Sicherlich eignet sich zum Schreiben zunächst jeder Stift – sei es ein Bleistift, ein Kugelschreiber oder ein Fineliner. Ungünstig ist es aber z.B., wenn sich die Stifte allzu sehr durch das Papier drücken oder verschmieren. Auch wenn du mit Farben arbeitest, gibt es eine Reihe von Möglichkeiten, diese einzusetzen.

Bei den Notizbüchern musst du entscheiden, welche Ausführung und welches Papier sich am besten für deine Belange eignen. Magst du gebundene Bücher? Oder lieber Ringbücher oder vielleicht sogar einzelne Hefte?

Im Nachfolgenden stelle ich dir verschiedene Notizbücher und Stifte vor, damit du bei deinem eigenen Bullet Journal besser einschätzen kannst, was dir persönlich wichtig ist.

In jedem Fall brauchst du zum Start

- ein Notizbuch,
- einen Stift und
- ein Lineal.

2.1 Notizbücher

Es ist jetzt keine Überraschung, dass das Wichtigste an einem Bullet Journal natürlich das Journal selbst ist. Allerdings gibt es da viele Unterschiede, über die du dir vorher Gedanken machen solltest. Ich stelle dir hier die wichtigsten Eigenschaften eines Bullet Journals vor und gebe dir am Ende noch ein paar konkrete Kaufempfehlungen.

Lineatur

Bei der Entscheidung für ein Notizbuch ist es zunächst wichtig, die richtige und für dich passende Lineatur auszuwählen. Worauf schreibst du am liebsten? Möglich sind Linien, Karos, Blanko oder (am beliebtesten) Punkte.

Für mich persönlich haben sich Punkte (mehr bekannt unter dem Namen »Dot Grid«) als ideal herausgestellt. Durch die Punkte (Dots) ist es für dich einfacher, gerade zu schreiben und einheitliche Abstände einzuhalten. So gibst du deiner gestalteten Seite optisch ein besseres Aussehen. Karos haben den gleichen Effekt. Der Vorteil beim Punkteraster ist allerdings, dass diese Punkte optisch am Ende sehr in den Hintergrund treten.

Papierbeschaffenheit

Je nachdem, was du alles mit deinem Bullet Journal anfangen willst, ist es wichtig, auf gute Papierqualität und das Papiergewicht zu achten. Möchtest du nur schreiben, oder hast du auch vor, in deinem Bullet Journal mit Farben zu arbeiten? Idealerweise testest du das Papier vorher, was in Geschäften allerdings leider nicht wirklich möglich ist.

Es gibt viele Facebook-Gruppen und Blogs, die sich mit Bullet Journals beschäftigen, dort wirst du diverse Tipps und Tricks finden können (siehe dazu Kapitel 11 »Social Media und Bullet Journal Features«). Da viele Kreative mit Farben arbeiten und Texte oder auch Tage etc. markieren, solltest du auf eher glattes Papier achten. Papier, das zu sehr saugt, nimmt die Farben vielleicht zu stark auf, oder die Stifte bluten gar durch.

Glattes Papier erlaubt das Benutzen von Finelinern und Fasermalern in einem Rutsch. Oftmals empfiehlt es sich, verschiedene Stiftearten wie Textmarker und Tintenstifte desselben Herstellers zu kombinieren, da diese häufig so aufeinander abgestimmt sind, dass sie bei gemeinsamer Benutzung nicht verschmieren.

Möchtest du auch mit Aquarell oder Wasserfarben arbeiten, ist glattes Papier wiederum ungeeignet, da es sich wellen würde. Raues oder saugfähiges Papier eignet sich auch eher für Bleistiftzeichnungen.

Eine weitere Rolle spielt die Dicke bzw. Schwere des Papiers. Da man in der Regel ja beide Seiten beschriften möchte, ist ein zu dünnes Papier weniger geeignet. Ein komplettes Nicht-Durchscheinen (das wird auch als Ghosting bezeichnet) wird kaum möglich sein, aber es gibt tolle Notizbücher, bei denen dies kaum der Fall ist.

Das Papiergewicht wird in Gramm pro Quadratmeter angegeben (durchschnittlich z. B. 90 g/m²). Je höher der Wert, desto schwerer und dicker ist das Papier. Allerdings hat das Papiergewicht nicht unbedingt etwas mit der Qualität zu tun. Das Tomoe-River-Papier des Hobonichi Planers zum Beispiel ist sehr dünn, und trotzdem schlägt nichts durch. Bedenke auch, mit welchem Schreibgerät du arbeitest. Eine Füllfeder mit Tinte schlägt mehr durch als ein wasserbasierter Fineliner.

Achte nicht unbedingt nur auf die bekannten Marken. Es gibt wunderbare Start-ups, die tolle Notizbücher herstellen – ich persönlich habe da schon wirklich erstaunliche Erfahrungen gemacht.

Hardcover – Softcover – Ringbuch

Der Einband deines Bullet Journals ist natürlich reine Geschmackssache.

Ein Hardcover schützt dein Buch besser, allerdings fällt es auch mehr ins Gewicht, wenn du es immer dabei hast. Der harte Buchrücken erlaubt es, das Buch mal eben auf den Schoß zu nehmen und bequem darin zu schreiben, wenn du unterwegs bist und keine Möglichkeit hast, dich an einen Tisch zu setzen. Außerdem verhindert der robuste Einband, dass Eselsohren an deinem Bullet Journal entstehen.

Ein Softcover-Buch besticht durch weniger Gewicht. Allerdings zerknickt es schon mal schneller oder bekommt Eselsohren. Das muss jedoch nicht schlecht sein, ich persönlich mag diese »Patina« ganz besonders gern. Dein Bullet Journal wird so nach einiger Zeit richtig bearbeitet aussehen.

Ein Ringbuch mit Spiralbindung hat den Vorteil, dass man Seiten auch mal heraustrennen kann. Wenn es einen stabilen Deckel hat, ist es einfacher, das Buch auf den Schoß zu nehmen. Der größte Vorteil ist wohl, dass man die Seiten wirklich richtig aufschlagen kann und das Buch dadurch flach auf dem Tisch liegt. Es gibt auch Notizbücher, bei denen sich die Seiten herausnehmen und woanders wieder einsetzen lassen. Du kannst alternativ auch einen Ringplaner verwenden, in dem du Blankoseiten einsetzen kannst.

Das beste Buch für das Bullet Journaling gibt es nicht. Du musst selbst ausprobieren, was dir am besten gefällt und für deine Bedürfnisse am meisten geeignet ist.

Ich persönlich sehe in allen Varianten gewisse Vorteile und gebe zu, dass ich immer mal zwischen der einen und der anderen schwanke. Aber das ist ja auch schön: Wenn du dein Bullet Journal immer mal wieder wechselst, sieht es in deinem Regal gleich bunter aus und du erkennst auf einen Blick, welches Notizbuch du in welcher Zeitspanne verwendet hast.

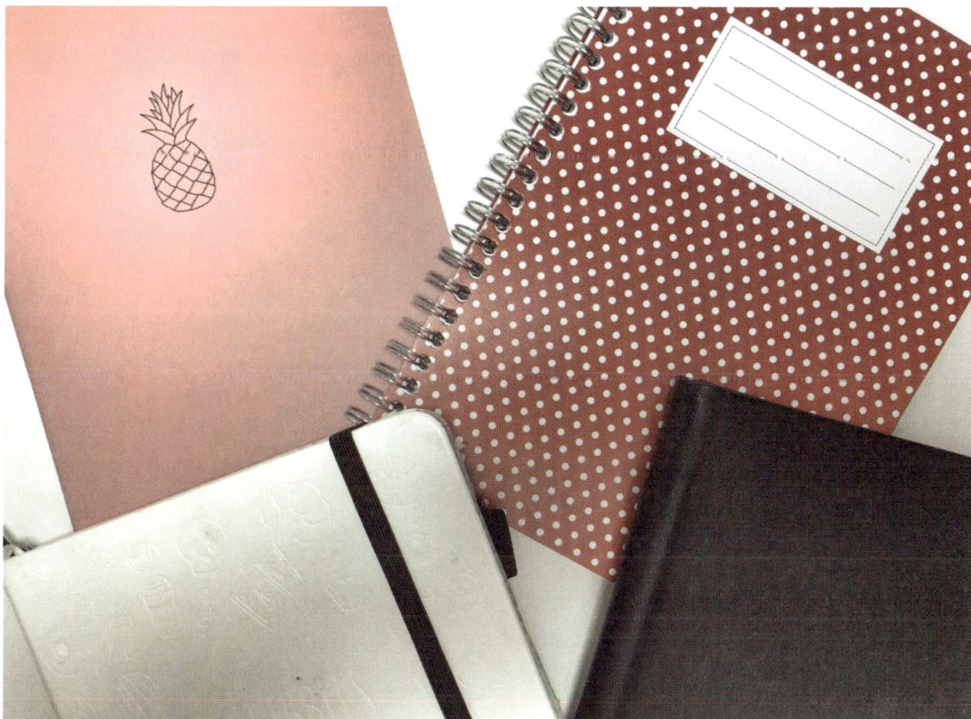

Welche Größe für dein Bullet Journal?

Auch die Größe des Bullet Journals hängt von deinen Vorlieben und der Art deiner Verwendung ab. Bleibt dein Bullet Journal auf dem Schreibtisch liegen, oder trägst du es ständig mit dir herum? Hat es Platz in deiner Aktentasche, oder benutzt du eine kleinere Handtasche?

Die gängigste Größe ist sicherlich das A5-Format. Eine kleinere Version gibt es im A6-Format, je nachdem, wie viel du notieren möchtest oder musst. Viele benutzen sogar mehrere Notizbücher für verschiedene Themen.

Sehr beliebt sind auch die Sondergrößen der sogenannten Travel Journals (Midori). Sie sind schmaler und eher dünn. Dazu gibt es Umschläge, sogenannte TNs (Traveler's Notebooks), aus Leder oder Kunstleder, die mit Gummibändern versehen sind. Dort kannst du Hefte einhängen und dadurch mehrere Hefte mit dir führen. Diese können auch verschiedene Papierarten enthalten, etwa für Aquarelle geeignetes Papier, wenn du malen möchtest. Du kannst so verschiedene Themen unterbringen, ohne alles in einem einzigen Notizbuch vereinen zu müssen.

Auch hier heißt es wieder: Du musst einfach ausprobieren, welche Größe am besten zu deinen Bedürfnissen passt.

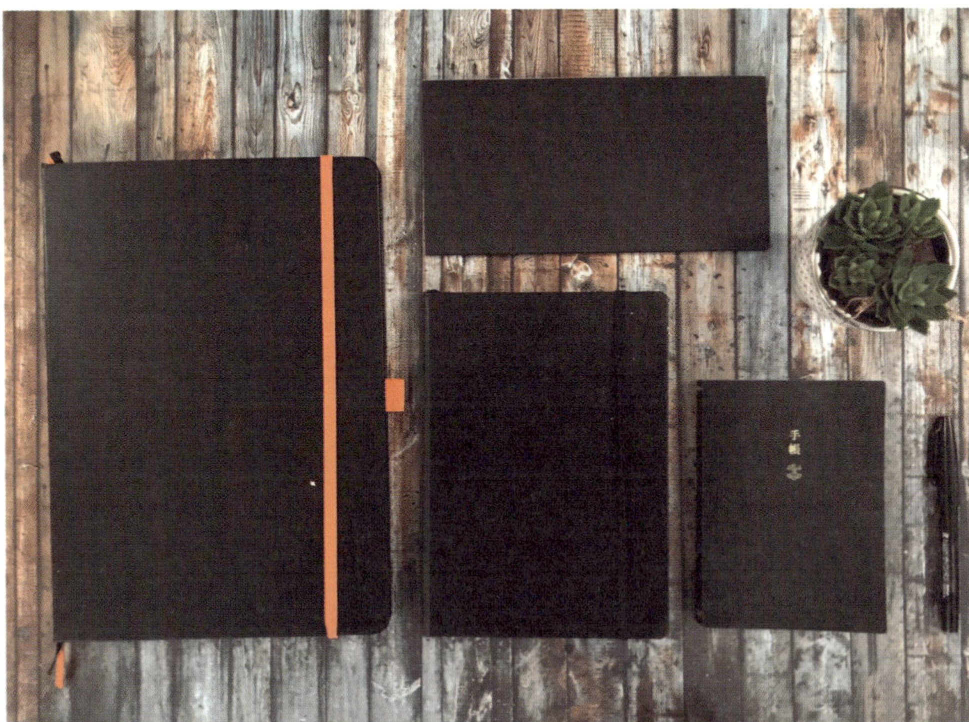

Weitere Features für dein Bullet Journal

Viele Notizbücher bieten Falttaschen im Buchdeckel an. Das kann sehr praktisch sein, wenn du mal kurz Belege, Tickets oder kleine Notizen »zwischenparken« möchtest. Wenn dein Journal keine solche Tasche hat, kannst du sie allerdings auch schnell selbst basteln. Schneide dir einfach ein Blatt Papier auf deine gewünschte Größe zurecht und klebe es an den Rändern vorne oder hinten in dein Notizbuch. Ein kleiner Briefumschlag funktioniert übrigens auch.

Ein weiteres tolles Feature für dein Bullet Journal ist eine Stiftschlaufe. Damit hast du dein Schreibgerät immer griffbereit. In der Regel ist diese Schlaufe nicht gleich bei einem Notizbuch dabei. Große Anbieter wie Leuchtturm bieten aber passende Schlaufen zum Kauf an, die du dann in dein Notizbuch kleben kannst. Natürlich kannst du auch hier wieder selbst basteln, wenn du das magst. Dafür eignen sich zum Beispiel Binderclips, auf die du eine Schlaufe klebst.

Gummibänder sind oft wichtig für kreative Journaler, die z.B. auch Zettel oder Zeitungsausschnitte in ihr Notizbuch kleben möchten, denn das Gummiband hält dein Buch besser zusammen.

Und wenn du besonders aktiv bist und dein Bullet Journal überall dabeihast, brauchst du vielleicht eine Schutzhülle. Für »normale« Notizbücher eignet sich jede Art von Hülle oder passende Stofftasche. Diese halten Schmutz fern und verhindern gerade bei Softcovern das Verknicken der Seiten in deiner Tasche. Es gibt auch spezielle Schutzhüllen, in die du mehrere einzelne Notizbücher einhängen kannst.

Welche Marke für dein Bullet Journal?

Die vorgeschlagenen Notizbücher sind nur eine momentane Bestandsaufnahme und beruhen auf meinen Erfahrungen. Schaue unbedingt regelmäßig auf meinem Blog vorbei, denn es gibt dort immer wieder Neues zu entdecken.

Leuchtturm 1917

Eines der gängigsten Notizbücher ist sicherlich das Leuchtturm 1917. Es ist sowohl als Softcover als auch als Hardcover erhältlich. Leuchtturm hat eine tolle Auswahl an Farben bei den normalen Notizbüchern (Papier mit 80g/m²) und immer wieder spezielle Editionen (Papier mit 100g/m²).

https://www.leuchtturm1917.de

Nuuna by Brandbook

Nuuna by Brandbook ist eine Marke aus Deutschland. Diese Bücher sind von sehr guter Qualität und das Papier scheint so gut wie gar nicht durch. Die Softcover sowie die Hardcover gibt es in vielen tollen und sehr schicken Ausführungen, sie sind in allen möglichen Größen erhältlich (90g/m² Premiumpapier aus Munkenpapier).

https://www.nuuna.com

Scribbles that matter

Dieses Buch kommt aus Kanada und ist leider nicht immer lieferbar. Es hat einige besonders vorgefertigte Seiten am Anfang und am Ende des Buchs (Index, Pen-Test etc.) und einen äußerst charmanten Einband mit kleinen Scribbles. Das Papier ist sehr hochwertig und die Stifte schlagen in der Regel nicht durch (100g/m²).

Bezugsquelle: Amazon

Pure Planning by MJ

Es müssen nicht immer die großen Marken sein, ich finde, man sollte durchaus auch kleinere Unternehmen unterstützen. Die Hefte sind dünn, mit tollen Bildern auf den Covern versehen und enthalten Dot Grid als Lineatur. Das Papier ist qualitativ top, und es schlägt nichts durch (100g/m²).

https://www.etsy.com/de/shop/PurePlanningbyMJ

Pure Paper Official

Hier findest du sehr hübsche Notizbücher mit verschiedenen Covern, Spiralbindung und Punkteraster. Sie sind flach auf den Tisch zu legen und bieten ein wirklich tolles Preis-Leistungs-Verhältnis. Hinzu kommt, dass bei jedem 50sten verkauften Buch ein Baum gepflanzt wird (100g/m²).

https://purepaper.de

LemoMe

Das ist ein wunderschönes Notizbuch, entweder schlicht in schwarz oder mit schickem Vintage Kunstledereinband. Das Papier hat eine tolle Qualität, nichts scheint durch. Teilweise wird das Notizbuch mit einem schwarzen Rollerball-Stift und einem sehr flachen Lineal angeboten, so hast du das wichtigste dabei, was du brauchst (100g/m²).

Bezugsquelle: Amazon

Hobonichi Planer

Dieser Kalender stammt aus Japan, und obwohl er ein Kalendarium besitzt, ist es auch hier möglich, sich kreativ auszutoben. Erwähnen möchte ich dieses Buch wegen seines ganz besonderen Papiers, des sogenannten Tomoe-River-Papiers. Es ist im Vergleich zu anderen Kalendern hauchdünn und sehr robust. Dieses Papier hält Tinte, Stempel, Fineliner und sogar Aquarell stand. Und so ist beispielsweise der Hobonichi Techo trotz seiner 464 Seiten nur 14 mm dick (52 g/m²).

http://www.hobonichiplanner.com

Whitelines Link

Spannend ist auch das Notizbuch von Whitelines Link. Es besitzt graue Seiten mit weißer Lineatur. Mit der zugehörigen App kann man das Gezeichnete oder Geschriebene abfotografieren und digitalisieren. Die Linien verschwinden digital und man erhält einen weißen Hintergrund (80g/m²).

http://whitelinespaper.com

2.2 Stifte & Co.

Zunächst einmal eignet sich – genau wie auch bei den Notizbüchern – jeder Stift für das Bullet Journaling – abhängig davon, wie minimalistisch oder kreativ es werden soll. Weitere wichtige Werkzeuge sind natürlich ein Lineal und Paperclips.

Fineliner, Filzstifte und Fasermaler

Die meisten benutzen für das Schreiben im Bullet Journal Fineliner in der Farbe Schwarz. Besonders bewährt haben sich die Strichstärken 0,1 mm bis 0,5 mm. Ich persönlich bevorzuge 0,3 mm. Fineliner liegen gut in der Hand und haben bei guter Qualität einen schönen Schreibfluss. Es gibt sie wasser- oder tintenbasiert. Vorsicht bei alkoholhaltigen Finelinern, diese tendieren dazu, durch das Papier zu schlagen. Außerdem sollte der Fineliner tintenbasiert sein, um ein Verwischen oder Verblassen zu vermeiden.

Fineliner gibt es in allen möglichen Farben und erlauben so das Einsetzen von Color Codes in deinem Bullet Journal (mehr dazu in Kapitel 9). Außerdem eignen sie sich wunderbar für Details und filigrane Schriften. Filzstifte besitzen eine unbewegliche Spitze, und es gibt sie in allen möglichen Farben und Ausführungen. Sie eignen sich bestens zum Schreiben oder Malen.

Brushpens

Brushpens werden zum einen zur Schönschrift und für das Handlettering genutzt und zum anderen, um Text innerhalb deines Bullet Journals zu markieren. Es sind im Endeffekt nichts anderes als Filzstifte mit beweglicher Pinselspitze. Mit Brushpens lassen sich wunderbare Effekte erzielen. Mehr dazu findest du auch in Kapitel 5 »Schmuckelemente, Icons, Schriften und Co.«. Zum Schreiben mit Brushpens eignen sich eher kleinere und härtere Spitzen. Zum Markieren sind große und weichere Spitzen von Vorteil, und hier eignen sich am besten pastellige und helle Farben.

Textmarker

Textmarker findet man in allen möglichen Farben. Bekannt sind bislang eher Neonfarben, jedoch haben mittlerweile schon einige Hersteller Textmarker in Pastellfarben herausgebracht. Diese sind im Bullet Journal nicht so grell und sehen schön aus. Textmarker besitzen eine Keilspitze, erlauben zielgenaues Markieren und sind auch für größere Schriften geeignet. Durch diese Keilspitze ist man in der Lage, drei verschiedene Strichstärken zu verwenden.

Buntstifte

Buntstifte schlagen bestimmt durch kein Papier. Sie eignen sich wunderbar zum Kritzeln und Malen oder für großflächigere Hintergründe.

Aquarell

Mit Aquarell- und Wasserfarben muss man etwas vorsichtiger umgehen. Sie funktionieren sicherlich nicht auf jedem Papier. Glattes Papier wellt sich schnell und findet im Gegensatz zu Aquarellpapier nicht in seine ursprüngliche Form zurück. Im Zweifel musst du es einfach ausprobieren. Oder du malst Aquarelle auf separatem Papier und klebst sie in dein Bullet Journal ein.

Pastellkreide – oder Pastellstifte

Pastellkreide oder Pastellstifte eignen sich besonders, um dein Bullet Journal mit flächigen Hintergründen zu kolorieren.

Die wichtigsten Stifte für das Bullet Journaling sind in der Regel Fineliner, Brushpens und Textmarker.

Ich empfehle gerne die Stifte von Tombow, Faber-Castell, Pentel und Edding.

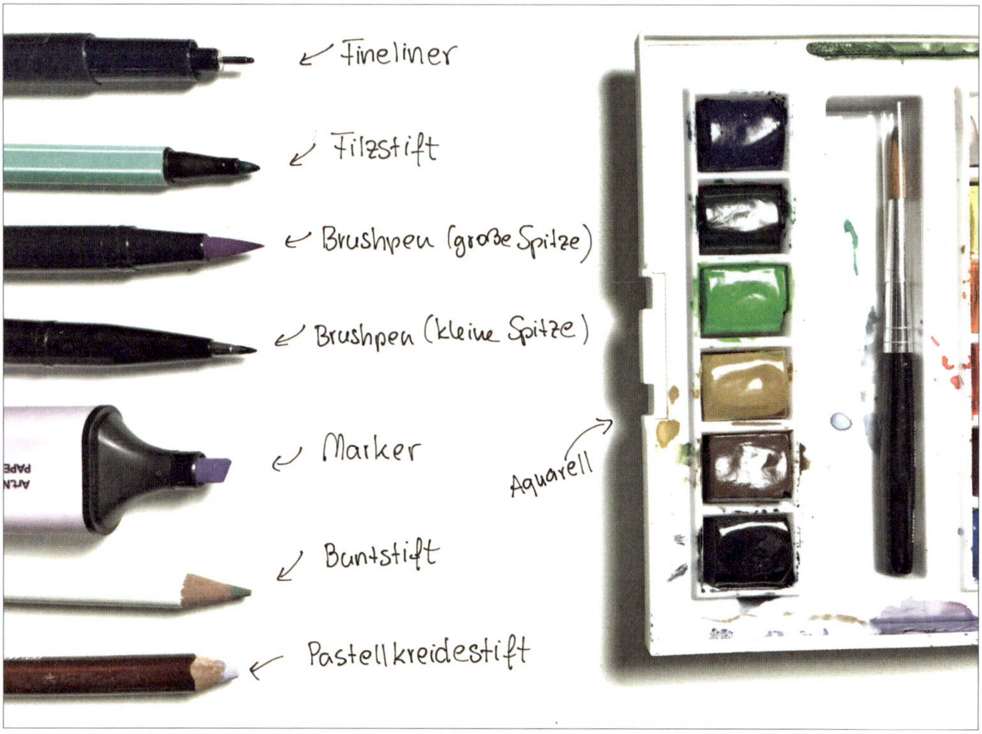

Erfahrungsgemäß harmonieren verschiedene Marken nicht gut miteinander. Wenn du mit Fineliner schreibst und gleichzeitig mit Brushpens oder Textmarkern markieren möchtest, empfehle ich dir, die Stifte desselben Herstellers zu benutzen. Sie sind in der Regel aufeinander abgestimmt, und so verhinderst du ein Verschmieren der Produkte. Schau doch auf meinem Blog vorbei, da findest du allerlei Nützliches zu verschiedenen Materialien: *www.sketchnotes-by-diana.com/blog*

2.3 Nützliche Helferlein

Ein Lineal ist für dein Bullet Journal natürlich eine große Hilfe. Ich persönlich nutze ein großes Lineal, das immer auf meinem Schreibtisch liegt und ein kleines, das ich immer bei mir habe. Lineale gibt es in allen möglichen Ausführungen. Achte auf gute Qualität, es sollte nicht deine Linien verwischen. Im Handel gibt es auch sehr flache Lineale, die wenig Platz wegnehmen.

Paperclips helfen dir, Seiten und Abschnitte voneinander zu trennen und zum Beispiel einzelne Monate oder wichtige Seiten zu markieren. Außerdem kannst du dein Notizbuch mithilfe von Clips flacher auf den Tisch legen und es lässt sich so einfacher darin arbeiten. Du kannst einfache Büroklammern verwenden oder auch stabilere Binderclips. Im Handel gibt es auch wunderschöne Clips in vielen Farben und Formen.

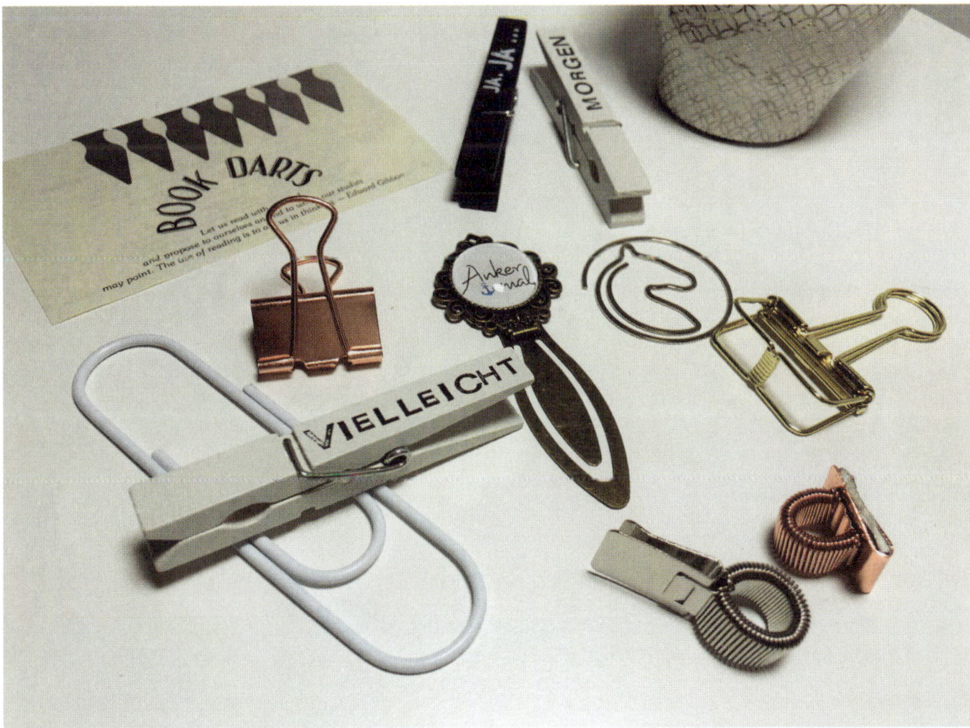

3 Das Organisationssystem

Du hast nun dein Notizbuch vor dir liegen und den Stift in der Hand. Es kann losgehen! Wie ich schon geschrieben habe, kannst du dein Bullet Journal ganz nach deinen Bedürfnissen und Vorlieben anpassen und bist an kein herkömmliches Kalenderformat gebunden. Bevor du startest, brauchst du also noch ein System, nach dem du das Vergangene verfolgen, das Heute organisieren und Zukünftiges planen kannst. Dafür gibt es grundlegende Elemente, die jedes Bullet Journal enthalten sollte (aber auch hier wieder: nicht muss!).

Ryder Carroll empfiehlt ein bestimmtes Organisationssystem, das dir dabei helfen soll, dich in deinen ganzen Notizen zurechtzufinden und deinen Alltag besser zu planen. Durch die wiederholte Anwendung bist du schnell in der Lage, auf einen Blick zu erfassen, was zu tun ist. Dafür gibt es Helferlein, die einen Wiedererkennungswert haben.

Die Hauptelemente nach Ryder Carroll sind ein Index sowie ein Kalendarium, in das man Jahres-, Monats- und Tagesübersichten sowie Events, To-do-Listen, sogenannte Habit Tracker und noch vieles mehr integrieren kann. Im Wesentlichen kann man sagen, dass im Bullet Journal die beiden Aspekte **Organize the Present** und **Plan the Future** angewendet werden.

3.1 Rapid Logging

»Traditionell« Notizen zu erstellen, kann viel Zeit in Anspruch nehmen. Je ausführlicher du schreibst, desto mehr Zeit wirst du brauchen. Je mehr Zeit du brauchst, desto unpraktischer wird die ganze Sache. Verschiedene Themen an verschiedenen Orten festzuhalten, kann das Wiederfinden schwierig gestalten. Nach Ryder Carroll ist das sogenannte **Rapid Logging** die ideale Lösung: ein Hintereinanderschreiben all deiner Aufgaben, Termine und Notizen auf einer Seite in deinem Bullet Journal. Diese kannst du sowohl in der Monats-, Wochen- und Tagesübersicht eintragen und so Schluss machen mit der ewigen Zettelwirtschaft.

Stell dir vor, du schreibst dir morgens alles auf, was du an diesem Tag vor dir hast, seien es Dinge, die du noch erledigen musst, Termine, aber auch schöne Vorhaben. Oder du sammelst Aufgaben für die ganze Woche. Oder du planst eine bestimmte Sache – zum Beispiel ein Event – und notierst erst mal alle To-dos dafür.

Ich zeige dir hier die einfachste Form des Rapid Loggings, damit du lernst, wie es funktioniert.

Schreibe einfach mal alle Vorhaben unsortiert untereinander und markiere sie mit einfachen Bullet Points (Gliederungspunkten).

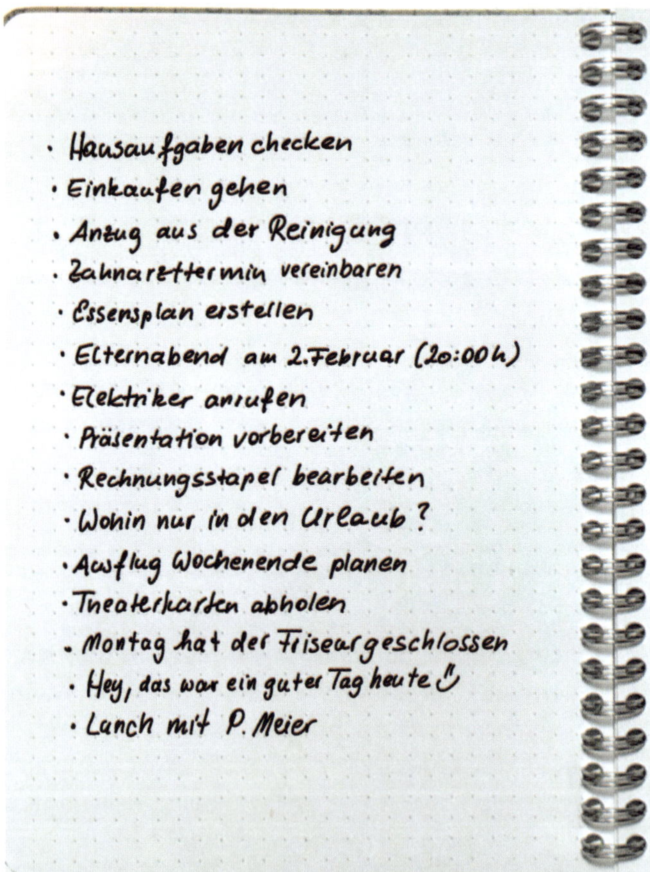

Wichtig für die Methode des Rapid Loggings ist dabei, dass du alles in reinen Stichpunkten notierst und keine vollständigen Sätze aufschreibst, alles so kurz und knapp wie möglich.

Es ist hilfreich, wenn du oben auf der Seite entweder das Tagesdatum oder das Thema notierst, zu dem du Gedanken oder Ideen sammelst, oder auch das Event, das du organisieren möchtest. Versieh die Seite mit einer Seitenanzahl, damit du sie in deinen Index aufnehmen kannst (sofern dein Notizbuch nicht schon Seitenzahlen hat).

Damit du das Rapid Logging effektiv einsetzen kannst, solltest du also Folgendes berücksichtigen:

Zur Orientierung schreibst du am besten auf jede Seite folgende Elemente:

- Thema (Topic)
- Seite (Page)

Du kannst, je nachdem wie du dein Bullet Journal nutzt, natürlich auch immer das Datum dazuschreiben, damit du später weißt, zu welchem Zeitpunkt du deine Notiz gemacht hast und wie alt sie schon ist.

Deine Aufgaben, Termine etc. notierst du am besten möglichst kurz, knapp und übersichtlich:

- Kurze Sätze (Short Sentences)
- Aufzählungszeichen (Bullets)

Natürlich muss dein Bullet Journal gut strukturiert sein, du willst ja schließlich später auch alles wiederfinden. Glaub mir, nichts ist frustrierender als ein wunderschön kreativ gestaltetes Bullet Journal, das dir aber im Alltag leider gar nicht weiterhilft, weil deine To-do-Listen und Kalendereinträge unauffindbar verschwunden sind.

Nachdem du alles so aufgeschrieben hast, gehst du die Liste durch und versiehst sie mit Zeichen, den sogenannten **Key Codes**, die die Aufgaben, oder was auch immer du notierst hast, strukturieren und voneinander unterscheiden.

Wie du auf der nächsten Seite sehen kannst, sind diese Key Codes ganz einfache Zeichen, die du genauso für all deine Aufgaben verwenden kannst. Du musst nicht genau diese benutzen – suche dir ruhig deine eigenen Zeichen, mit denen du am besten arbeiten kannst, so dass du dir auf diese Weise sozusagen deine eigene Tool-Box erstellst.

3.2 Key Codes

Key Codes sind ganz besondere Grundelemente eines Bullet Journals, und du benötigst den Key Code als Referenz für das Rapid Logging. Dieses Symbolverzeichnis legt fest, welche Zeichen in deinem Bullet Journal welche Bedeutung haben. Sie helfen dir, einen Überblick über bestimmte Vorgänge zu bekommen.

In Ryder Carrolls System finden folgende Key Codes Anwendung:

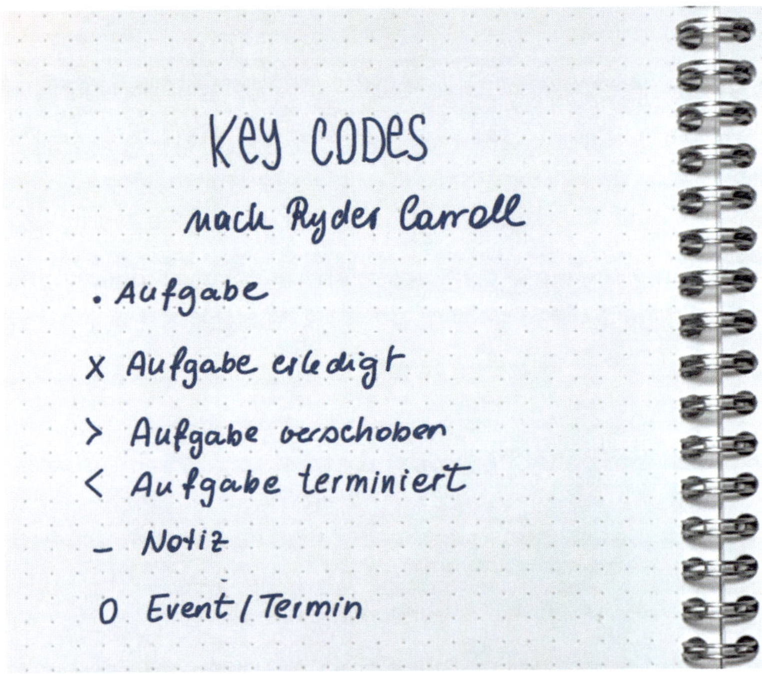

Im Grunde genommen sollen dir deine Key Codes mit der Zeit in Fleisch und Blut übergehen, so dass du gar nicht mehr überlegen musst, was du verwendest, wenn du zum Beispiel eine Aufgabe verschieben willst. Dann genügt ein kurzer Blick in dein Bullet Journal, und du weißt anhand der Key Codes sofort, was noch zu tun ist, oder ob du dein Bullet Journal für den Tag zuklappen und Feierabend machen kannst.

Wenn dir das nicht reicht, kannst du natürlich deine eigenen Key Codes erstellen, zum Beispiel für Prioritäten, Ideen, Versand von E-Mails etc. Hier habe ich ein paar Ideen für dich:

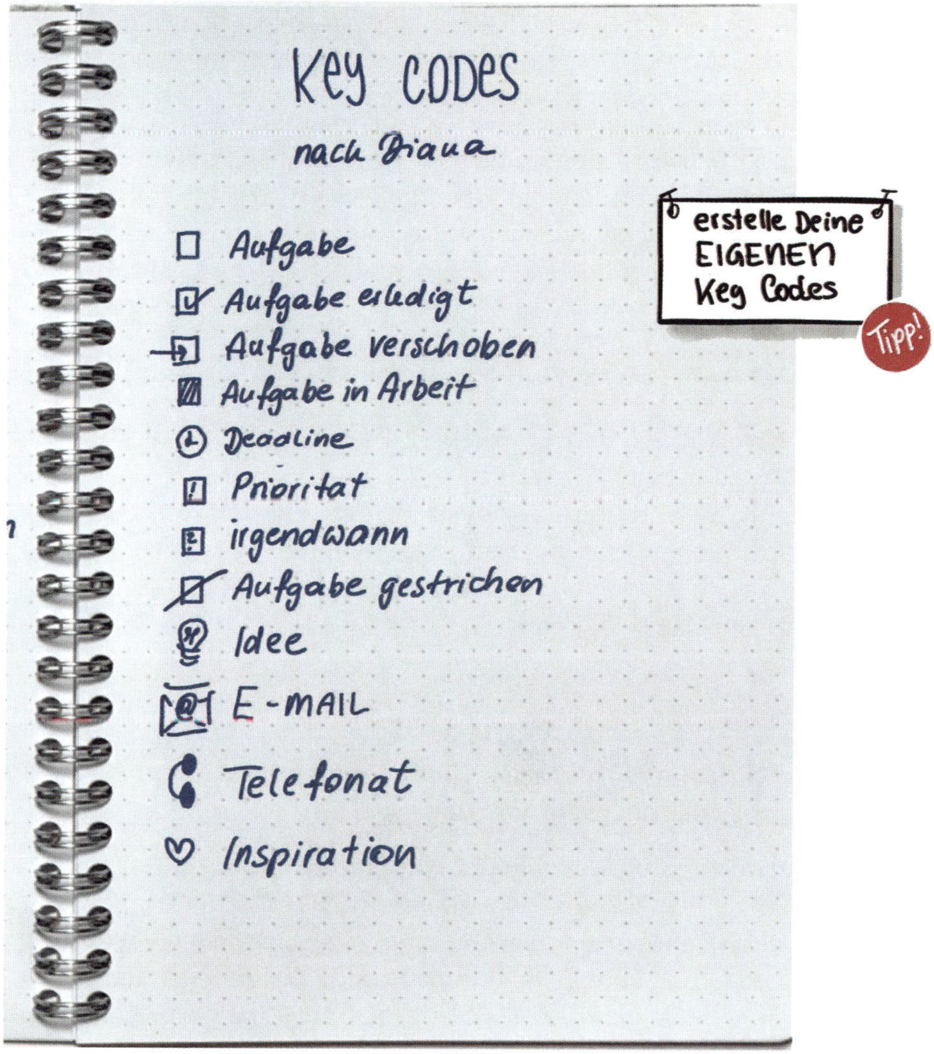

Tipp

Überlege dir deine eigenen Key Codes für deine wichtigsten Aufgaben. Du weißt selbst am besten, was du im Alltag brauchst.

Du kannst dir außerdem auch ein Farbsystem überlegen, so dass du deine Key Codes mithilfe von Farbmarkierungen machst (sogenannte Color Codes) – oder du mischst beides, ganz so, wie es für dich am besten ist. Du kannst unterschiedliche Farben für unterschiedliche Aufgaben einsetzen (z.B. für Privates eine andere Farbe als für Berufliches) oder über Farben Dringendes von weniger Dringendem unterscheiden. Wie das ganze aussehen kann, kannst du im Kapitel 9 »Mit Farben arbeiten« nachschlagen.

3.3 Rapid Logging Schritt für Schritt – Quick-Start nach Ryder Carroll

Die bereits beschriebene Rapid-Logging-Methode kannst du für dein komplettes Bullet Journal und für fast jede Anwendung nutzen. Im Nachfolgenden werde ich die Anwendung am Beispiel eines Tageseintrags Schritt für Schritt erklären.

Thema/Überschrift

Als Erstes setzt du deine Überschrift. Diese soll kurz und knapp sein, und es soll sofort ersichtlich sein, worum es geht.

Viele Bullet Journaler schreiben einfach das Datum darüber. Das ist schlicht und reicht ihnen für die Tagesübersicht. Das Datum kannst du natürlich auch nach Belieben verzieren und in allen möglichen Varianten und Schriften gestalten. Geht es in deinem Rapid Log hingegen um ein bestimmtes Thema, nimm genau das als Überschrift. Eine gesonderte Aufgabenliste zu einem bestimmten Thema wie »Einkaufen«, »Ausflug am Sonntag« oder »Marketing-Meeting« kannst du so viel schneller und effektiver von deinen sonstigen Aufgaben trennen.

Seite

Dann nummerierst du die Seite (unbedingt die Seiten fortlaufend nummerieren). Im **Index**, der sich ganz am Anfang deines Bullet Journals befindet (siehe dazu auch Abschnitt 4.1), trägst du ebenfalls dein Thema und die Seite ein, damit du später alles wiederfindest.

Bullets

Deine To-dos, Aufgaben, Termine und Notizen trägst du am besten mit Bullet Points ein. Dafür benutzt du in der Regel pro Eintrag einen Bullet Point, also einen einfachen Punkt.

(Und ja, ich weiß, ich schreibe es immer wieder: Wenn du das nicht magst, nimm einfach etwas anderes. Kästchen, Pfeile oder Blumen gehen dir schneller von der Hand? Bitte – du bist hier der Boss.)

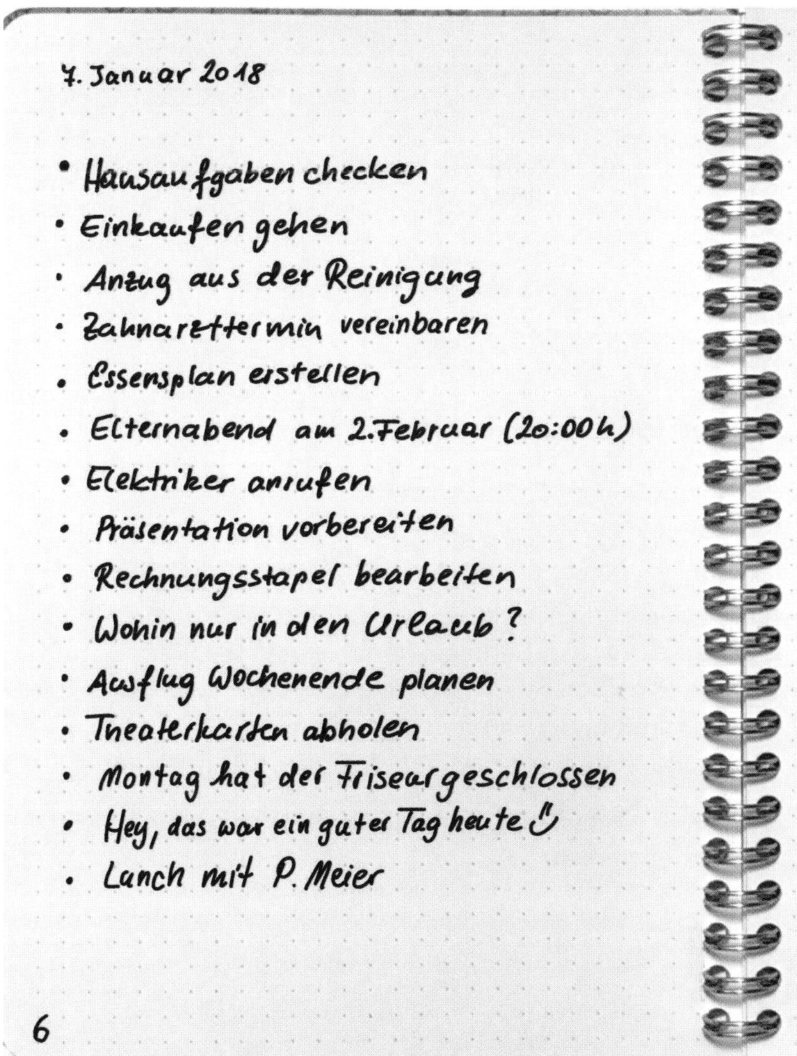

Wenn du zunächst vor alle Aufgaben, Termine etc. nur einen einfachen Bullet Point setzt, hat das den Vorteil, dass du diese Bullet Points im nächsten Schritt ganz einfach in die sogenannten **Key Codes** umwandeln kannst, um deine Einträge zu strukturieren. Die Key Codes kannst du von Ryder Carroll übernehmen oder deine eigenen kreieren. Wichtig ist, immer die gleichen zu benutzen. So kannst du später auf einen Blick sehen, was zu tun ist, und erzeugst einen Wiedererkennungswert.

Aufgaben

Die Aufgaben trägst du zunächst einfach mit einem Punkt (Bullet) ein. Diesen Punkt kannst du später mit deinem Key Code überschreiben, also mit einem Kreuz oder einem kleinen Pfeil oder auch mit einem anderen eigenen Key Code von dir. Dann weißt du genau, was du schon erledigt hast, noch machen musst oder verschieben kannst.

Termine

Termine werden durch einen leeren Punkt (o) gekennzeichnet. Natürlich kannst du die Uhrzeit dazu notieren. Termine trägst du in jedem Fall in deine Tagesübersicht ein, du kannst sie aber auch – je nach Wichtigkeit und wenn sie in der Zukunft liegen – in der Monats- oder Jahresübersicht (Future Log) festhalten.

Notizen

Notizen werden einfach mit einem kleinen Querstrich festgehalten. Das können einfache Notizen sein, Gedanken, Ideen, Fakten oder Beobachtungen. Notizen sind Erinnerungen und verlangen im Zweifel nicht unbedingt eine Aktion.

Hier siehst du nun ein Beispiel, in dem alle verschiedenen Key Codes von Ryder Carroll vorkommen:

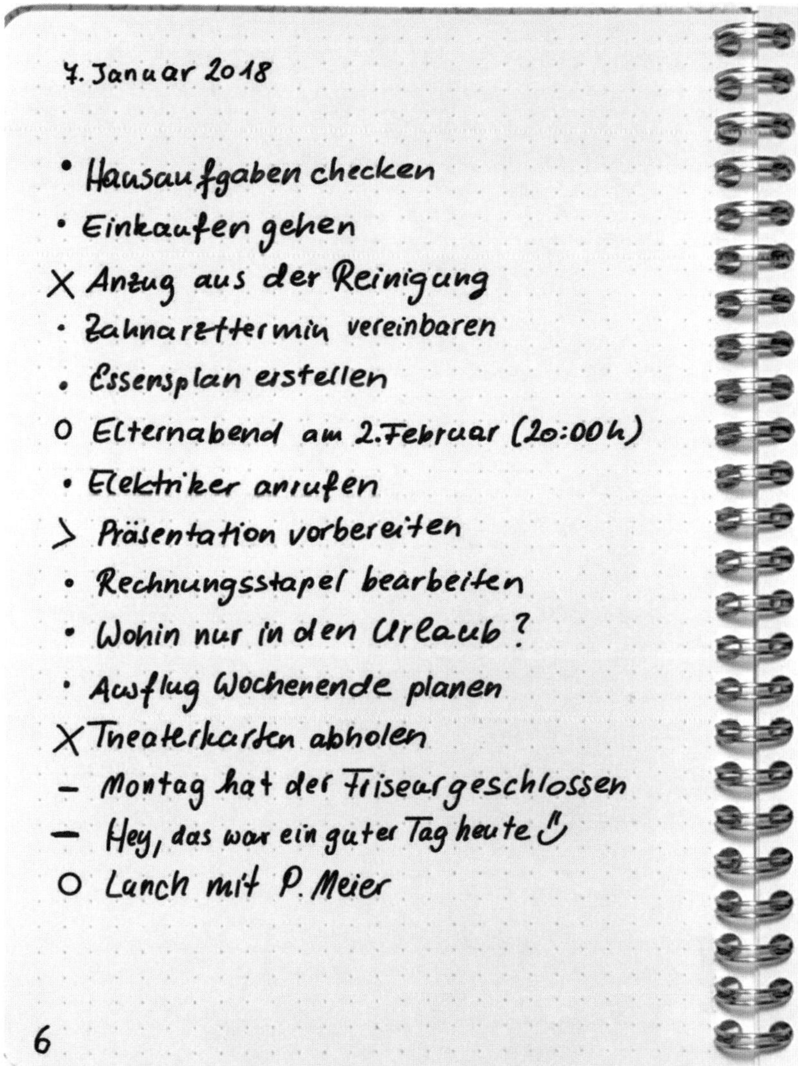

Diese soeben gezeigte Variante ist die schnellste und einfachste Art, ein Bullet Journal zu führen.

Schau dir jetzt auch noch mal meine Vorschläge für eigene individuelle Key Codes an und überlege, ob und welche du davon für dein eigenes Bullet Journal brauchen könntest oder ob du dir noch ganz neue überlegen möchtest, um das obige Beispiele auf dich und deine Bedürfnisse anzupassen.

Erfahrungsgemäß wirst du irgendwann merken, ob das System ausreicht oder ob du es dir individuell anpassen möchtest. Es ist dein Bullet Journal, und es muss sich für dich richtig anfühlen und praktikabel sein.

4 Inhaltlicher Aufbau eines Bullet Journals

Wie genau du dein Bullet Journal aufbauen möchtest, ist natürlich wie immer dir selbst überlassen. Denn dafür ist diese Art von Kalender ja da: Du kreierst mit deinem Bullet Journal das System, das du am besten auf dein Leben anwenden kannst. Es gibt aber grundsätzliche Elemente, die helfen, sich besser zurechtzufinden und zu organisieren.

4.1 Index

Der Index ist der Start eines jeden Bullet Journals. Da die Inhalte eines Bullet Journals keine vorgegebene Reihenfolge haben, hilft dir der Index, dich darin zurechtzufinden. Es ist sinnvoll, für den Index die ersten Seiten freizulassen (mindestens vier Seiten). Dort notierst du nach und nach beim Entstehen deines Bullet Journals, was du auf welcher Seite eingetragen hast. Entweder benutzt du ein Notizbuch mit durchnummerierten Seiten, oder du nummerierst sie einfach selbst. Manche Notizbücher haben auch schon einen vorgefertigten Index integriert, überlege aber, ob dir die Seiten ausreichen.

Wie umfangreich du deinen Index gestaltest, hängt natürlich auch davon ab, welche und wie viele Seiten du schnell wiederfinden musst. Manche Journaler markieren sich nur ihre Monatsanfänge und wichtige Events, andere dokumentieren jedes Projekt und jede thematische To-do-Liste, damit sie sich gar nicht lange mit Suchen und Blättern aufhalten müssen.

Auch die Gestaltung des Index ist deine Entscheidung – je nachdem, wie minimalistisch oder kreativ du sein möchtest. Besonders wichtige Inhalte kannst du auch mit Farben (Color Codes) markieren, oder du gibst gleichen Themen die gleiche Farbe.

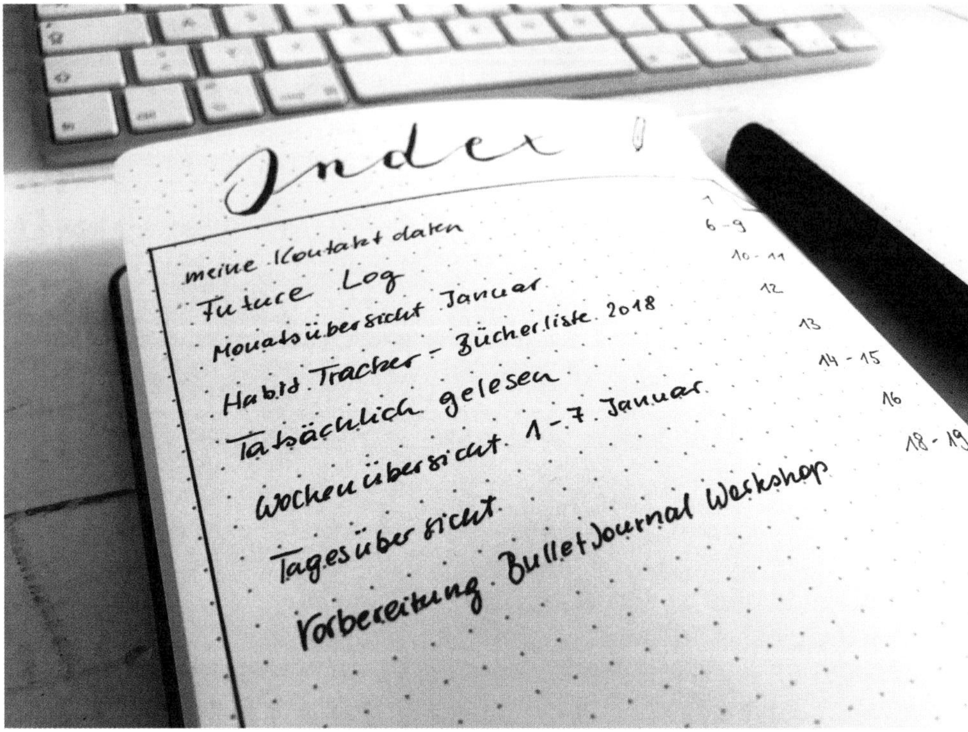

4.2 Planen: das Kalendarium

Ryder Carroll empfiehlt zum optimalen Planen verschiedene Übersichten für das ganze Jahr (Jahresübersicht bzw. Future Log), für einzelne Monate und Wochen sowie natürlich auch für einzelne Tage. Wann und wofür welche Übersichten gut sind und wie diese aussehen können, erfährst du in den nächsten Abschnitten.

Das System mit verschiedenen Übersichten funktioniert deshalb gut, weil alle Aufgaben und Termine von einer Übersicht in eine andere verschoben werden können. Ryder Carroll bezeichnet dies als Migration.

Migration

Migration bedeutet, dass du Aufgaben von überall nach überall verschieben kannst.

Genau dieses System funktioniert gut in Kombination mit der Rapid-Logging-Methode. Wenn du eine neue Aufgabe erstellst, trägst du sie zum Beispiel erst mal in deine Wochenübersicht ein. Manche führen auch eine sogenannte Master-Liste mit allen wichtigen Aufgaben. Von dort aus kannst du sie dann in die Tagesübersicht verschieben, an dem sie erledigt werden muss. Oder aber du überträgst sie – je nach Wichtigkeit – in die Monatsübersicht oder in das Future Log, sprich die Jahresübersicht. Theoretisch kannst du von überall nach überallhin verschieben:

- Aufgaben aus dem Future Log in eine Monatsübersicht schieben
- Aufgaben aus der Monatsübersicht in eine Tagesübersicht schieben
- Aufgaben aus einer Tagesübersicht in eine andere Tagesübersicht schieben
- Aufgaben aus einer Tagesübersicht zurückschieben: in eine Monatsübersicht oder in den Future Log

Wenn z.B. ein Anruf kommt, aus dem eine Aufgabe folgt, notiere ich mir das im Sinne des Rapid Loggings erst mal in meiner Tagesübersicht. Am Abend gehe ich meine Tagesübersicht durch und migriere dann die unerledigten Dinge an die passende Stelle.

Aufgaben zu migrieren bedeutet auch, das Ganze zu reflektieren. Wenn Aufgaben ständig verschoben werden, stellst du dir vielleicht irgendwann die Frage, ob sie wirklich wichtig sind und warum du sie vor dir herschiebst, und kannst so entweder den Fokus darauf setzen oder du stellst vielleicht sogar fest, dass diese Aufgabe eh nicht wichtig genug ist und komplett gestrichen werden kann.

Das klingt jetzt etwas kompliziert, aber sobald du im weiteren Verlauf den inhaltlichen Aufbau des Bullet Journal kennenlernst, wirst du verstehen, wie du die Aufgaben und Termine migrieren kannst.

4.3 Future Log: Anwendung, Varianten und Vorlagen

Alles, was du in deinem Bullet Journal für das kommende Jahr planst und in Form einer Jahresübersicht festhältst, bezeichnet man als **Future Log**. Nach dem Index ist es das erste Element in deinem Bullet Journal. Der Future Log ist dafür gedacht, Termine und Ereignisse einzutragen, sodass die wichtigsten feststehenden Termine für das ganze Jahr im Überblick zu sehen sind. Dies betrifft das kommende Jahr und ist ein wesentliches Hauptelement in deinem Bullet Journal.

Der Future Log eignet sich in der Regel nicht für jeden einzelnen Termin oder jede einzelne kleine Aufgaben, die du erledigen musst und die sich ggf. noch verschieben könnten, sondern eher für wichtige Termine bzw. Termine, die bereits feststehen (Urlaub, Feiertage, Geburtstage etc.). Wenn du also Termine, die in ferner Zukunft liegen, handhaben musst, ist der Future Log eine geeignete Methode, um den Überblick zu behalten.

Hast du sehr viele Termine und scheint dir der Future Log für diese vielen Termine nicht geeignet, dann überlege, ob du dir verschiedene Future Logs für bestimmte Themen einrichtest. Du kannst zum Beispiel einen Future Log nur für Geburtstage erstellen. Oder für deinen Schichtdienst. Ich erstelle immer einen Future Log, der nur meine Workshop-Termine betrifft. Ich gebe maximal zwei Workshops in der Woche, mehr möchte ich nicht; so habe ich einen Überblick, ob ich noch Aufträge annehmen kann oder nicht.

Überlege dir aber auch, wie viel Platz du in deinem Future Log für die einzelnen Einträge benötigst. Reicht dir eine kleine farbige Markierung für deine Arbeitstage oder schreibst du Termine gerne ganz aus mit Name und Adresse? Ich weiß, zu Beginn deines Bullet Journals musst du erst einmal viel überlegen, was und wofür du alles brauchst, aber dann wird es am Ende umso perfekter.

Future Log nach Ryder Carroll

Die Future-Log-Gestaltung nach Ryder Carroll ist simpel: Hier werden zwei Seiten mit je drei Abschnitten für Monate verwendet. In jeden Abschnitt kannst du deine wichtigen Termine eintragen. Wenn du das ganze Jahr überblicken möchtest, nimm noch zwei Seiten dazu.

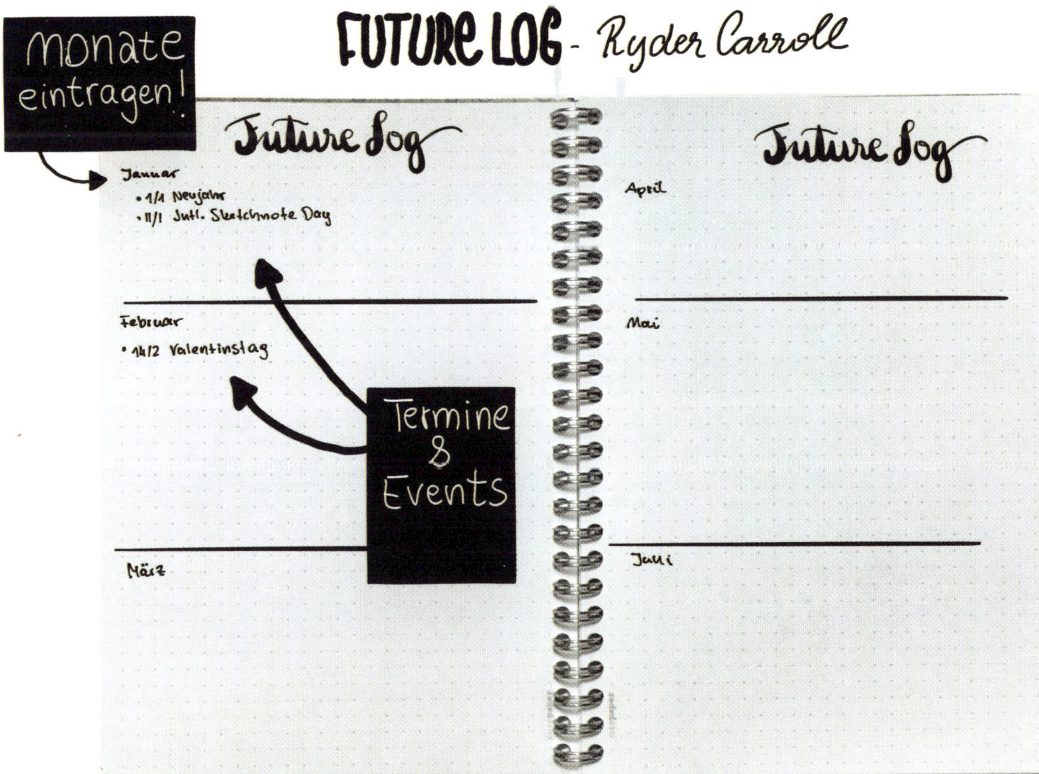

Auf den folgenden Seiten findest du viele verschiedene Varianten für Jahresübersichten. Hier wirst du sicherlich anfangs erst mal die eine oder andere ausprobieren, bis du weißt, welche am besten zu deinen Anforderungen passt, denn jede Variante hat ihre Vor- und Nachteile. Such dir aus den Vorlagen das raus, was für dich am sinnvollsten ist – vielleicht wirst du am Ende für dich sogar eine ganz neue Variante entdecken, mit der du noch besser arbeiten kannst.

Future Log – Mini-Monat

Bei dieser Aufteilung trägst du links die Monate als »Mini-Monate« ein und lässt rechts Platz für deine Einträge.

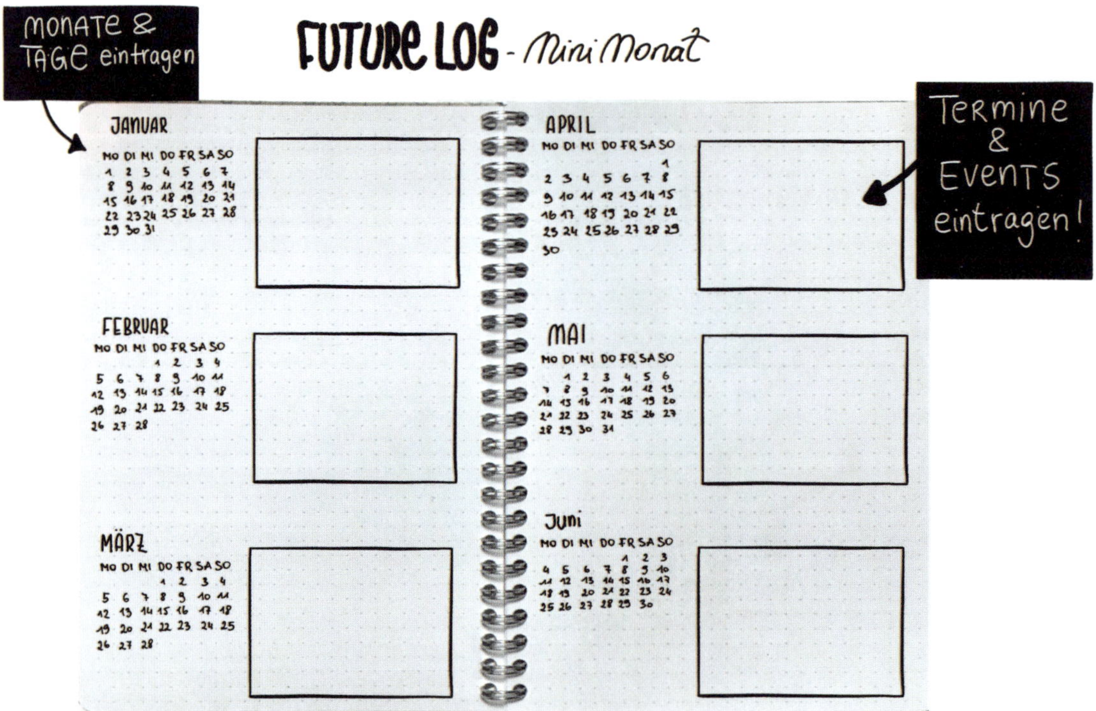

Tipp

Praktisch: Bei den Mini-Monaten kannst du gleich auf einen Blick den Wochentag für zukünftige Termine sehen. In die Kästen passen bei dieser Aufteilung allerdings nur die allerwichtigsten Termine und Events.

Future Log – Vertikal

In dieser Version trägst du die Tage untereinander ein und notierst direkt nach den Tagen deine Termine und Events. Auf diese Art fällt es dir sofort auf, wenn es Terminüberschneidungen gibt bzw. ein Monat schon zu voll geplant ist.

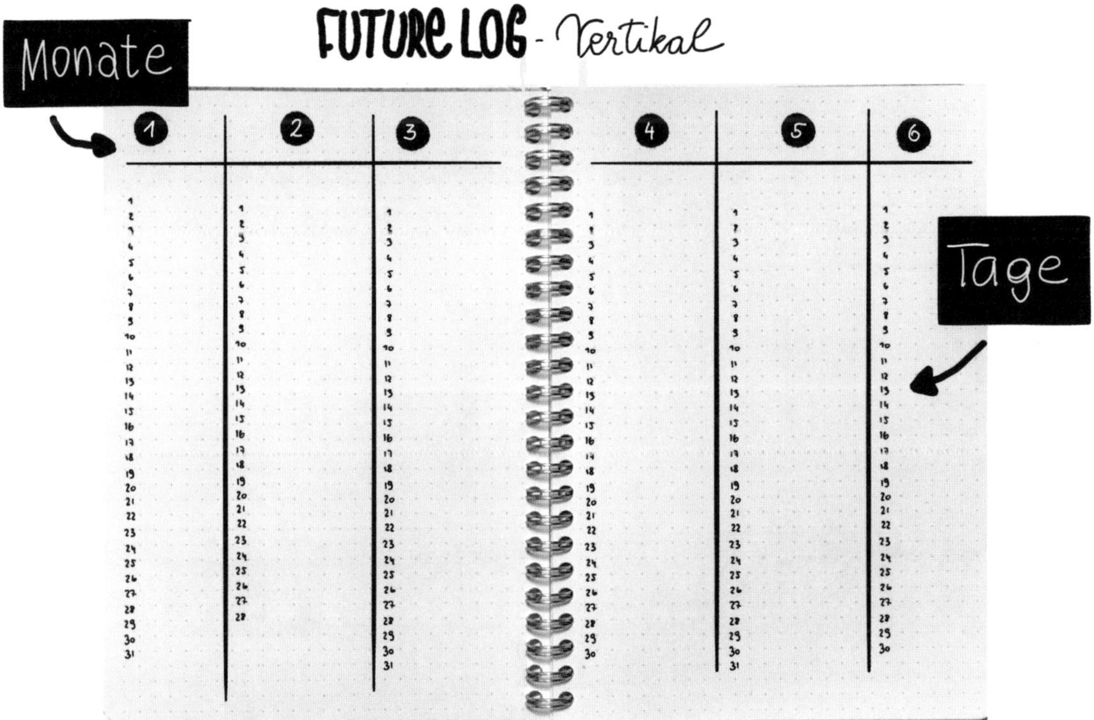

Tipp

Viele benutzen diese Aufteilung zum Beispiel auch als einen übersichtlichen Geburtstagskalender.

Future Log – Vertikal – Mini-Monat

Hier siehst du eine weitere Variante eines vertikalen Future Logs mit Verwendung des Mini-Monats.

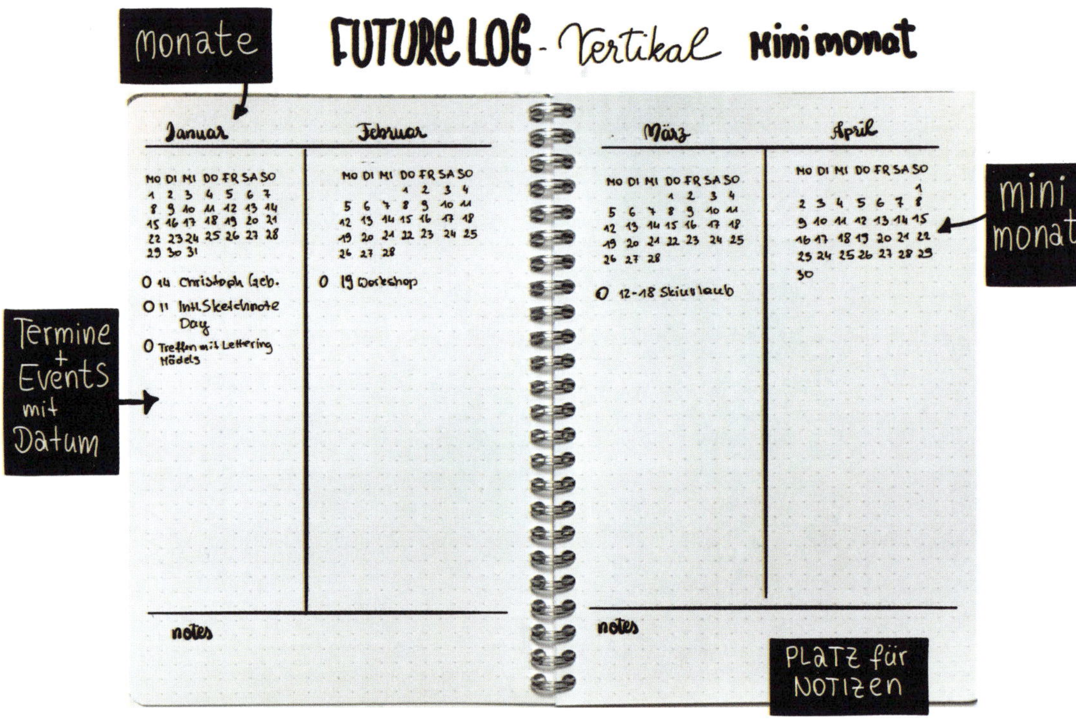

Future Log – Alastaire-Methode

Hier trägst du links die Monate ein und rechts die Termine. Die Termine versiehst du links mit Punkten, um festzuhalten, zu welchem Monat der jeweilige Termin gehört.

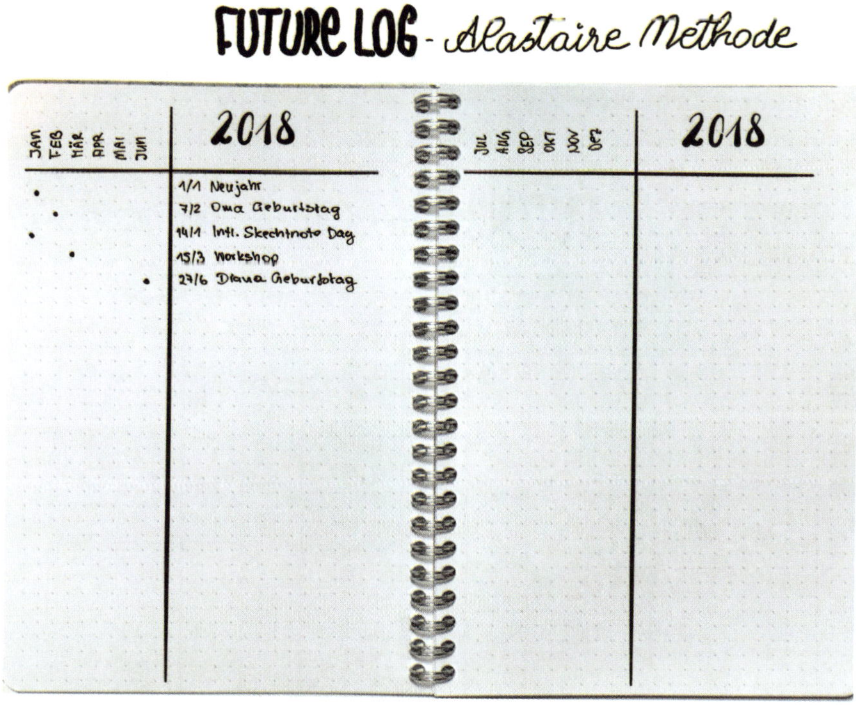

Future Log – Calendex nach Hope

Diese Methode eignet sich, wenn du viele Termine in der Zukunft hast, dir allerdings eine Beschreibung wichtig ist und du dafür nicht so viel Platz verbrauchen möchtest. Du trägst die Seitenzahlen ein, die Termine findest du dann detailliert in deinen Tagesübersichten der jeweiligen Seite. Das Problem bei dieser Methode: Du kannst hier schwer im Voraus planen, denn zu den Tagesübersichten kommst du ja erst später in deinem Bullet Journal. Diese Art von Future Log ist daher gut geeignet für eine Terminübersicht im Nachhinein, zum Beispiel um deine beruflichen Events wie Workshops oder besondere Arbeitstage zu überblicken.

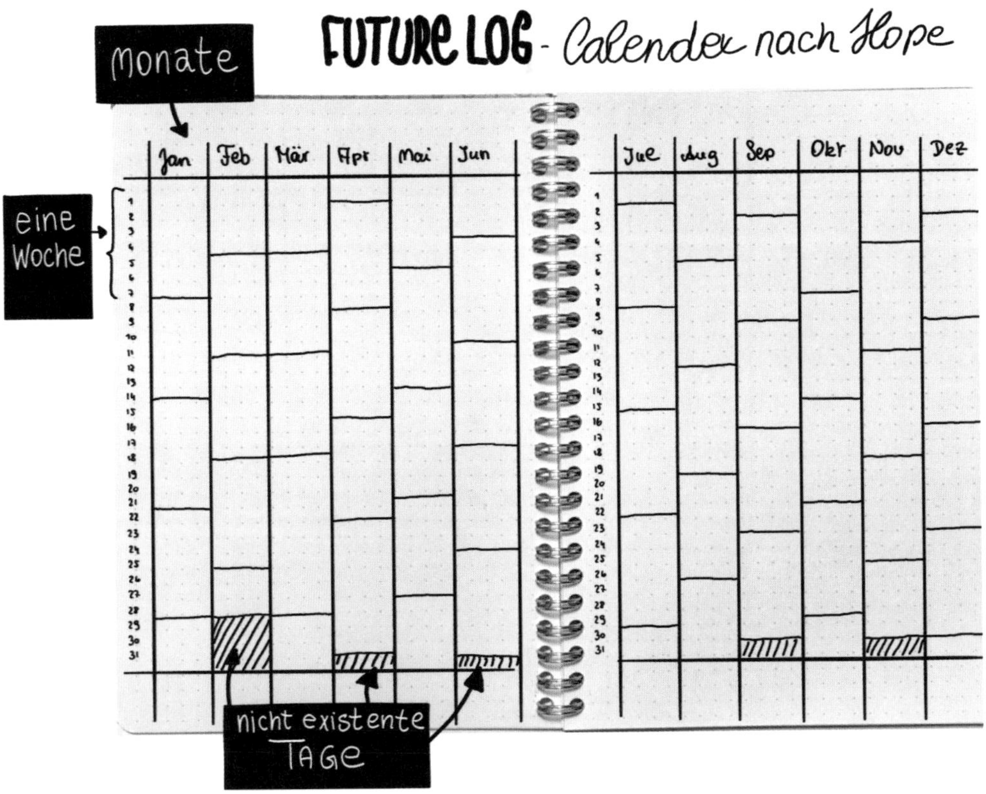

Future Log – Zirkel

Diese Variante ist ein besonders kreativer Future Log. Wer keine Lust auf viele Tabellen und nicht ganz so viele Termine und Events in der Zukunft hat, kann den Zirkel gerne einmal ausprobieren. Er eignet sich bestens für Feiertage und/oder Geburtstage und sieht ausgefüllt toll aus.

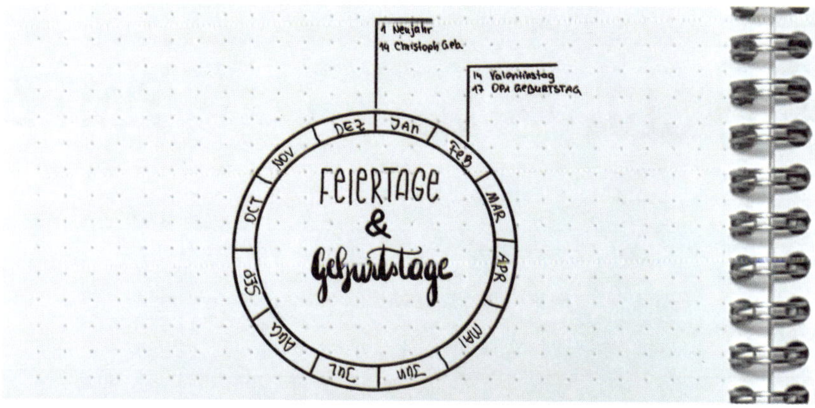

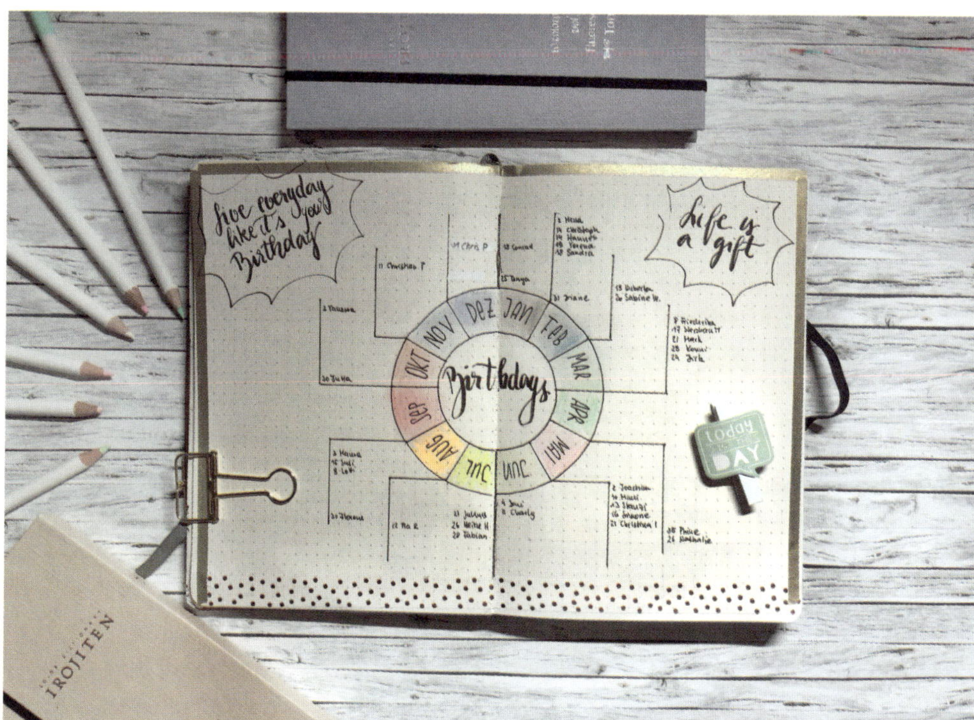

Future Log mit mehr Platz

Wenn dir diese Beispiele vom Platz her nicht reichen, dann kannst du in deinem Future Log auch auf diese Variante ausweichen. Wobei dies natürlich schon auch in Richtung der Monatsübersicht geht, die im nächsten Abschnitt beschrieben wird. Diese Art des Future Logs empfehle ich nur, wenn du wirklich sehr viele Termine hast und private und berufliche Aufgaben in einer Übersicht mischen möchtest.

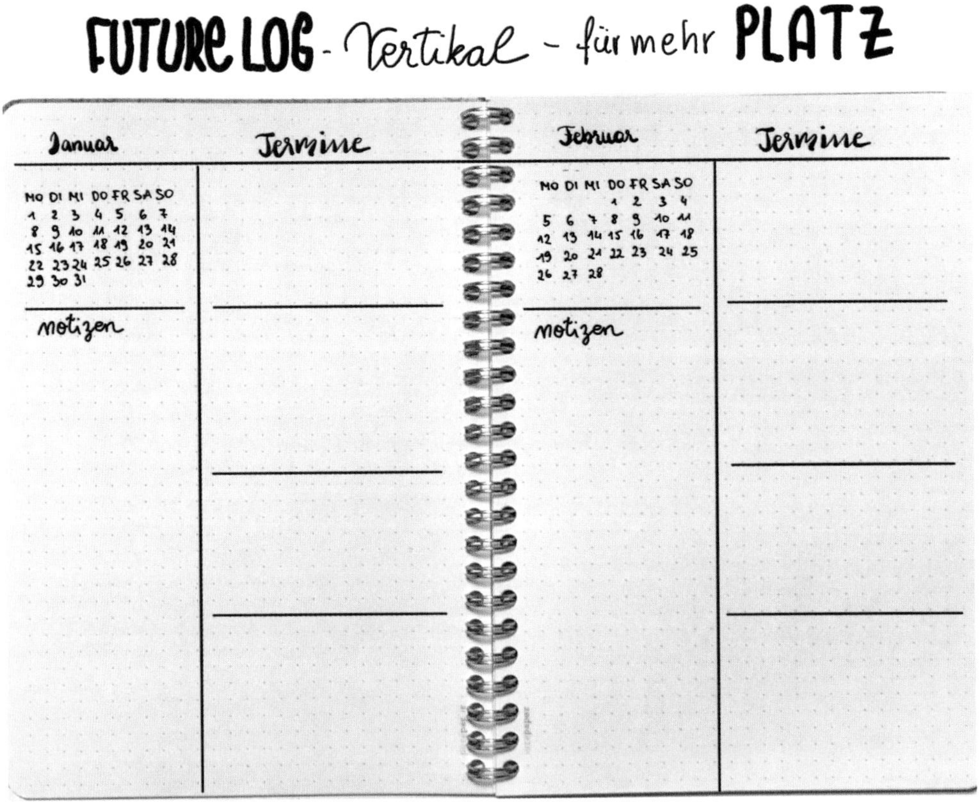

Finde selbst heraus, welche Gestaltung am besten zu dir passt, oder sei kreativ und denke dir ein ganz eigenes Layout aus. Wenn du ein bisschen erfahrener bist, wirst du selbst schnell entdecken, welches Future Log das richtige für dich ist.

4.4 Monatsübersicht – Monthly Log: Anwendung, Varianten und Vorlagen

Die Monatsübersicht beginnst du in der Regel am Ende des vorangegangenen Monats bzw., wenn es die erste Monatsübersicht in deinem Bullet Journal ist, direkt hinter der Jahresübersicht. Auch dort werden – wie im Future Log – bereits feststehende Termine oder Aufgaben eingetragen oder von der Jahresübersicht migriert.

Wenn der laufende Monat noch nicht zu Ende ist, du aber trotzdem schon eine Monatsübersicht für den nächsten Monat erstellen möchtest, fragst du dich vielleicht, woher du wissen sollst, wie viel Platz du noch für deine Tageseinträge brauchst und wo du den Monat beginnen lassen kannst. Entweder du lässt ein paar Seiten frei, oder du setzt die Monatsübersicht einfach dort ein, wo du dich gerade befindest. Denn im Index wirst du ohnehin alles wiederfinden.

Oder aber du bereitest alle Monate schon direkt nach der Jahresübersicht vor. Ich persönlich handhabe das nicht so, da ich meine Monatsübersichten jedes Mal anders gestalte und im Januar vielleicht noch gar nicht weiß, wie viel Platz ich im November brauchen werde. Auch hier kann ich dir wieder nur raten: Mach einfach mal. Du wirst mit der Zeit selbst herausfinden, welche Methode für dich am besten ist.

Ryder Carroll schlägt für die Monatsübersicht zwei Seiten vor. Links trägst du den Monat bzw. den Kalender ein und nummerierst die Tage bis ans Ende der Seite durch. Rechts notierst du deine Themen, Termine und Aufgaben.

Für den Beginn reicht diese Monatsübersicht völlig aus, eine kreative Gestaltung ist hier noch nicht vorgesehen. Dazu aber später mehr.

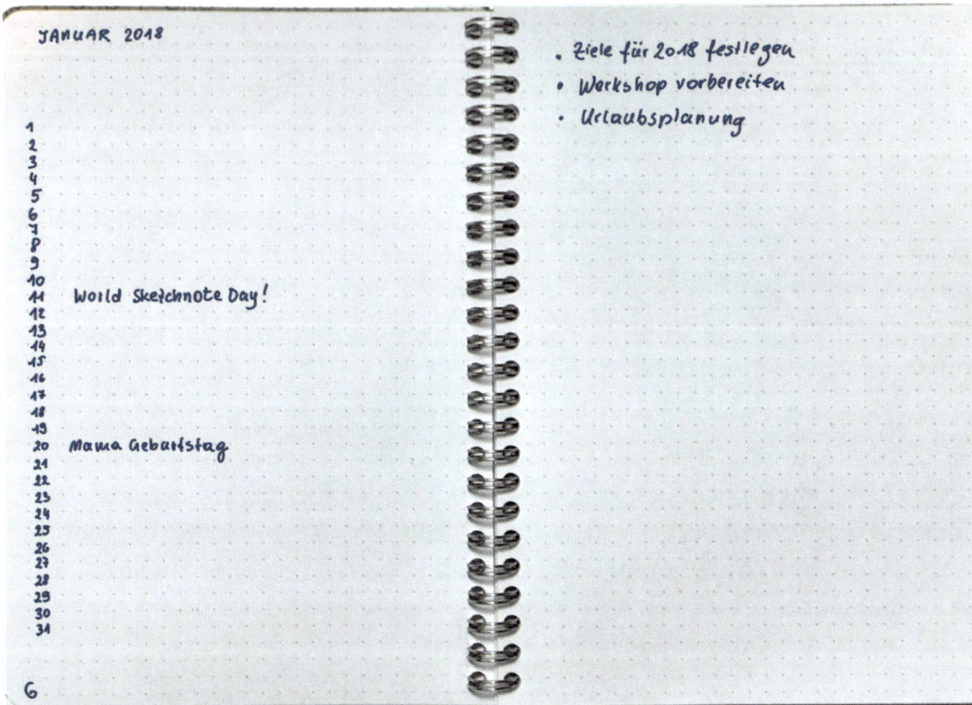

In der Gestaltung deiner Monatsübersicht bist du völlig frei: Du kannst es minimalistisch halten, wie im oberen Beispiel beschrieben, oder auch deiner Kreativität freien Lauf lassen. Wichtig ist, dass die Monatsübersicht für dich funktioniert und du all deine Termine eintragen kannst. Denn auch wenn du hier zusätzlich zeichnen, sketchnoten oder mit Washi Tape arbeiten möchtest – denk dran, dass die Monatsübersicht in erster Linie dafür da ist, dich zu organisieren. Du kannst ja wie ich eine extra Seite für deinen kreativen Output reservieren.

In der Monatsübersicht bietet sich wieder der Einsatz von Color Codes an, damit du einen besseren Überblick erhalten kannst.

Hier siehst du zwei weitere Vorschläge für eine Monatsübersicht:

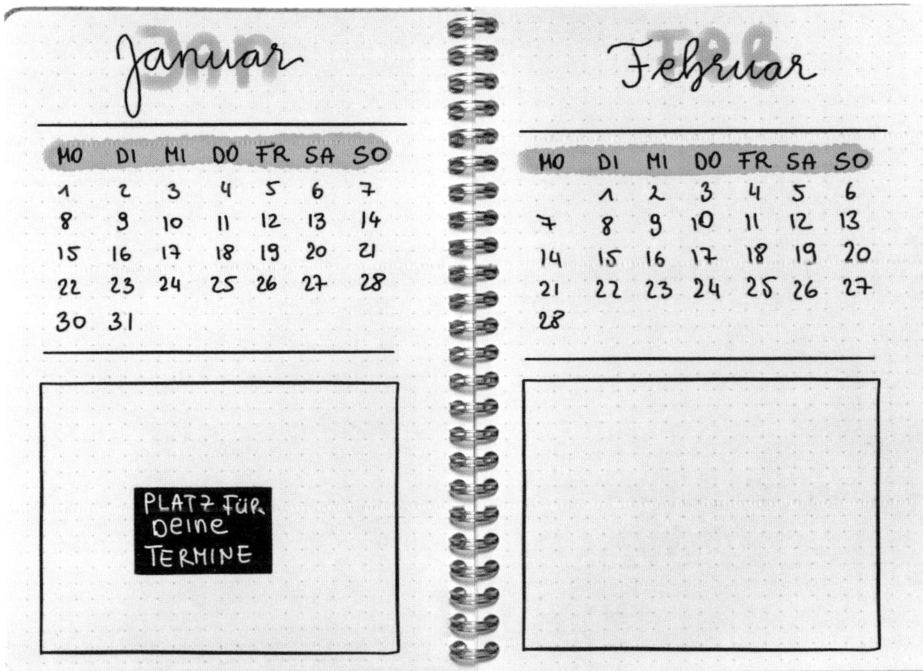
Januar
MO DI MI DO FR SA SO
PLATZ FÜR DEINE TERMINE
Februar
MO DI MI DO FR SA SO

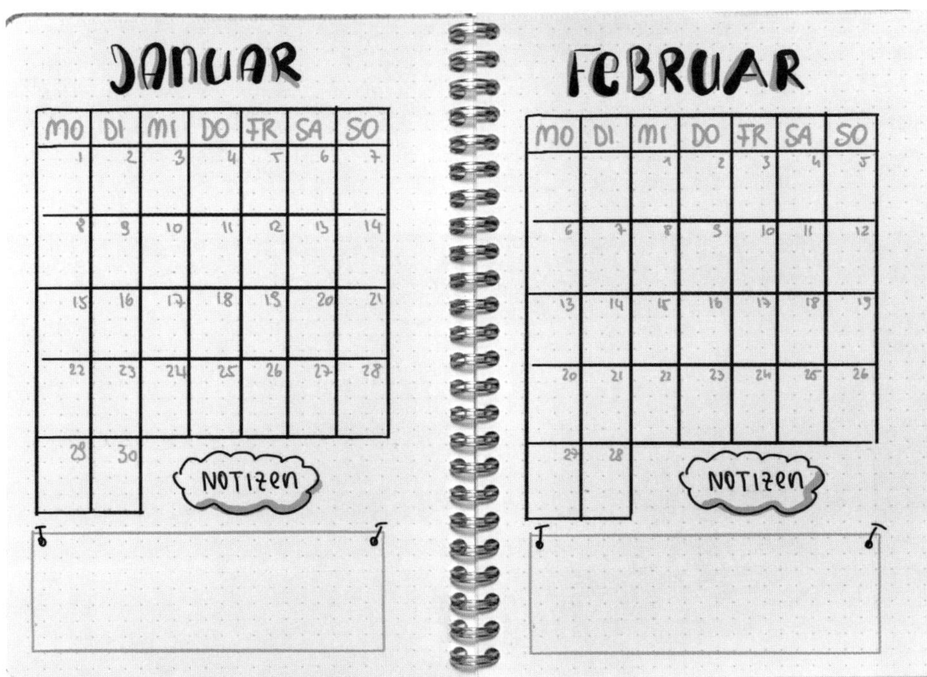
JANUAR
MO DI MI DO FR SA SO
NOTIZEN
FEBRUAR
MO DI MI DO FR SA SO
NOTIZEN

Ich begrüße den Monat sehr häufig mit einem gezeichneten Blumenkranz auf der linken Seite wie du im nächsten Bild sehen kannst. Der Monatsbeginn ist also eine schöne Gelegenheit, dich kretiv auszutoben, wenn du das magst.

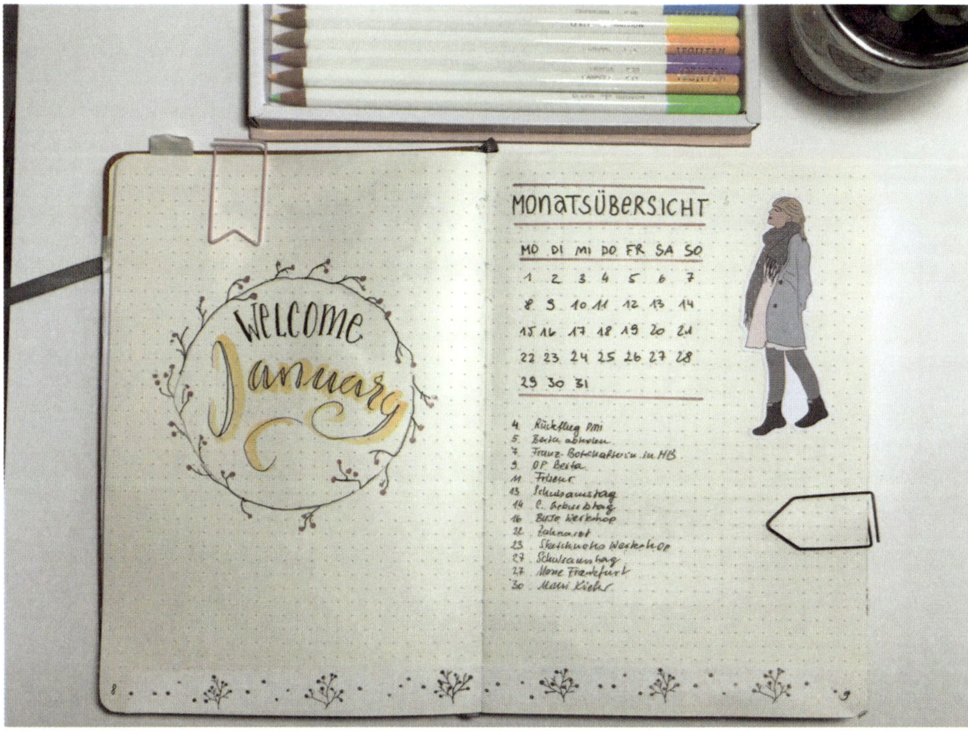

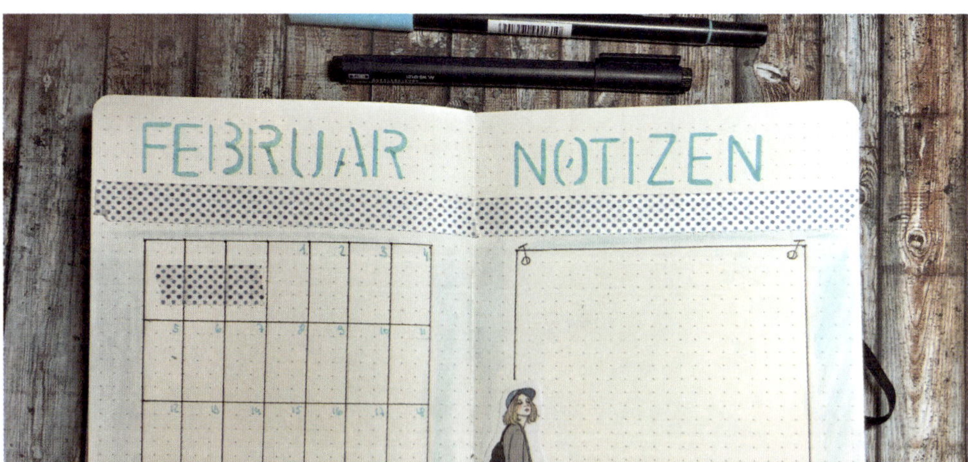

4.5 Wochenübersicht – Weekly Log: Anwendung, Varianten und Vorlagen

Eine Wochenübersicht ist ein sehr wichtiges Element eines jeden Bullet Journals. Dort notierst du die Woche von Montag bis Sonntag mit den entsprechenden Daten. Danach migrierst du die Termine und Aufgaben aus deiner Monatsübersicht. Und gegebenenfalls kommen neue Termine dazu.

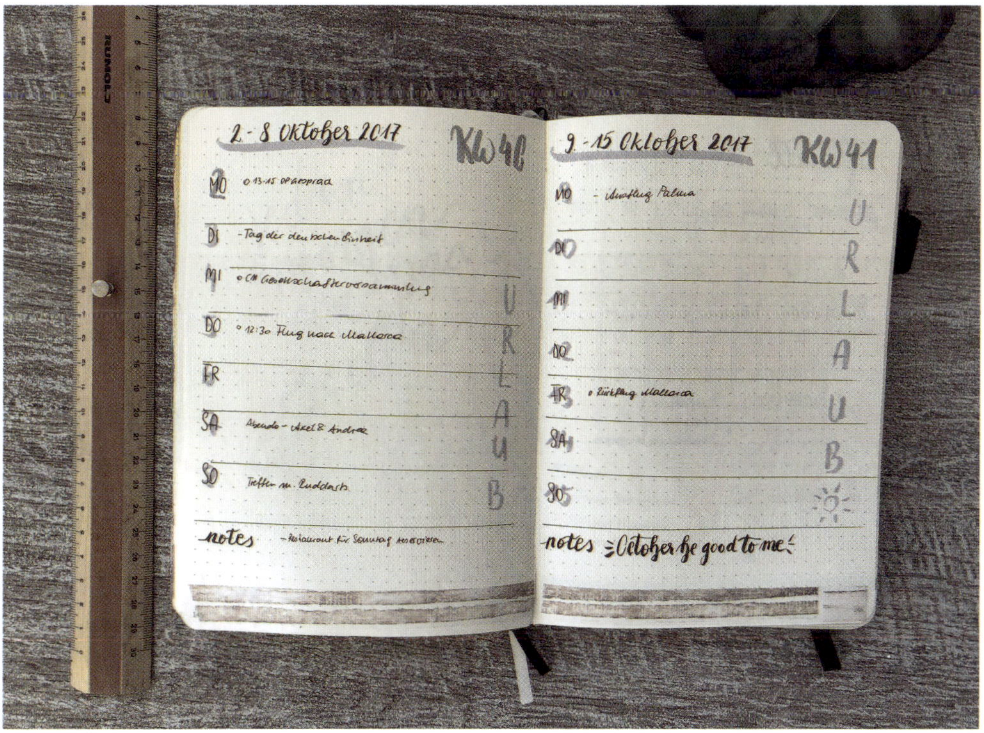

In der Gestaltung und Aufteilung bist du auch hier völlig frei. Das ist ja ohnehin das Schönste am Bullet Journal – jeder kann alles genau so anpassen, wie er es braucht. In der Wochenübersicht ergibt es am meisten Sinn, sich Termine oder Deadlines einzutragen. Die To-dos können – je nachdem, wie viele es sind – ebenfalls integriert werden.

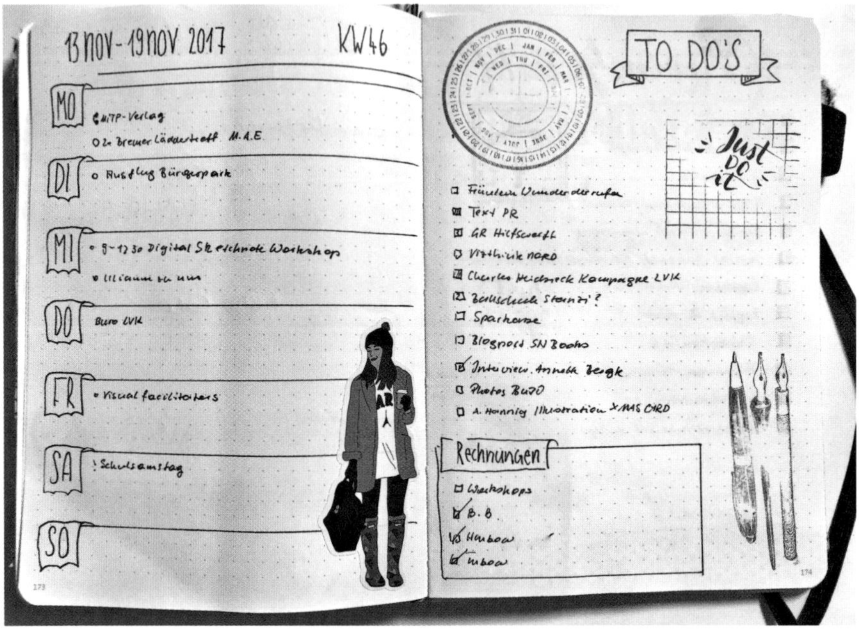

Hier siehst du noch ein paar Vorlagen zur Inspiration, die du natürlich für deinen Bedarf auch beliebig abändern kannst:

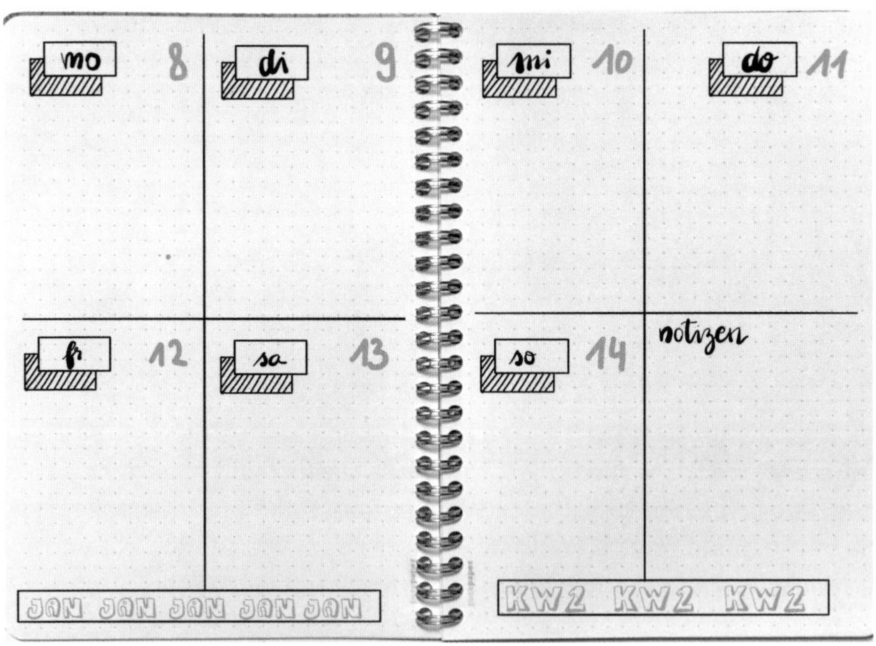

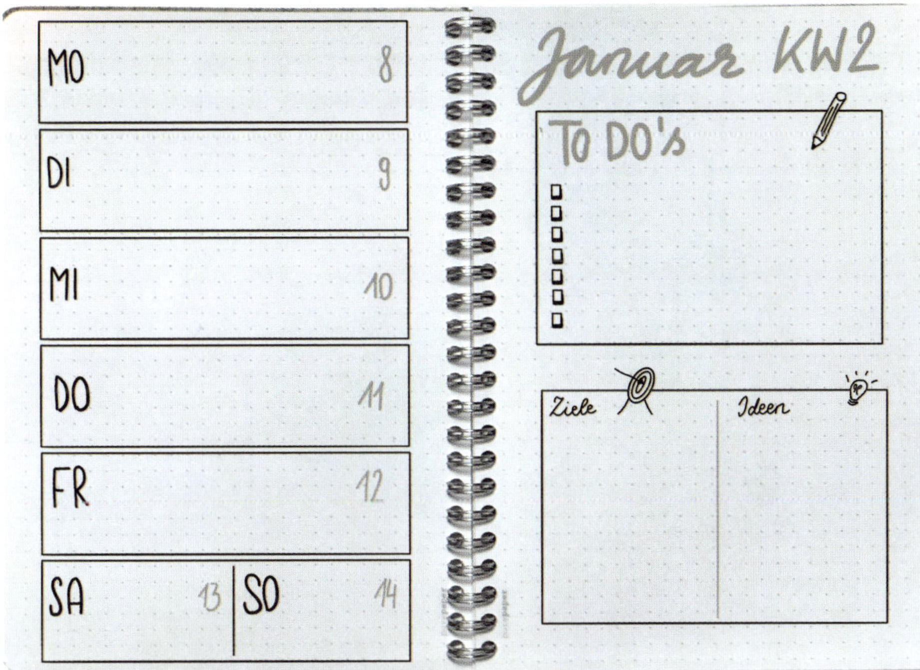

MO 8
DI 9
MI 10
DO 11
FR 12
SA 13
SO 14
Januar KW2
To DO's
Ziele
Ideen

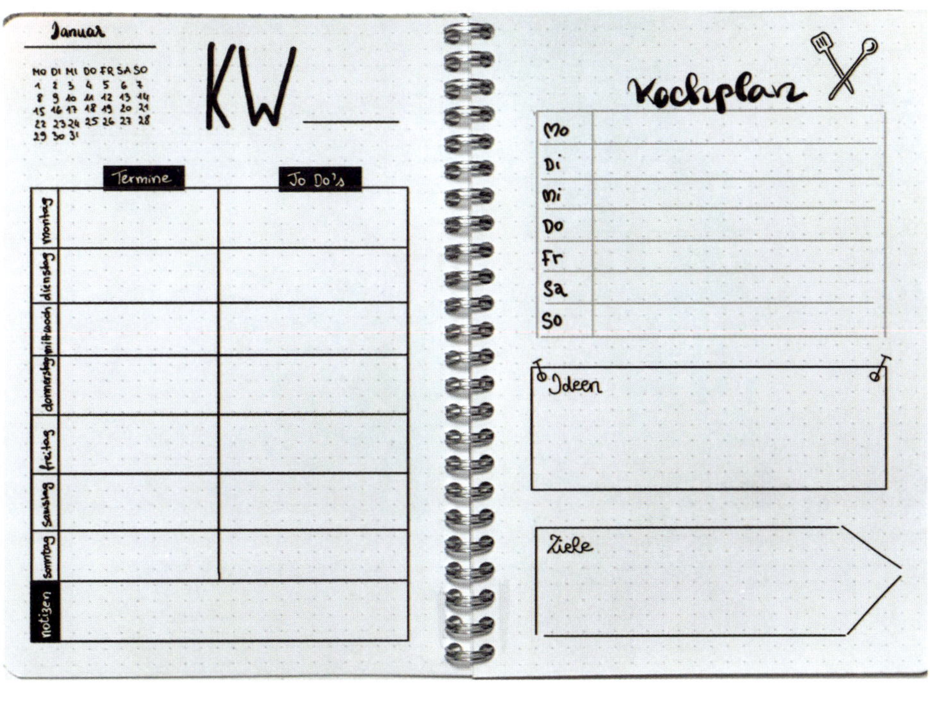

Januar
MO DI MI DO FR SA SO
1 2 3 4 5 6 7
8 9 10 11 12 13 14
15 16 17 18 19 20 21
22 23 24 25 26 27 28
29 30 31
KW
Termine
To Do's
montag
dienstag
mittwoch
donnerstag
freitag
samstag
sonntag
notizen
Kochplan
Mo
Di
Mi
Do
Fr
Sa
So
Ideen
Ziele

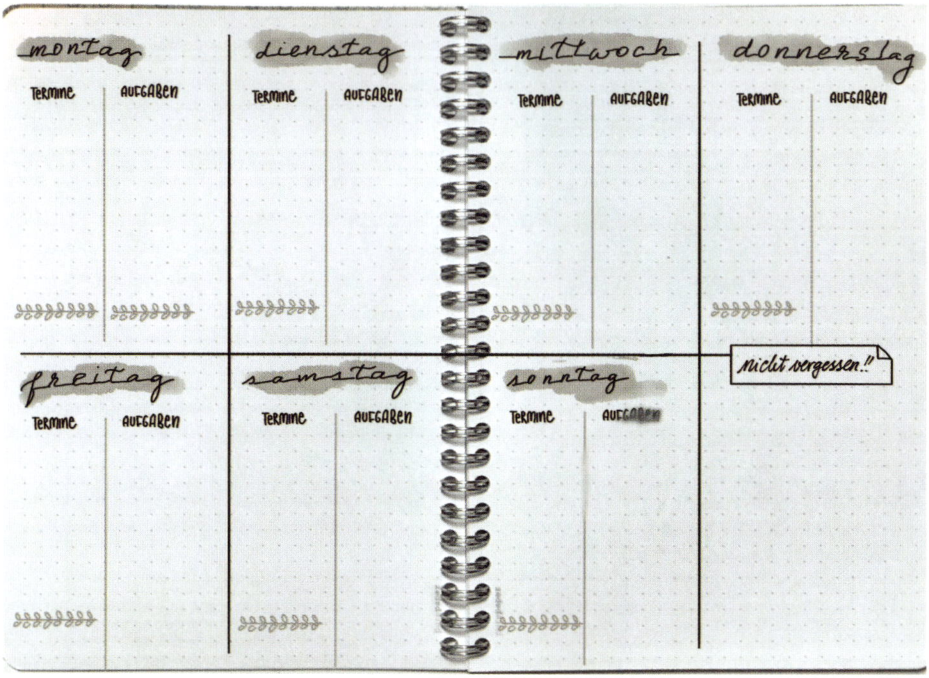
montag
dienstag
mittwoch
donnerstag
Termine
Aufgaben
freitag
samstag
sonntag
nicht vergessen!!

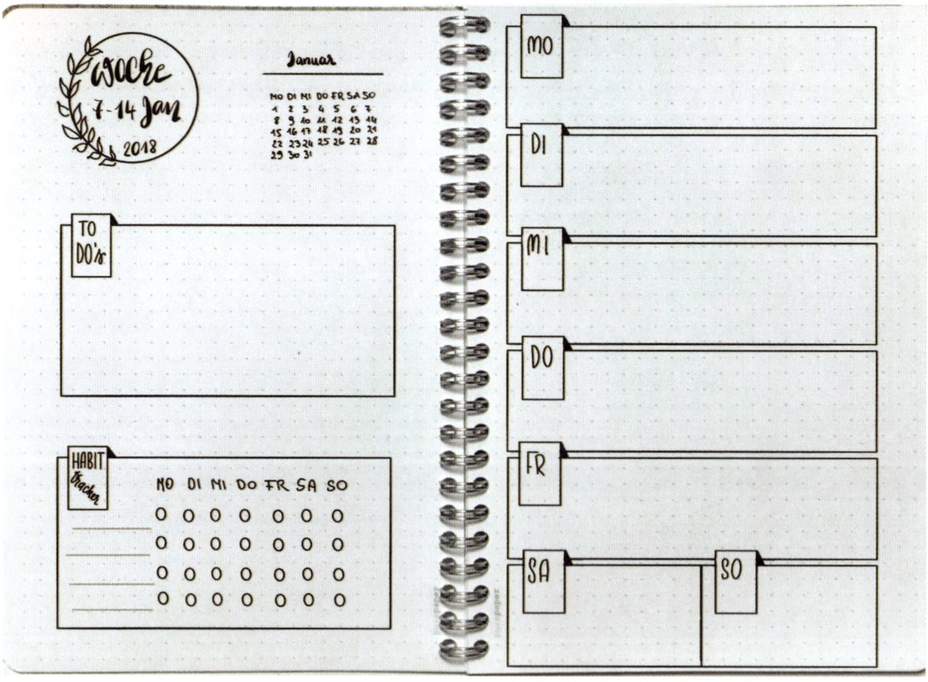
Woche 7-14 Jan 2018
Januar
MO DI MI DO FR SA SO
TO DO's
HABIT Tracker
MO
DI
MI
DO
FR
SA
SO

Du kannst deine Wochenübersicht sehr strukturiert eintragen, und wenn du Lust hast, kann es auch mal so aussehen:

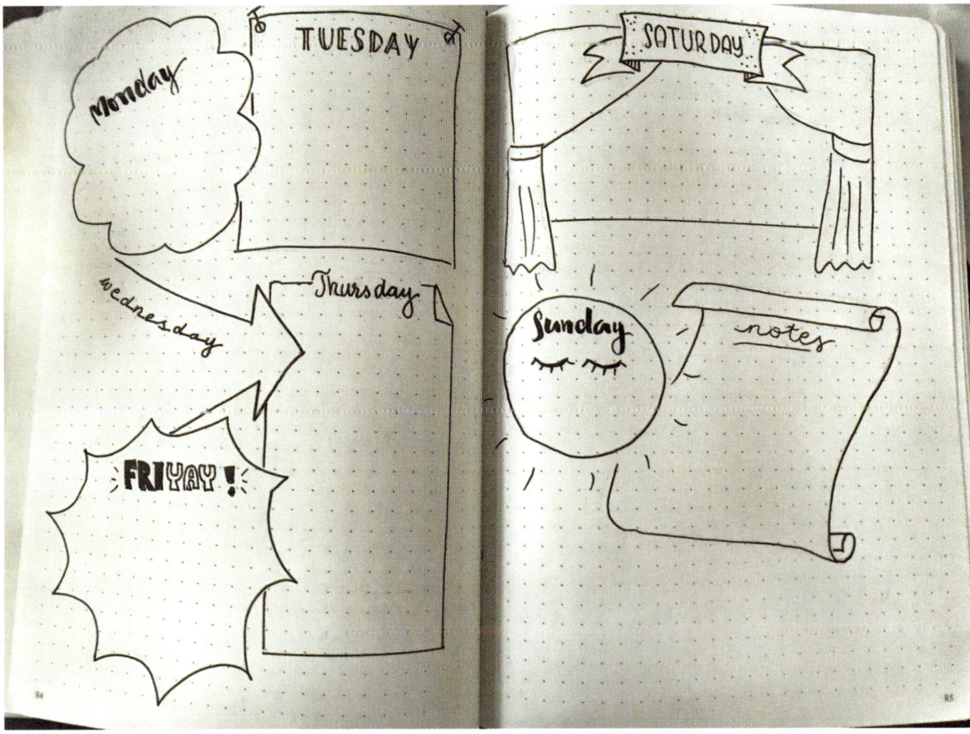

Wenn es viele To-dos gibt, die nicht an einem besonderen Tag abgearbeitet werden müssen, kann es sinnvoll sein, diese auf einer Extraseite zu notieren oder einen Extraplatz dafür zu suchen. Hier treffen sich sozusagen zwei Möglichkeiten: Wochenüberblick und To-do-Liste. Weitere Inspirationen zu den To-do-Listen findest du auch in Kapitel 6 »Anwendungen«.

Ich schreibe meine Wochenübersicht immer am Sonntag. Das pustet meinen Kopf frei, und ich bin viel besser in der Lage, mich zu sortieren und danach zu entspannen.

4.6 Tagesübersicht – Daily Log: Anwendung, Varianten und Vorlagen

Die Tagesübersicht stellt sich in der Regel detaillierter dar. Trage den Tag und das Datum ein und vermerke dort all deine Termine und Aufgaben, die du von der Monatsübersicht, von der Wochenübersicht (oder vom Future Log) überträgst. Du hast weitere Notizen, Gedanken, Ideen an diesem Tag? Dann füge diese einfach hinzu! Viele benutzen ihr Bullet Journal auch gleich als Tagebuch und reflektieren hier über ihren Tag.

Die Key Codes helfen dir dabei, die Themen zu unterscheiden oder zu kategorisieren. Du musst nicht unbedingt pro Tag eine Seite verwenden. Wenn du kein Papier verschwenden möchtest, kannst du die Tage hintereinander »wegschreiben«. Gibt es an einem Tag nichts zu tun? Dann lass diesen Tag einfach weg.Dein Bullet Journal richtet sich nach dir.

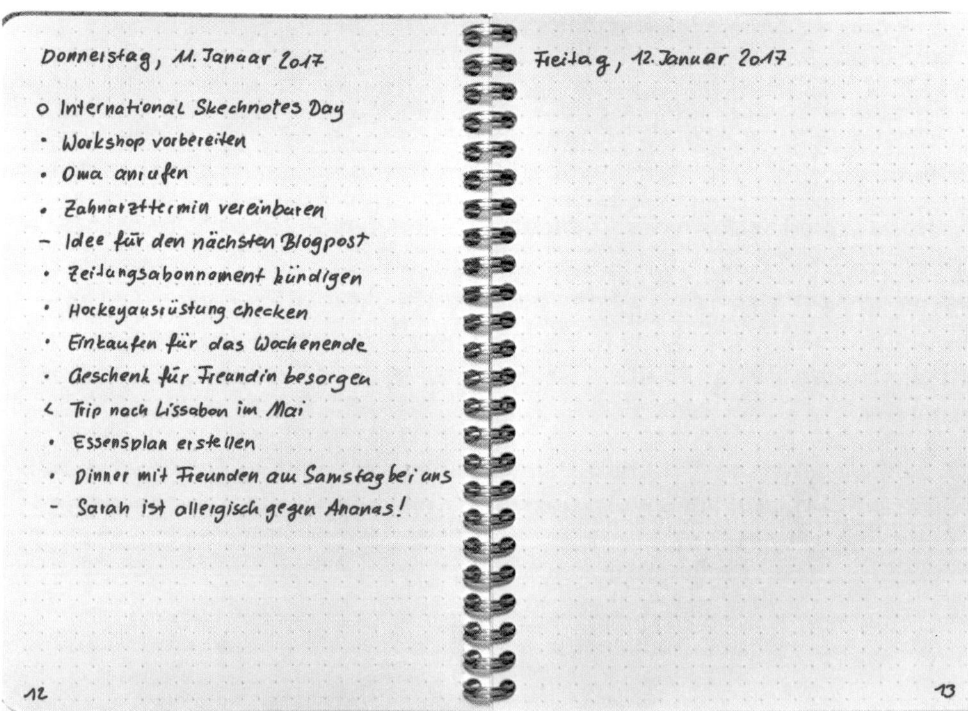

Wie immer kannst du deine Tagesübersicht auch kreativ gestalten. Mehr dazu findest du in Kapitel 9 »Mit Farben arbeiten«. Das bleibt ganz dir und deinen Wünschen überlassen. Ich persönlich verbinde hier häufig das Nützliche mit dem Kreativen und dekoriere meine Seiten auch ein wenig.

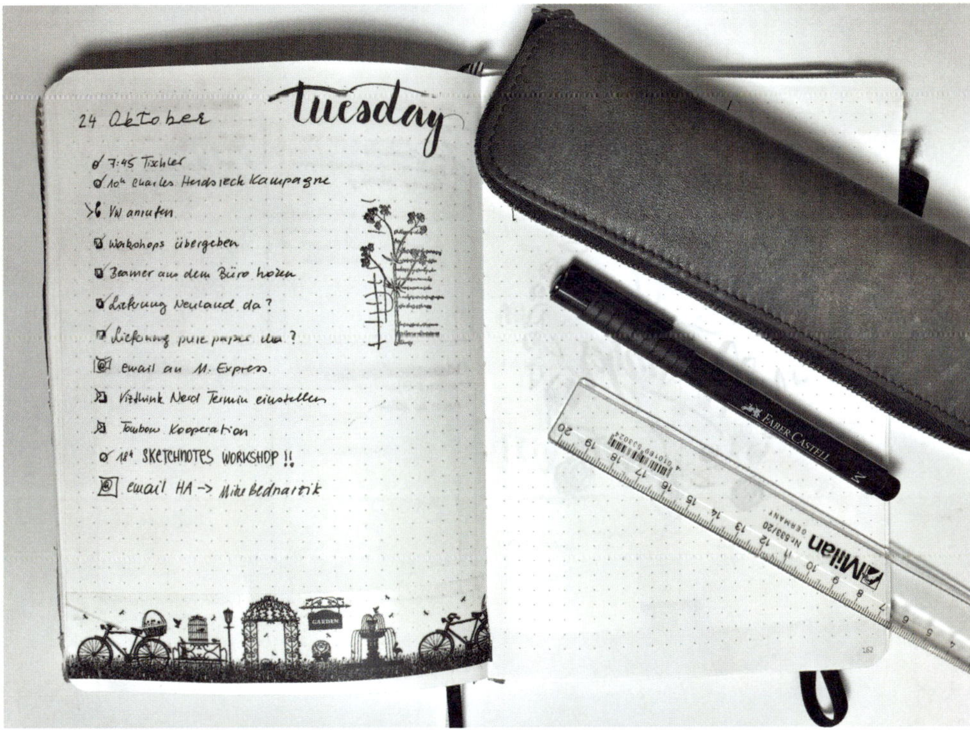

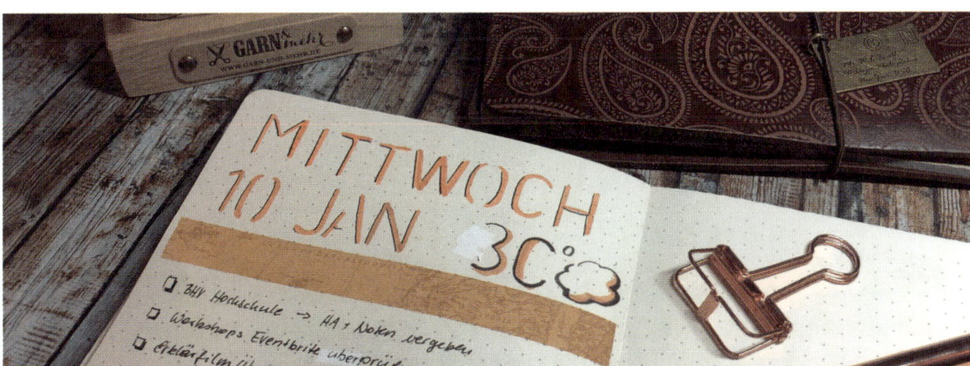

Hier siehst du noch ein paar Vorlagen zur Inspiration, die du natürlich für deinen Bedarf wieder beliebig abändern kannst:

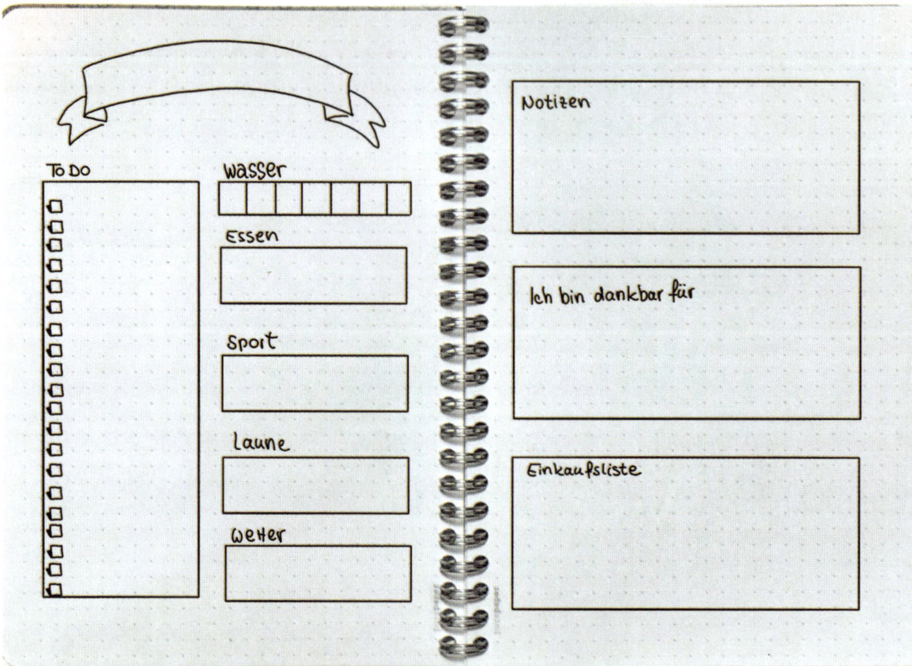

To Do
Wasser
Essen
Sport
Laune
Wetter
Notizen
Ich bin dankbar für
Einkaufsliste

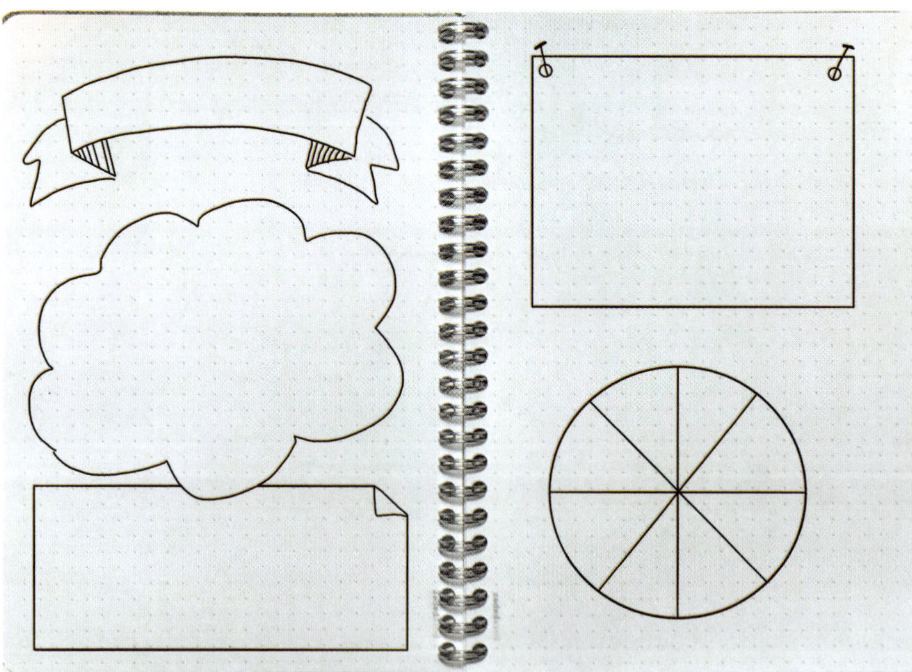

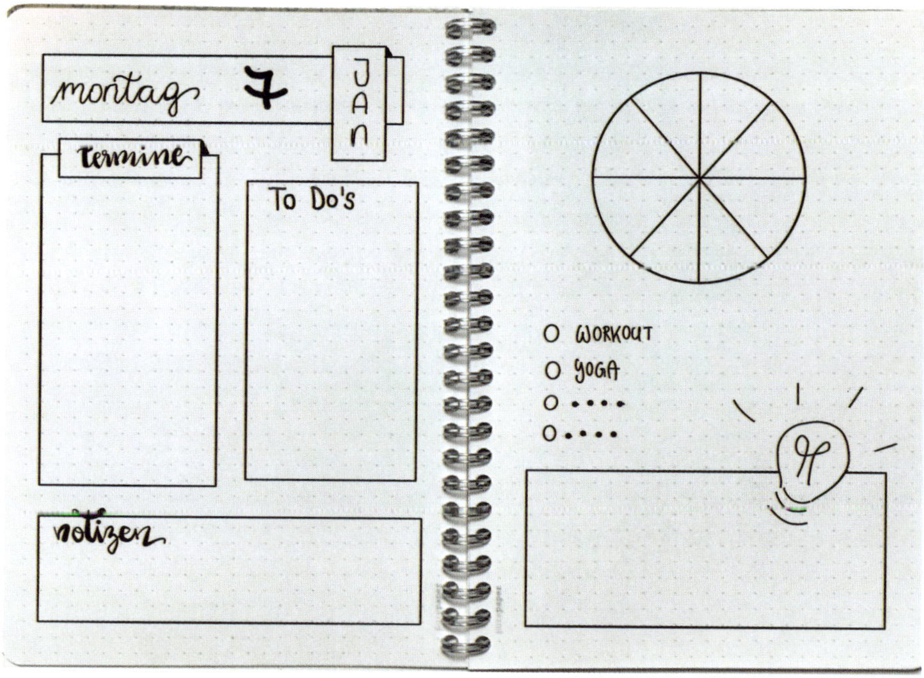

Soweit erst einmal zu den grundsätzlichen Übersichten, die du für dein Bullet Journal brauchst. Natürlich gibt es noch viel mehr Elemente, die regelmäßig Verwendung finden, aber eben nicht benutzt werden müssen. Diese Elemente stelle ich dir in Kapitel 6 noch vor und du kannst sie gerne ausprobieren und schauen, ob sie zu dir passen.

4.7 So startest du dein Bullet Journal

Nun soll es aber endlich losgehen mit deinem Bullet Journal. An dieser Stelle gibt es zunächst einige Überlegungen, die du grundsätzlich berücksichtigen solltest.

Du musst dir vor dem Start deines Bullet Journals in etwa darüber klar werden, wofür du es benutzen möchtest. Soll es nur Geschäftlichem dienen oder auch für Privates genutzt werden? Möchtest du deinen Familienalltag integrieren, oder dient es nur für deine persönlichen Ziele?

Möchtest du alles in einem haben? Die Grundidee des Bullet Journals ist natürlich, deinen vollständigen Alltag – sei es privat oder geschäftlich

– an diesem einen Ort, deinem Bullet Journal, zur organisieren und zu integrieren.

Je nachdem, wie viel du in dein Bullet Journal integrieren möchtest, solltest du zu Beginn mindestens vier bis fünf Seiten für deinen **Index** reservieren. Halte dafür lieber zu viele als zu wenige Seiten frei, damit du in jedem Fall genug Platz für deinen Index hast. Danach folgt in der Regel die **Jahresübersicht (Future Log)**, dann die **Monatsübersicht** und im Anschluss die **Wochenübersicht**. Die einzelnen Tage kommen direkt nach der Wochenübersicht. Je nachdem, ob du es benötigst, kannst du jeden einzelnen Tag eintragen oder eben nur die Tage, die du brauchst. Das ist ein grandioser Vorteil gegenüber fertigen Kalendern: Durch die Anwendung des Rapid Loggings vermeidest du leere und ungenutzte Seiten.

Hier wäre dann auch Platz für weitere Anwendungen, die du in dein Bullet Journal integrieren möchtest, wie z. B. Habit Tracker, Planungen für eine Reise oder Events und vieles mehr. Sieh doch mal in Kapitel 6 »Anwendungen«, vielleicht findest du dort Vorschläge für Ideen, an die du noch gar nicht gedacht hast.

Wie viel Platz du jeweils für die einzelnen Elemente brauchst, hängt ganz von deinen Bedürfnissen ab. Für die Jahresübersicht eignet sich mindestens eine Doppelseite oder sogar vier Seiten.

Und nicht vergessen: Wenn du gern kreativ bist und dein Bullet Journal nicht nur rein funktional, sondern auch noch besonders schön gestalten möchtest, siehe doch mal in Kapitel 10 »Dekoelemente«, in das Kapitel 5 »Schmuckelemente« und in das Kapitel 9 »Mit Farben arbeiten«, da kannst du dann deiner Kreativität freien Lauf lassen!

Ich möchte an dieser Stelle noch einmal anmerken, dass der beschriebene Aufbau ein Vorschlag ist. Vielleicht merkst du irgendwann, dass du keine Monatsübersicht brauchst, weil dir der Future Log zum Migrieren in die Wochenübersicht oder in die Tageseinträge reicht. Oder aber du stellst fest, dass du besser mit den Monatsübersichten zurechtkommst und gut auf die Wochenübersichten verzichten kannst. Das betrifft tatsächlich alle soeben beschriebenen Elemente. Schau genau, was du brauchst, probiere einfach alles aus, und du wirst bald merken, wie es für deine Bedürfnisse am besten passt.

5 Schmuckelemente, Icons, Schriften und Co.

Es ist deine Entscheidung, wie minimalistisch oder kreativ dein Bullet Journal werden soll. Es macht aber viel Spaß, ein Bullet Journal kreativ zu gestalten.

Kleine Icons helfen dir zum Beispiel, Platz zu sparen, da du viele Wörter nicht ausschreiben musst. Mit Schriften und Typografie kannst du visuelle Hierarchien erstellen. Das Auge kann dadurch besser erfassen, was zusammengehört oder welchen Wichtigkeitsgrad die zu den Überschriften gehörenden Themen haben. Wenn du zum Beispiel die Tage oder Monate in kleine Banner setzt, kannst du sie besser von deinem normalen Text unterscheiden, und das Ganze gibt deinem Layout den letzten Schliff.

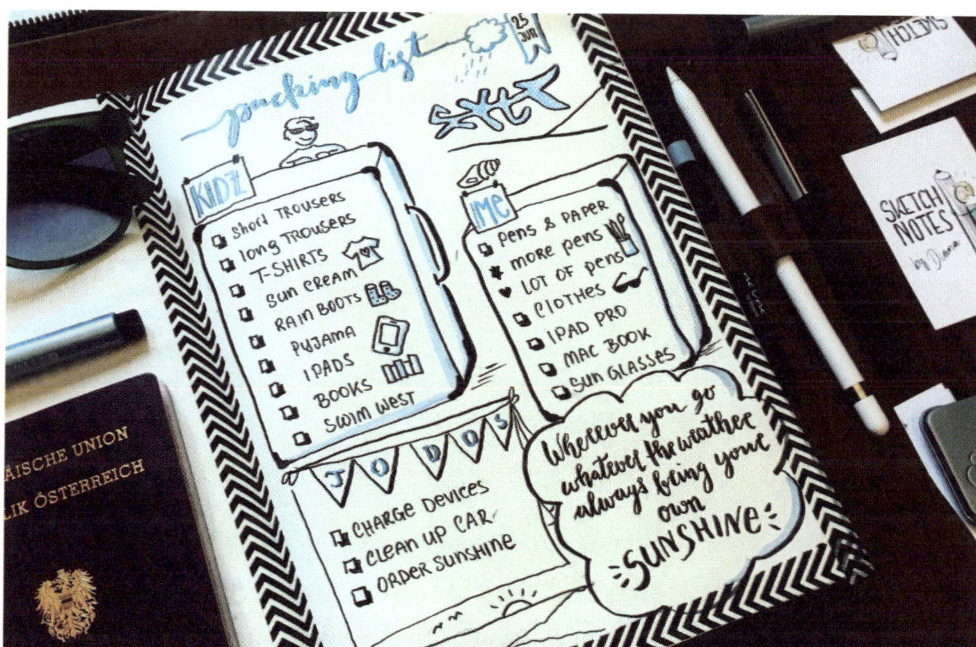

5.1 Sketchnotes

Sketchnotes sind visuelle Notizen, die aus einer Mischung aus Handschrift, Zeichnungen, Symbolen, handgezeichneter Typografie und grafischen Elementen wie Pfeilen, Kästen und Linien bestehen.

Komplexe Ideen lassen sich häufig effektiver mit Zeichnungen darstellen. Sketchnotes lassen sich vielfältig einsetzen, professionell und privat: Für Infografiken, Unternehmenszusammenhänge, Firmenstrukturen, Qualitätsmanagement, interne Prozesse, Protokolle, Unterrichtsstoff, aber auch To-do-Listen, Tagebucheinträge, Rezepte und vieles mehr.

Vor allem kannst du Sketchnotes wunderbar für dein Bullet Journal einsetzen. Du kannst deine Seiten damit aufpeppen und ein wenig Kreativität einstreuen. Oder aber du erstellst eine Sketchnote über ein Meeting, ein Erlebnis oder als Rückblick für etwas, was du im Nachhinein reflektieren möchtest. Eine weitere Möglichkeit für den Einsatz von Sketchnotes sind sogenannte Sketchrezepte, mit denen du sogar Kulinarisches in dein Bullet Journal integrieren kannst.

Ich habe ein kleines »Sketchnotes to go« für dich erstellt. In der nächsten Abbildung findest du alle wichtigen Elemente einer Sketchnote, die du wunderbar in deinem Bullet Journal anwenden kannst.

Tipp

Möchtest du mehr über Sketchnotes erfahren? Dann schau unbedingt auf meinem Blog vorbei:

www.sketchnotes-by-diana.com

Oder schau dir die Bücher von Mike Rohde und Tanja Wehr an – ebenfalls im mitp-Verlag erschienen.

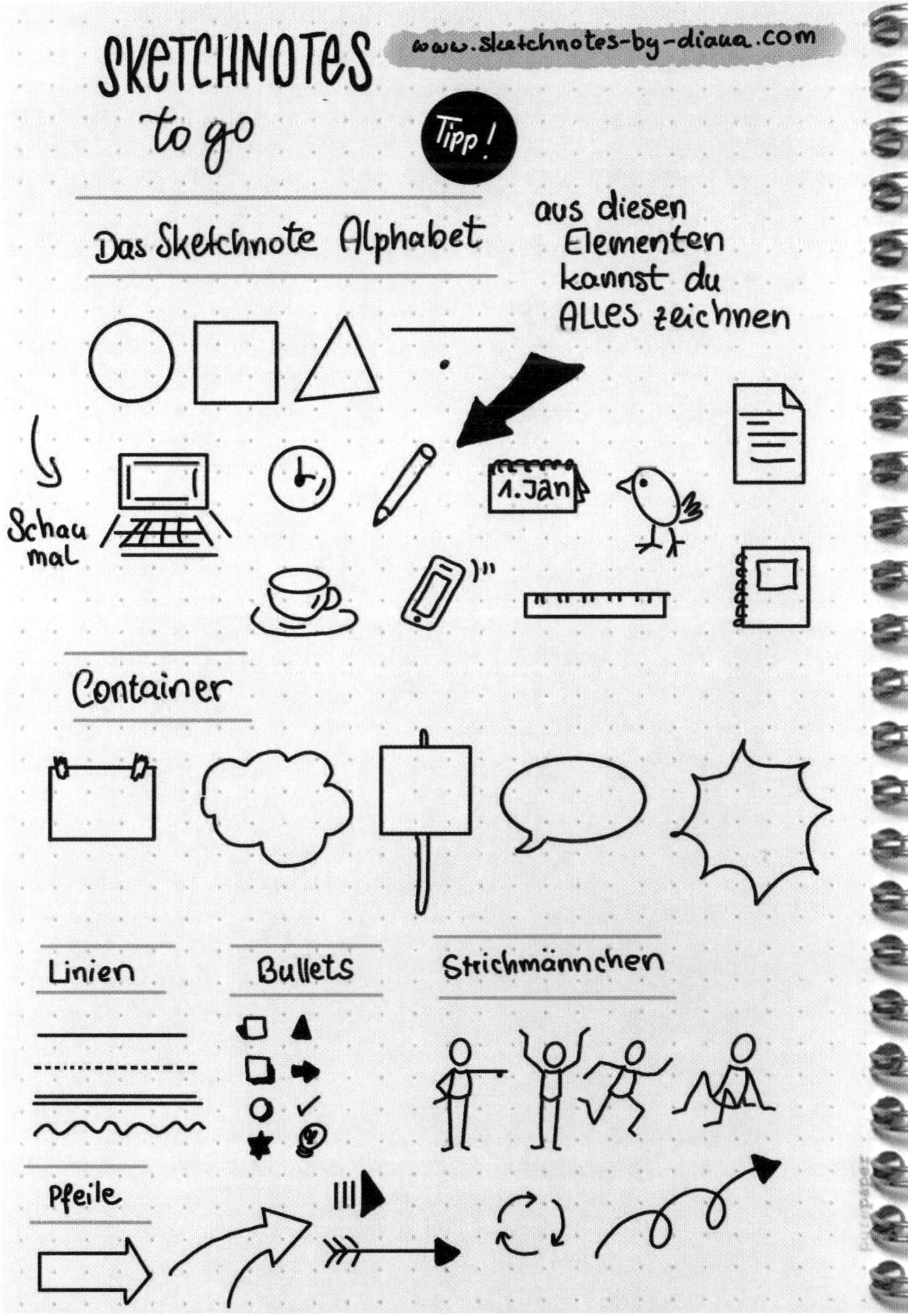
SKETCHNOTES
to go
www.sketchnotes-by-diana.com
Tipp!
Das Sketchnote Alphabet
aus diesen Elementen kannst du ALLES zeichnen
Schau mal
1. Jän
Container
Linien
Bullets
Strichmännchen
Pfeile

Hier habe ich zum Beispiel meinen Tagesablauf mit Sketchnotes dargestellt:

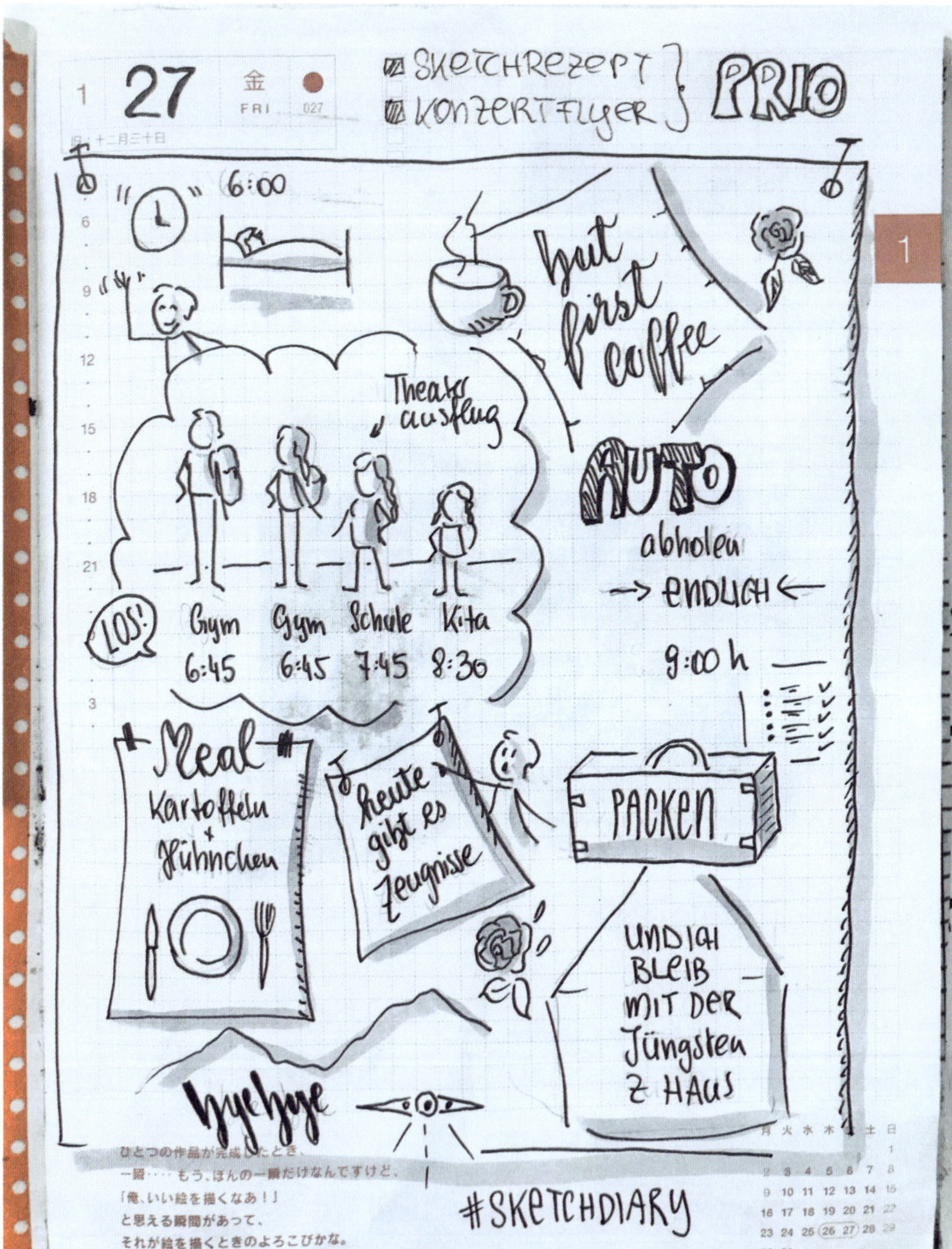

Symbole

Symbole sind ein wesentlicher Bestandteil von Sketchnotes und haben einen fortdauernden Wiedererkennungswert. Übe dich einfach im Zeichnen von Symbolen, das macht Spaß und fördert deine Kreativität. Mit kleinen Symbolen oder Doodles (englisch für Kritzeleien) versehen gibst du deinen Aufzeichnungen einen persönlichen Touch. Symbole und Zeichnungen sind außerdem für das menschliche Auge leichter zu erfassen als reine Textblöcke. Es geht gar nicht darum, perfekt zu zeichnen. Du wirst sehen, dass einzelne Symbole einfacher zu scribbeln sind, als du das vielleicht im ersten Moment denkst.

Auch in meinen Workshops behaupten die Teilnehmer gerne, gaaaar nicht zeichnen zu können. Die kann ich dann zum Glück schnell vom Gegenteil überzeugen. Nach den ersten kleinen Erfolgserlebnissen wirst du gleich viel mutiger sein und selbst loslegen wollen.

So eine Einkaufsliste ist doch zum Beispiel auch gleich netter anzusehen, wenn du kleine Essenssymbole dazu zeichnest. Oder wie wäre es mit einem kleinen Staubsauger im Haushaltsplan? Wenn du bestimmte Symbole häufiger benutzt, weißt du dann auch schon auf den ersten Blick in dein Bullet Journal, was ansteht, weil du die Symbole inhaltlich viel schneller erfassen kannst als reinen Text. Und du brauchst dann die eigentliche Aufgabe gar nicht mehr aufzuschreiben. Und auch hier gilt: Sei kreativ, denke dir etwas Neues aus, mache es so, wie es für dich passt.

Im Nachfolgenden findest du eine Auswahl an Symbolen, die du ganz einfach für deine Einträge nutzen kannst. Sie sind thematisch sortiert, vielleicht hast du auch weitere Ideen für weitere Themen.

Lege dir ein eigenes kleines »Symbol-Vokabelheft« an. Welche Ereignisse und Aufgaben, die immer wieder in deinem Bullet Journal auftauchen, könntest du auch durch Symbole ersetzen? Denk nicht nur an konkrete Sachen wie Haushalt und Business-Meetings, auch eher abstrakte Vorhaben kannst du bildlich darstellen. Wie wäre es mit einem Diamanten für besondere Stunden mit den Liebsten? Oder einer Jogginghose, wenn du mal wieder Zeit nur mit dir selbst verbringen möchtest?

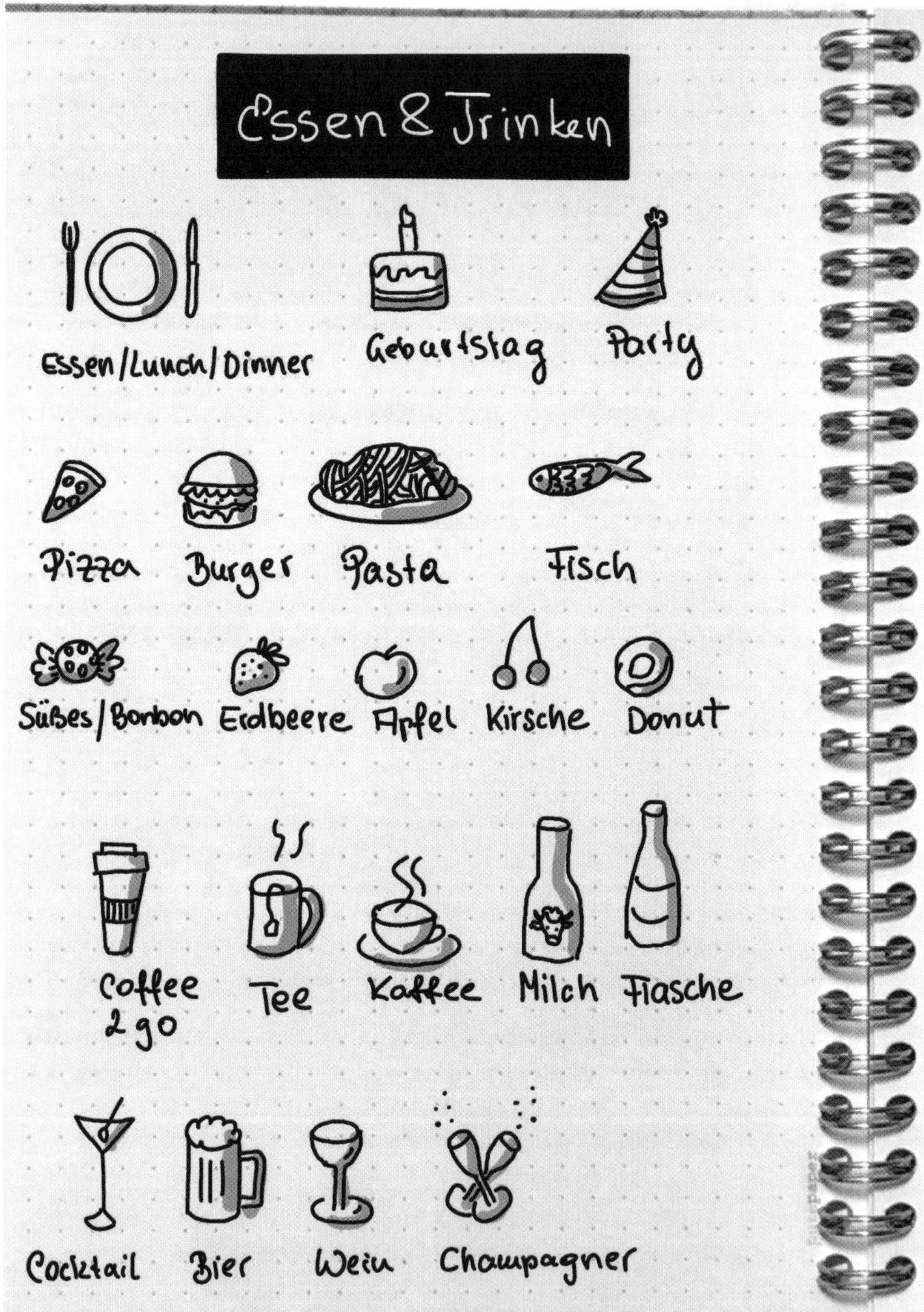
Essen & Trinken
Essen/Lunch/Dinner
Geburtstag
Party
Pizza
Burger
Pasta
Fisch
Süßes/Bonbon
Erdbeere
Apfel
Kirsche
Donut
Coffee 2go
Tee
Kaffee
Milch
Flasche
Cocktail
Bier
Wein
Champagner

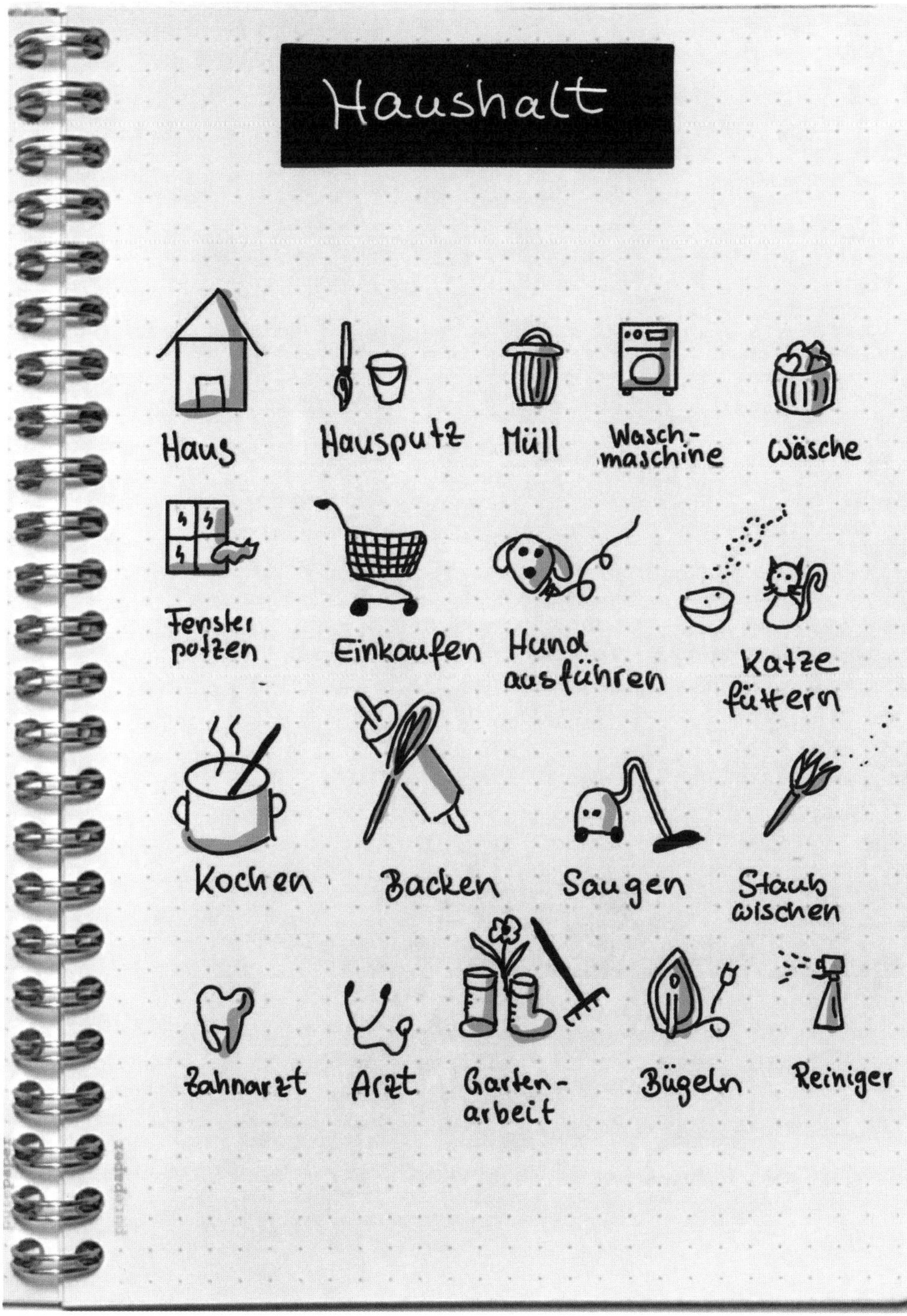
Haushalt
Haus
Hausputz
Müll
Wasch-
maschine
Wäsche
Fenster
putzen
Einkaufen
Hund
ausführen
Katze
füttern
Kochen
Backen
Saugen
Staub
wischen
Zahnarzt
Arzt
Garten-
arbeit
Bügeln
Reiniger

Büro/Arbeit
Büro
Unternehmen
email
Ort
11 Jan
Datum
Internet
Uhrzeit
Deadline
Fokus
Idee
Suche
IT, Website, Blog
Smartphone
Tablet
Marker
Buch
Bücher
Bleistift
Pinsel
Lineal
To Do
Planer
Büroklammer
Stecknadel
Dokument
Dokumente
Notizen
Präsentation

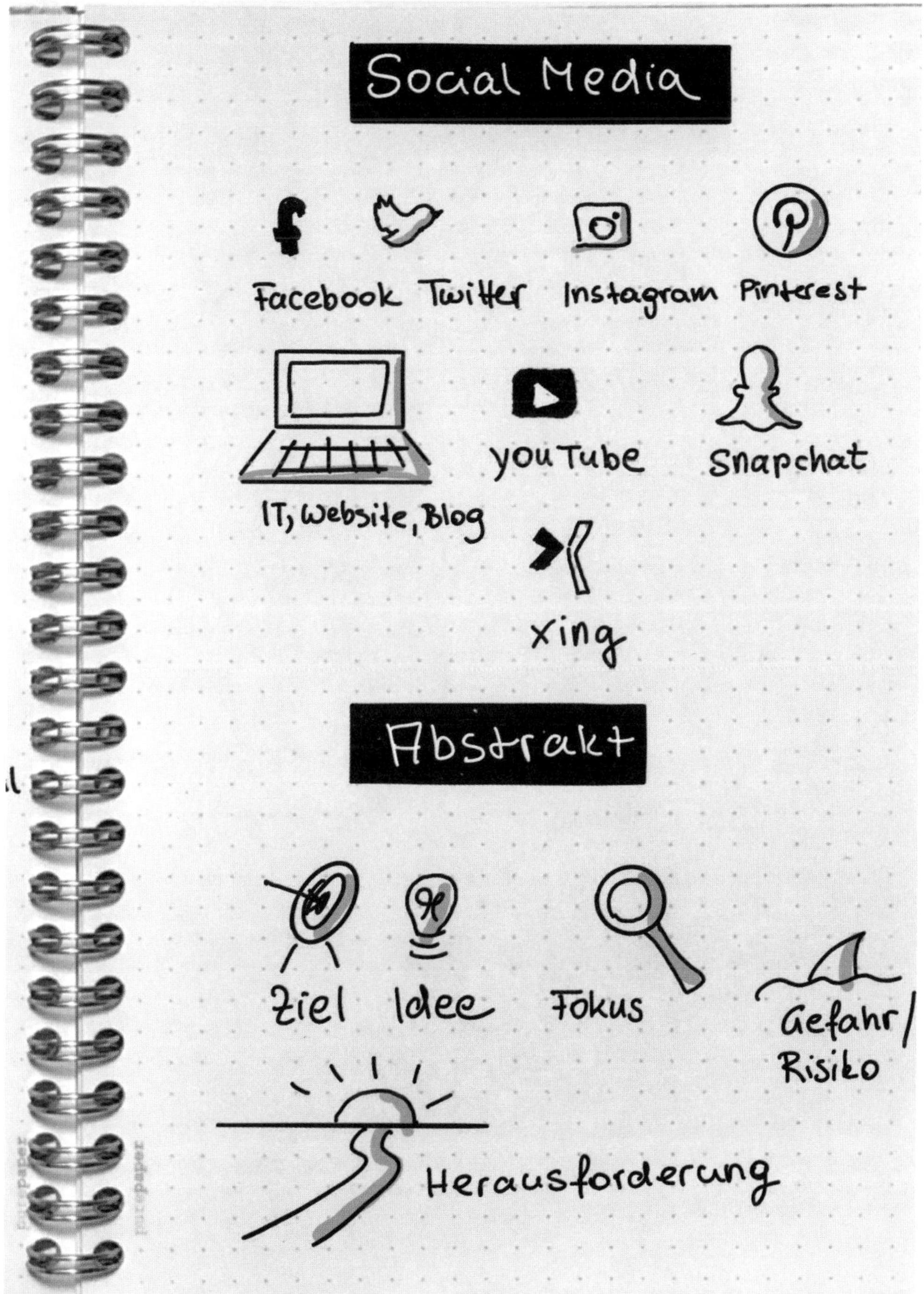
Social Media
Facebook
Twitter
Instagram
Pinterest
IT, Website, Blog
YouTube
Snapchat
Xing
Abstrakt
Ziel
Idee
Fokus
Gefahr/
Risiko
Herausforderung

Wetter
sonnig
teilweise sonnig
wolkig
Regen
Gewitter
Sturm
Schnee
Sprechblase
Gedankenblase

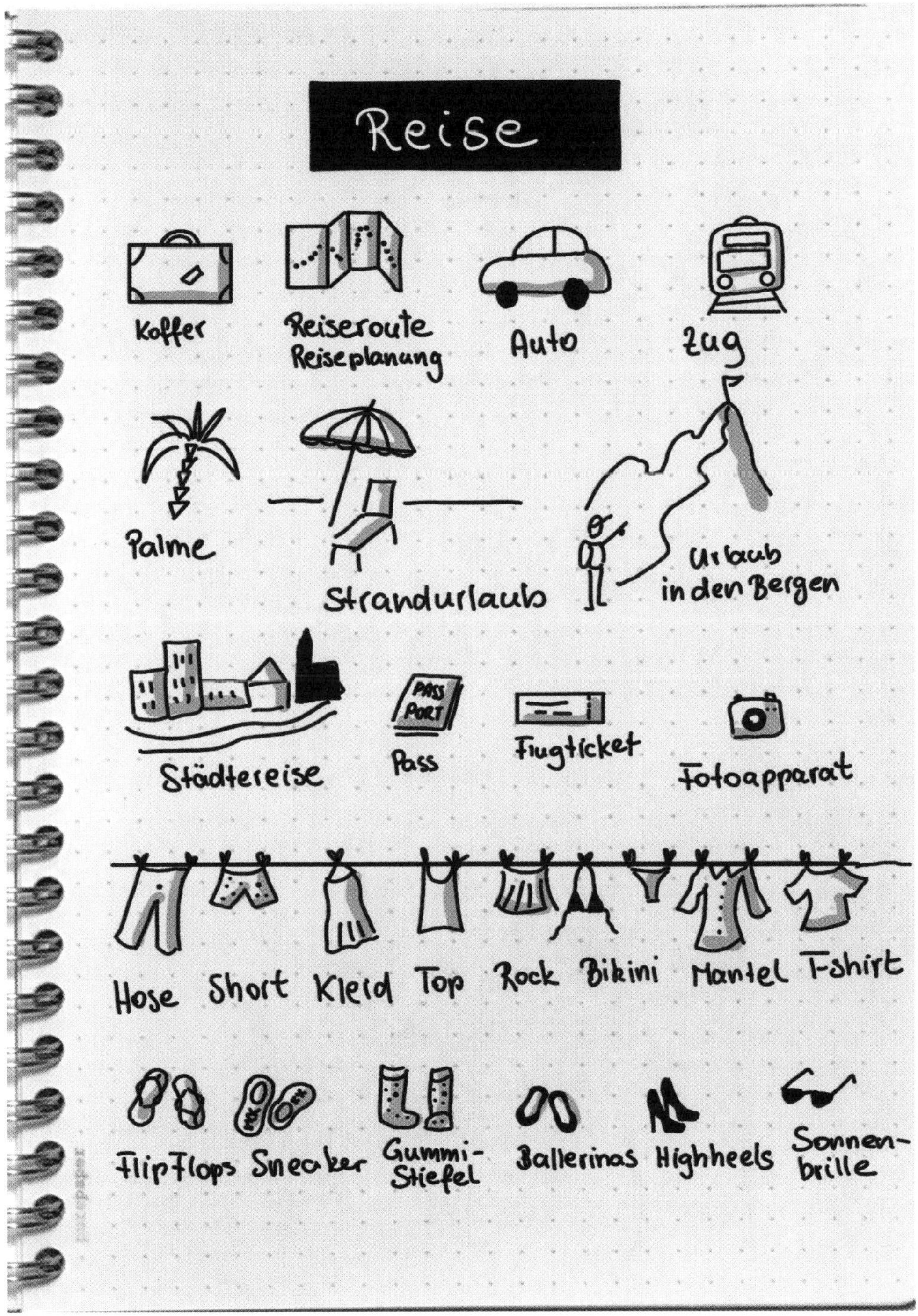

Reise
Koffer
Reiseroute
Reiseplanung
Auto
Zug
Palme
Strandurlaub
Urlaub in den Bergen
PASS PORT
Städtereise
Pass
Flugticket
Fotoapparat
Hose
Short
Kleid
Top
Rock
Bikini
Mantel
T-shirt
FlipFlops
Sneaker
Gummi-
Stiefel
Ballerinas
Highheels
Sonnen-
brille

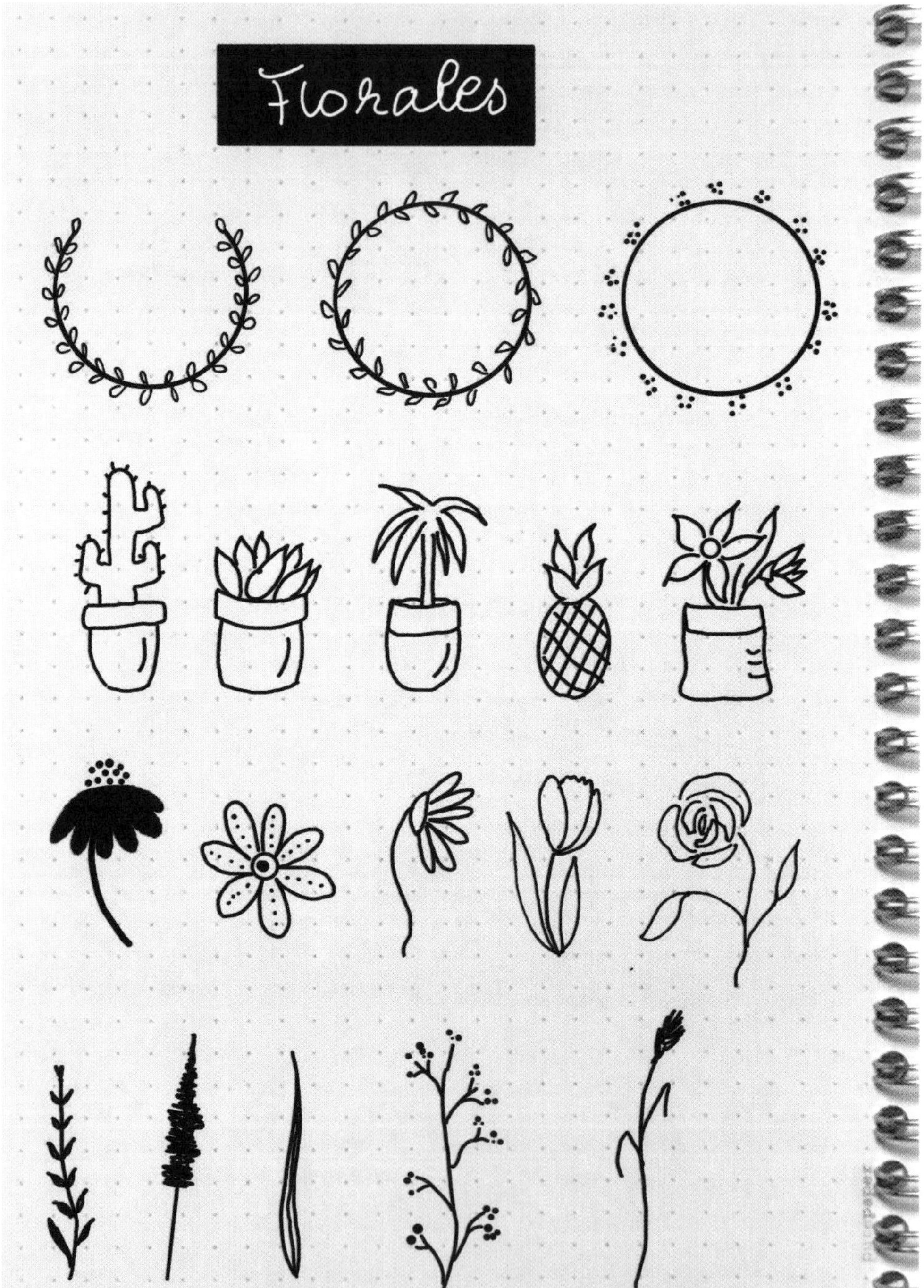
Florales

Hier habe ich meine Erste Hilfe bei einem Bienenstich, damit ich es mir im Notfall schnell ansehen kann:

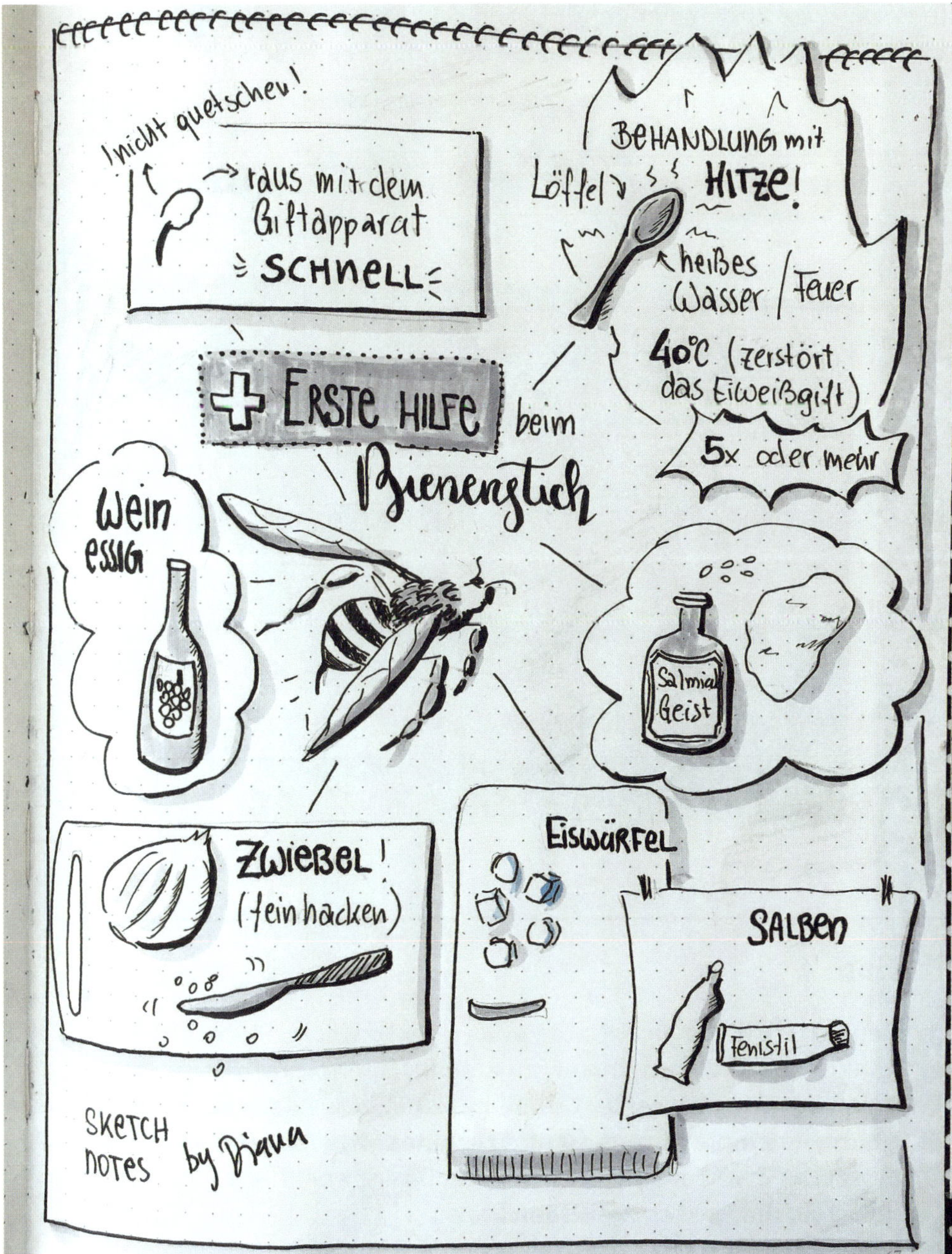

Banner und Rahmen

Banner und Rahmen helfen dir, dein Bullet Journal zu strukturieren. So siehst du, was zusammengehört, und du kannst visuelle Hierarchien erstellen. Dies gibt deinem Bullet Journal einen kreativen und persönlichen Touch.

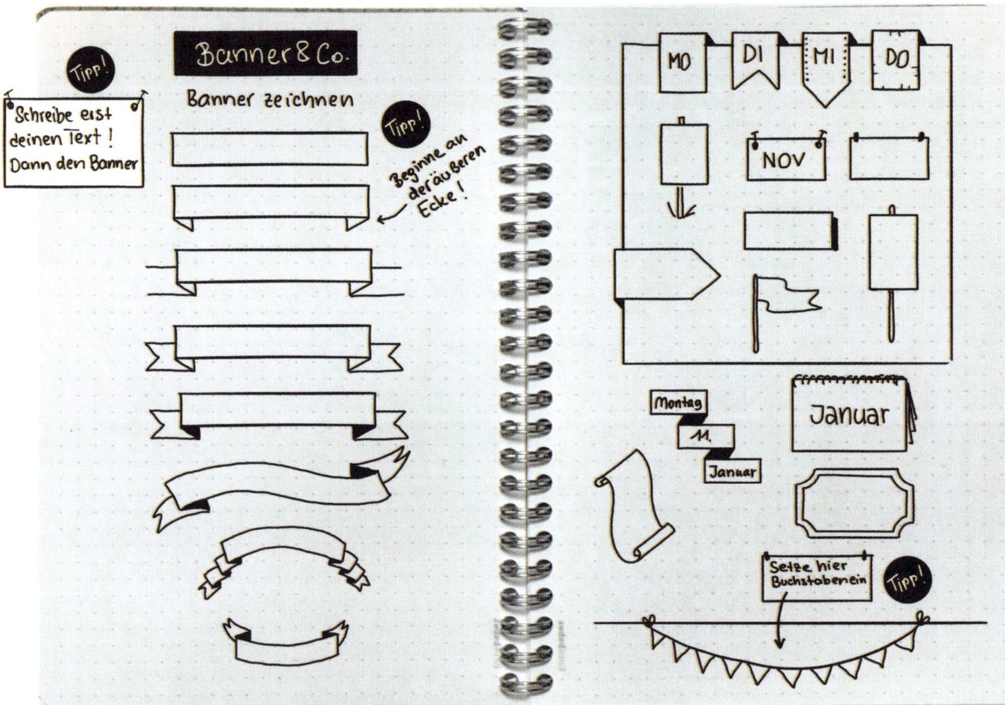

Tipp

Denke daran, möglichst zuerst den Text zu schreiben und erst danach den Rahmen darum zu ziehen. Denn wenn du zuerst den Rahmen machst, passiert es sehr häufig, dass der Text nicht richtig hineinpasst und du plötzlich das Wort »reinquetschen« musst. Im Zweifel zeichnest du den Banner erst mit Bleistift, damit du ihn später anpassen kanst.

Ränder und Ecken

Diese Verzierungen geben deinem Layout einen charmanten und »fertigen« Touch. Du kannst nicht nur mit Linien und Rändern Dinge voneinander trennen, sondern auch deine Seiten, Ränder oder Ecken verzieren.

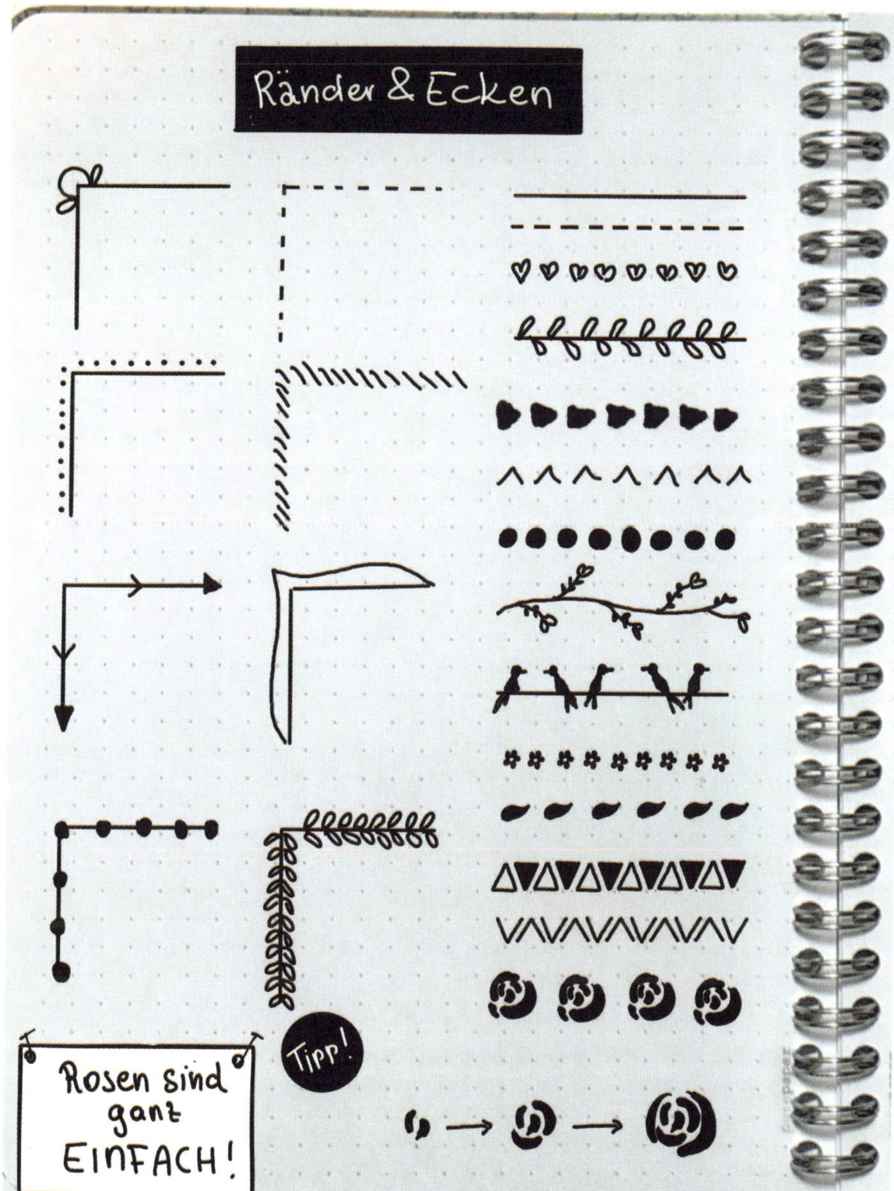

5.2 Schriften

Spiele mit Schriften in deinem Bullet Journal, das macht einerseits Spaß, fördert deine Kreativität und außerdem kannst du damit sogenannte »visuelle Hierarchien« erstellen. Das bedeutet, dass du einerseits durch den Einsatz verschiedener Schriften und andererseits durch verschiedene Schriftgrößen deinen Seiten eine Struktur gibst. So siehst du beim Lesen auf einen Blick, was zusammengehört.

Für deine normalen Einträge empfehle ich dir, in Druckschrift zu schreiben, denn das ist einfach leserlicher und du findest dich besser zurecht. Überschriften, wie zum Beispiel das Thema oder die Tage, Monate und Zahlen kannst du in einer anderen Schrift erstellen. Sei kreativ, so wird dein Bullet Journal automatisch zum »Hingucker«.

Hier siehst du ein paar Inspirationen für Schriften anhand von Alphabeten und ich bedanke mich an dieser Stelle bei Tanja Wehr und ihrem grandiosen Buch »Die Sketchnote Starthilfe« dafür, dass ich ihre Schriften hier abbilden kann.

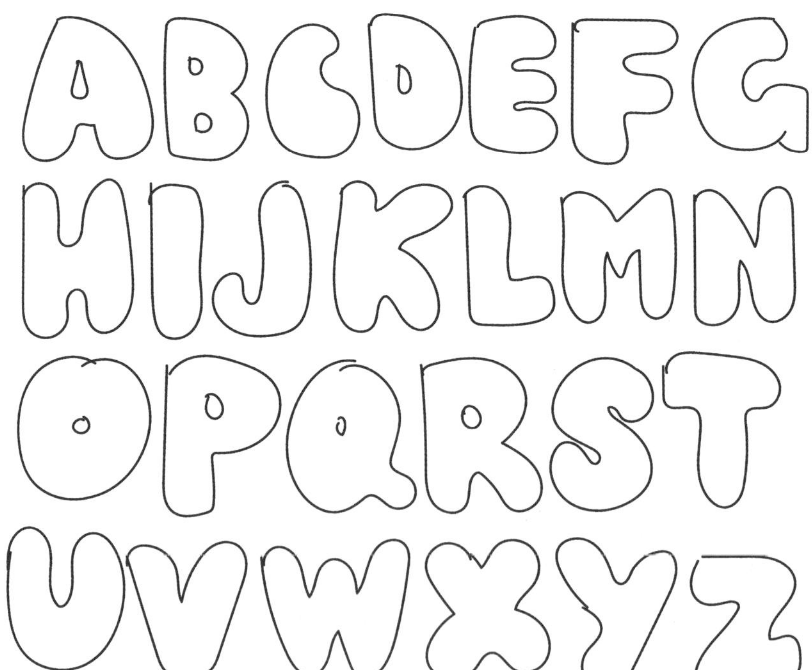

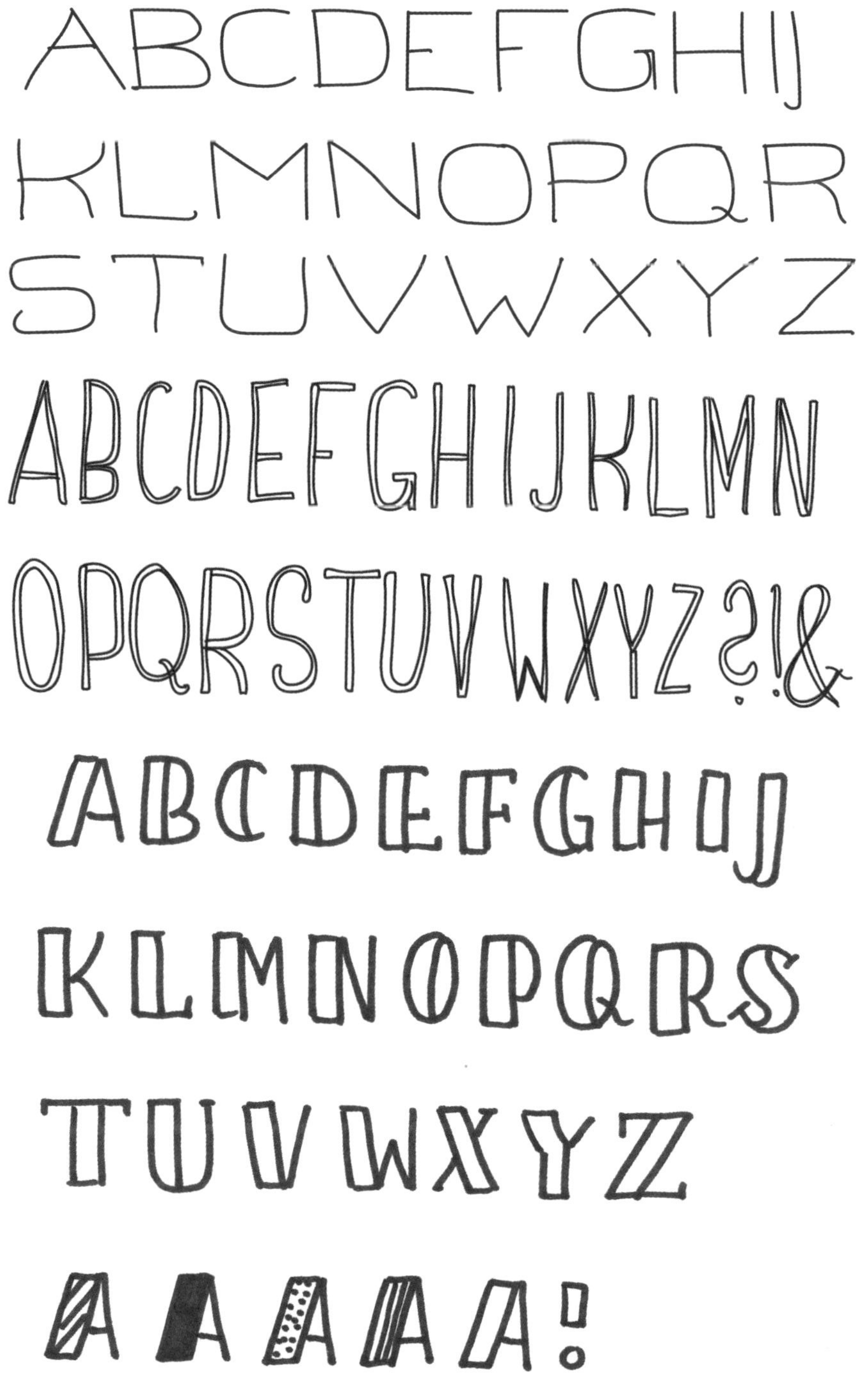
ABCDEFGHIJ
KLMNOPQR
STUVWXYZ
ABCDEFGHIJKLMN
OPQRSTUVWXYZ?!&
ABCDEFGHIJ
KLMNOPQRS
TUVWXYZ
AAAAA!

ABCDEFGH
IJKLMNOPQ
RSTUVWYZ

ABCDEFGHIJK
LMNOPQRST
UVWXYZ?!
abcdefghijkl
mnopqrstuvw
xyz123456789

ABCDEFGHIJKLMN
OPQRSTUVWXYZ?!&
123456789

ABCDEFGHIJKLMNO
PQRSTUVWXYZ&
123456789

ABCDEFGHIJKLMNOPQRSTUVWXYZ

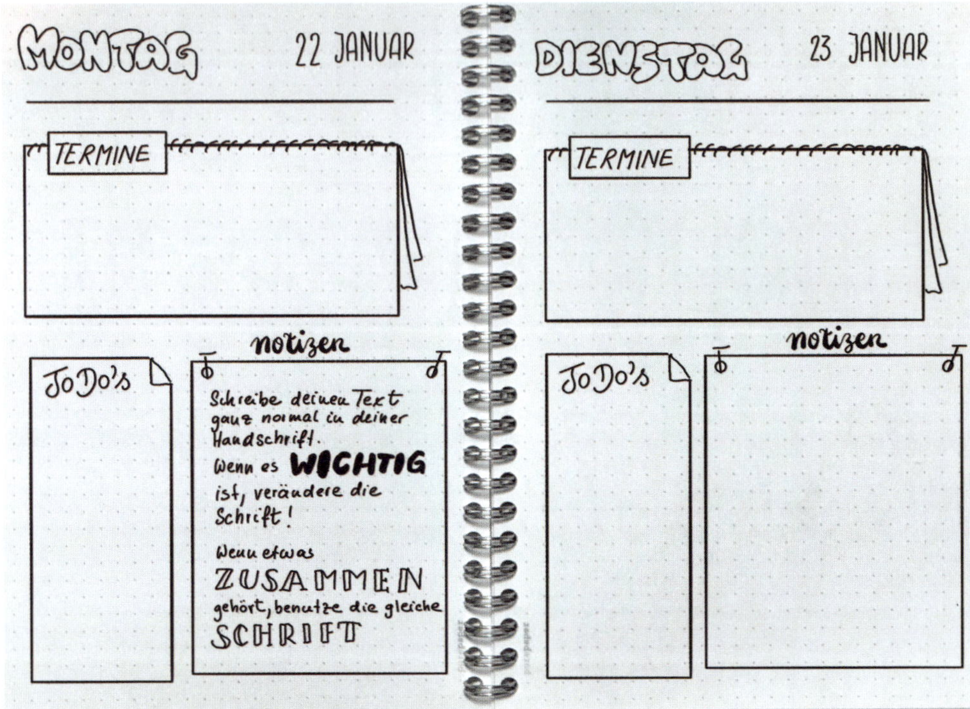

5.3 Handlettering

Der Trend Handlettering ist in aller Munde – das Schönschreiben von Buchstaben ist einerseits sehr entspannend und andererseits eine wunderbare Art, Überschriften zu gestalten oder schöne Sprüche in dein Bullet Journal zu schreiben. Handlettering hat nicht unbedingt etwas mit Schreiben zu tun, sondern bedeutet das Malen von einzelnen Buchstaben und Wörtern. Es gibt unendlich viele Möglichkeiten, mit Schriften zu spielen. Auch das sogenannte Brush Lettering (Brush = Pinsel) liegt besonders im Trend und du kannst damit wunderbare Effekte erzielen.

Dafür benutzt du einen sogenannten Brushpen. Die flexible Spitze erlaubt verschiedene Strichstärken. Bezeichnend für diese Methode ist, dass du beim Aufwärtsstrich dünne Linien und beim Abwärtsstrich dicke Linien ziehst. Dadurch erzielst du diesen typischen Brushlettering-Effekt. Für die dicken Linien reicht es, einfach mehr Druck auf den Stift auszuüben. Um das einmal auszuprobieren, kannst du dich entweder an ein Alphabet als Vorlage halten, oder du übst einfach mit deiner eigenen Schreibschrift.

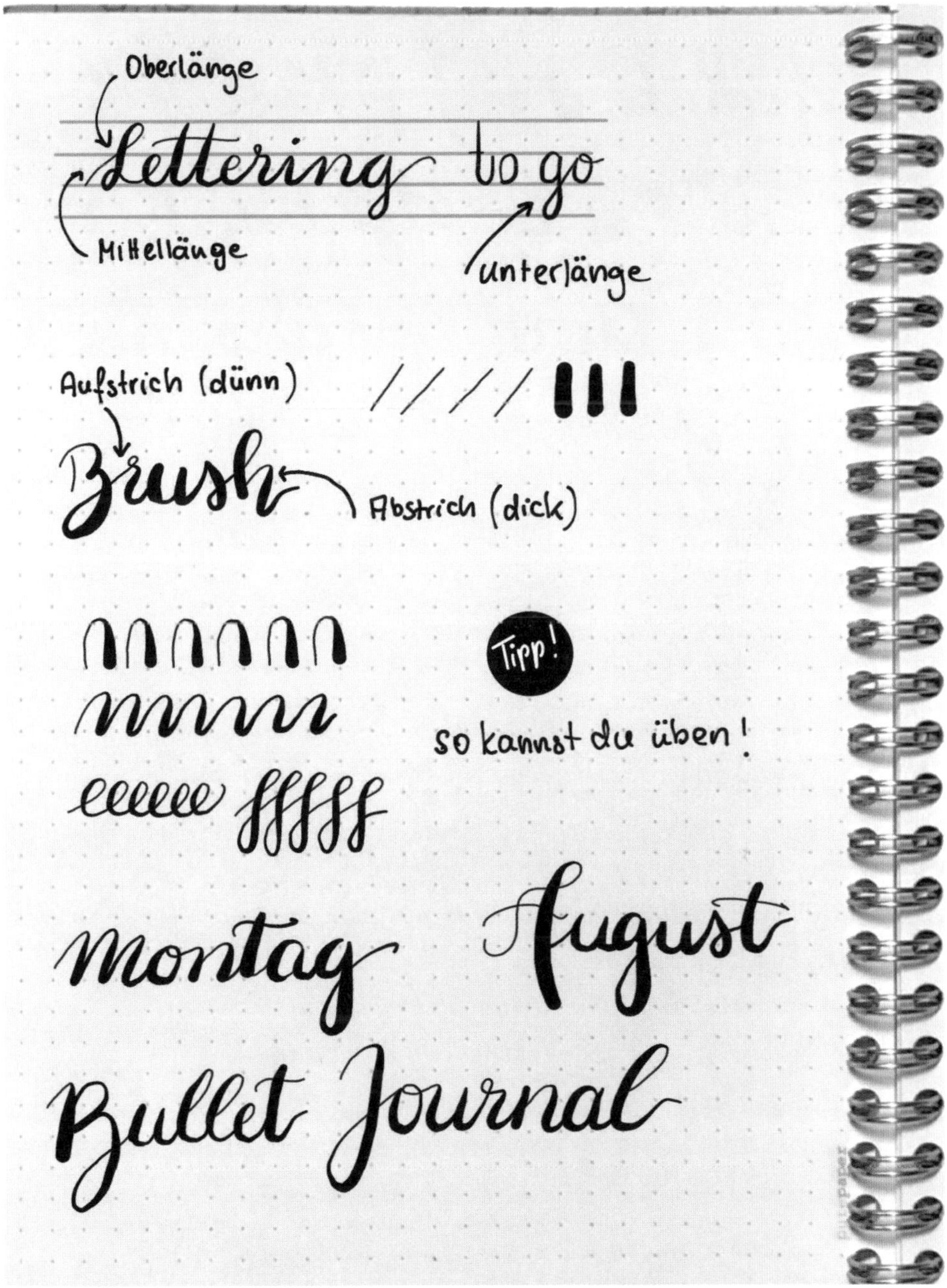

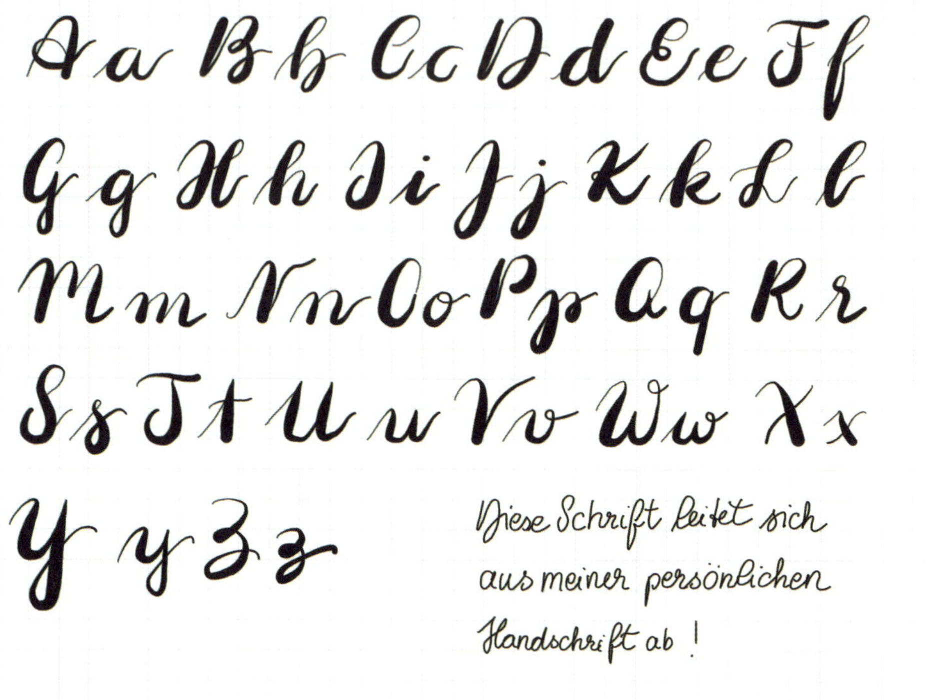

Und jetzt du! Nimm dir ein Blatt zur Hand und probiere das Brush Lettering einfach mal mit deiner eigenen Handschrift aus. Ich weiß, am Anfang stellt man sich noch ein bisschen ungelenk an, aber mit ein bisschen Übung entwickelst du so dein ganz eigenes Brush-Lettering-Alphabet.

Es gibt unzählige Blogs, die sich mit Handlettering und Brush Lettering beschäftigen. Besonders angetan haben es mir:

- May & Berry: *https://www.mayandberry.com*
- Lettering by MJ: *http://lettering-by-mj.com*
- Chris Campe: *https://www.allthingsletters.com*
- Frau Annika: *http://cargocollective.com/frauannika*

Schau da unbedingt einmal vorbei.

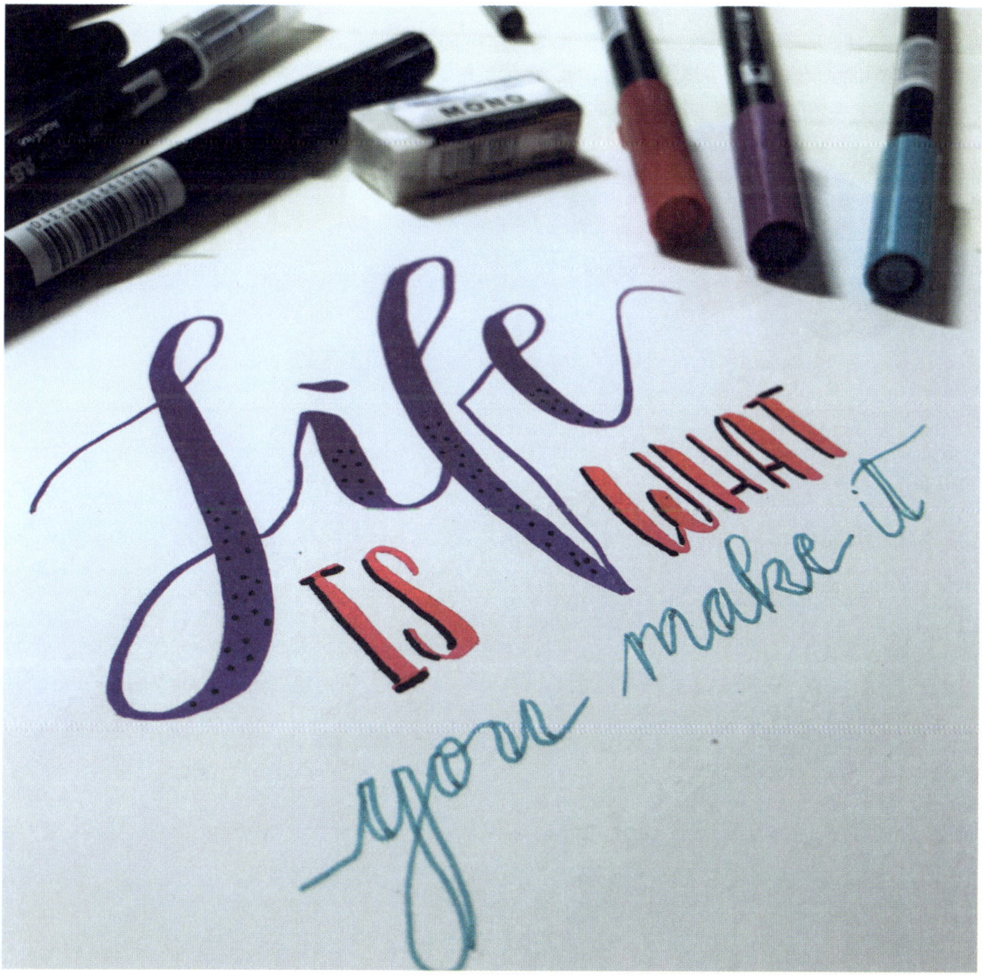

5.4 Inspiration für deine Tage und Monate

Hier zeige ich dir ein paar Inspirationen dazu, wie du in deinem Bullet Journal die Monate und Tage darstellen kannst. Sei kreativ und denke dir selbst etwas aus. Arbeite ein bisschen mit Farbe, und im Zweifel kannst du natürlich auch Sticker oder Schablonen benutzen. Auf der nächsten Seite findest du ein paar Varianten zur Inspiration. Mehr dazu findest du in Kapitel 10 »Dekoelemente«.

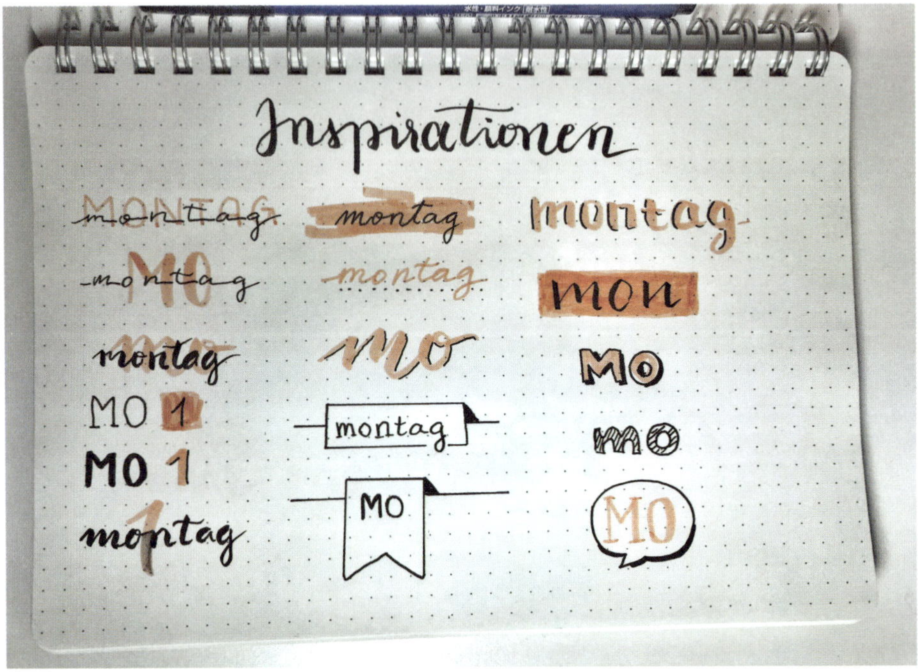
Inspirationen
montag
montag
montag
montag
montag
mon
montag
mo
MO
MO 1
montag
MO
MO 1
MO
montag
MO

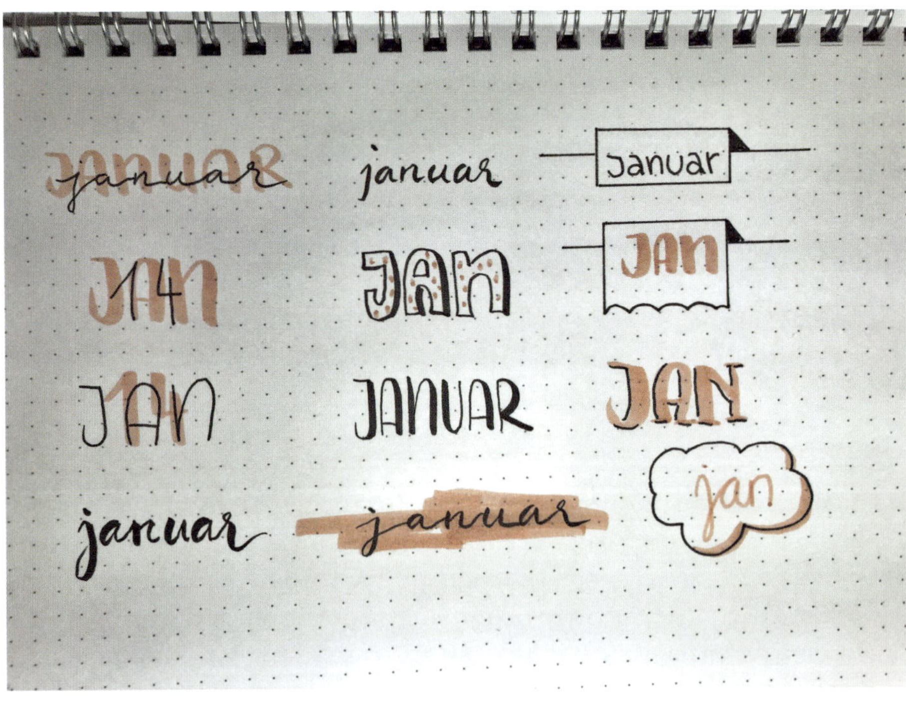
januar
januar
Januar
JAN 14
JAN
JAN
JAN
JANUAR
JAN
januar
januar
jan

6 Anwendungen und Vorlagen

In diesem Kapitel stelle ich dir viele verschiedene Anwendungsmöglichkeiten für dein ganz persönliches Bullet Journal vor.

6.1 To-do-Listen

To-do-Listen helfen dir, den Überblick zu behalten. Anstatt sich alles merken zu müssen und das Gefühl zu bekommen, dir wächst alles über den Kopf, ist eine To-do-Liste eine ideale Möglichkeit, sich selbst zu sortieren und die eigenen Aufgaben Stück für Stück abzuarbeiten. Einmal niedergeschrieben, hast du den Kopf frei für andere Ideen und Gedanken. Du brauchst keine Sorge mehr zu haben, Dinge zu vergessen, und das Abhaken gibt dir einfach ein gutes Gefühl.

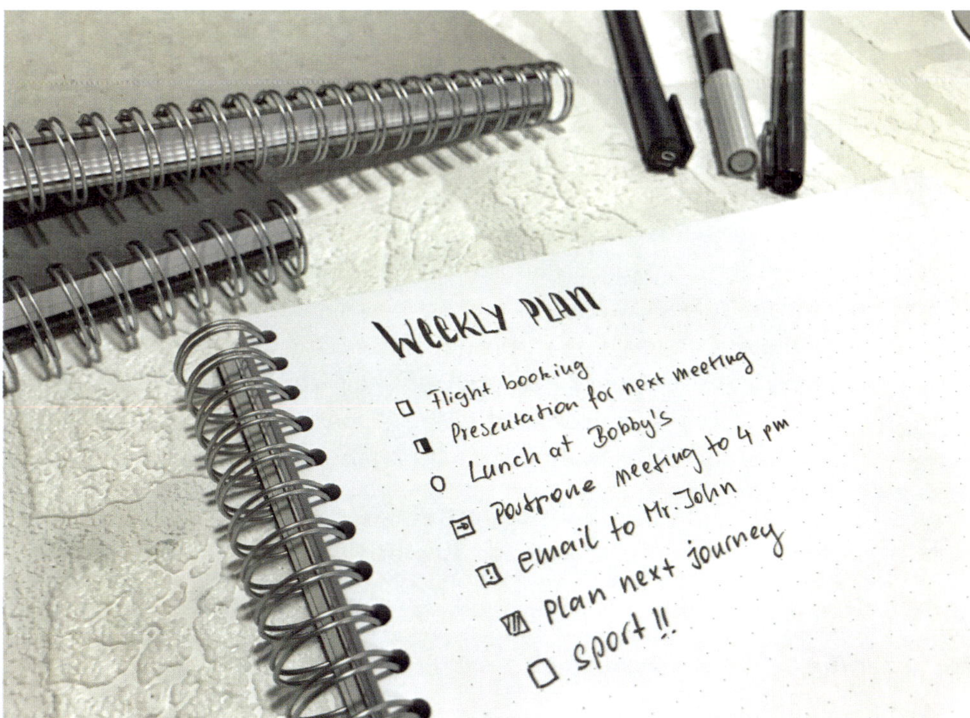

To-do-Listen sind das klassische Element eines Bullet Journals, weil es hier um Organisation geht. Sie können entweder für sich stehen, in die Wochenübersicht integriert sein oder in der Tagesübersicht eingetragen werden.

Mit Key Codes (siehe Kapitel 3, »Das Organisationssystem«) kannst du dann überschreiben oder abhaken, was du schon erledigt hast. Mit dem Color Code hast du auch die Möglichkeit, Aufgaben nach privat und geschäftlich oder nach Prioritäten, also dringend und weniger dringend etc. zu kategorisieren und zuzuordnen. Werden die To-dos nicht erledigt, kannst du sie auf einen anderen Tag migrieren oder eine neue To-do-Liste anlegen.

Eine weitere Möglichkeit ist es, die To-dos in Kategorien zu unterteilen, je nachdem, was für dich übersichtlicher ist oder besser für dich funktioniert. So kannst du auch To-do-Listen anlegen, die nur den Haushalt betreffen, dein Business oder deine Familie.

Wird das Ganze irgendwann zu unübersichtlich, erstelle eine neue To-do-Liste. Da hinein kannst du die unerledigten Dinge der alten To-do-Liste übertragen. Dadurch reflektierst du auch Unerledigtes.

Wie detailliert eine To-do-Liste sein muss, hängt ganz davon ab, wie viele Aufgaben ein Thema hat. Musst du einen Workshop vorbereiten, kann natürlich »Workshop vorbereiten« ein To-do sein. In der Regel beinhaltet es aber verschiedene Aufgaben und Arbeitsschritte. »Workshop vorbereiten« ist eigentlich zu vage. Es ist dann sinnvoll, eine eigene To-do-Liste nur für diesen Workshop, den du vorbereiten musst, zu erstellen und diese in einzelne Aufgaben herunterzubrechen. Das gibt dir dann auch beim Erledigen von Dingen ein besseres Gefühl. Oder du versiehst deine Aufgabe »Workshop vorbereiten« mit einer Anmerkung zu der Seite, auf der du die To-dos eben für diesen Workshop eingetragen hast.

Musst du Rechnungen schreiben? Dann setze einen Hinweis bzw. die Seitenzahl auf eine eigene Seite, auf der du eine Rechnungsübersicht anlegst. Oder du brichst es direkt innerhalb deiner To-do-Liste runter. Das heißt, du setzt »Rechnungen schreiben« als deine Aufgabe und trägst darunter die einzelnen Positionen ein.

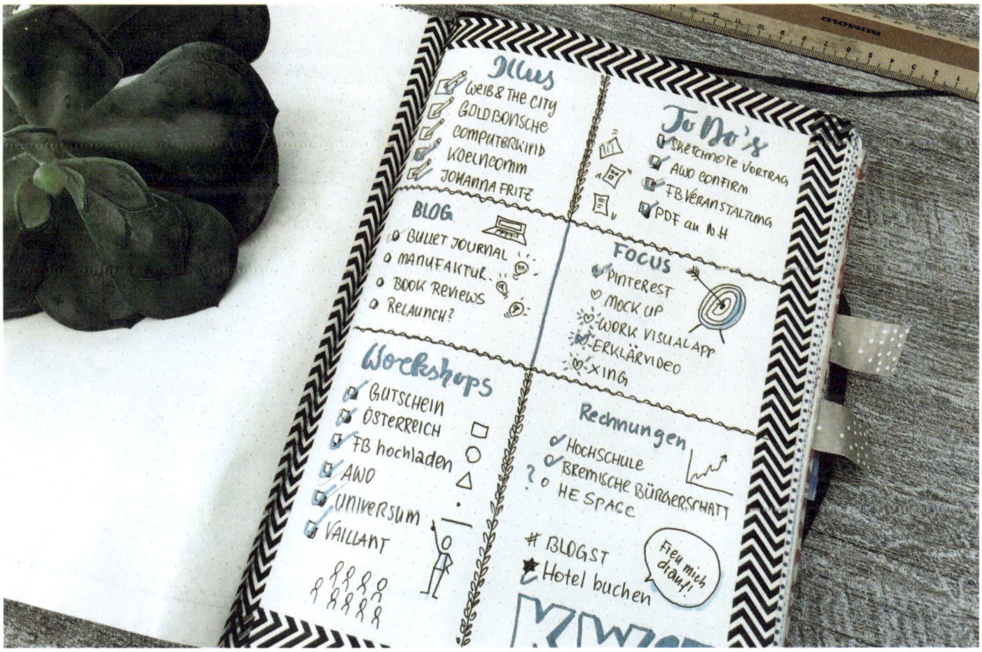

Gibt es eine Aufgabe, die du ständig verschiebst? Dann überlege auch hier, ob es eventuell möglich ist, diese Aufgabe in **Unteraufgaben** zu unterteilen. Damit hast du nicht mehr das Gefühl, dass sie nicht erledigt wird. Du kannst dir auch überlegen einzutragen, wie weit der Status des Erledigens dieser Aufgabe bereits ist.

Der **Key Code** kann dir helfen, die Wichtigkeit der Aufgabe zu bestimmen. Hat sie Priorität? Gibt es eine Deadline? Muss sie sofort oder irgendwann erledigt werden?

Du wirst bald feststellen, was für dich am besten funktioniert – ob du die Aufgaben nach der Rapid-Logging-Methode herunterschreibst oder ob du sie nach **Kategorien** unterteilst. Probiere es einfach aus und übernimm das, was dir am meisten hilft.

Hier siehst du eine Vorlage, mit der ich immer wieder gerne arbeite:

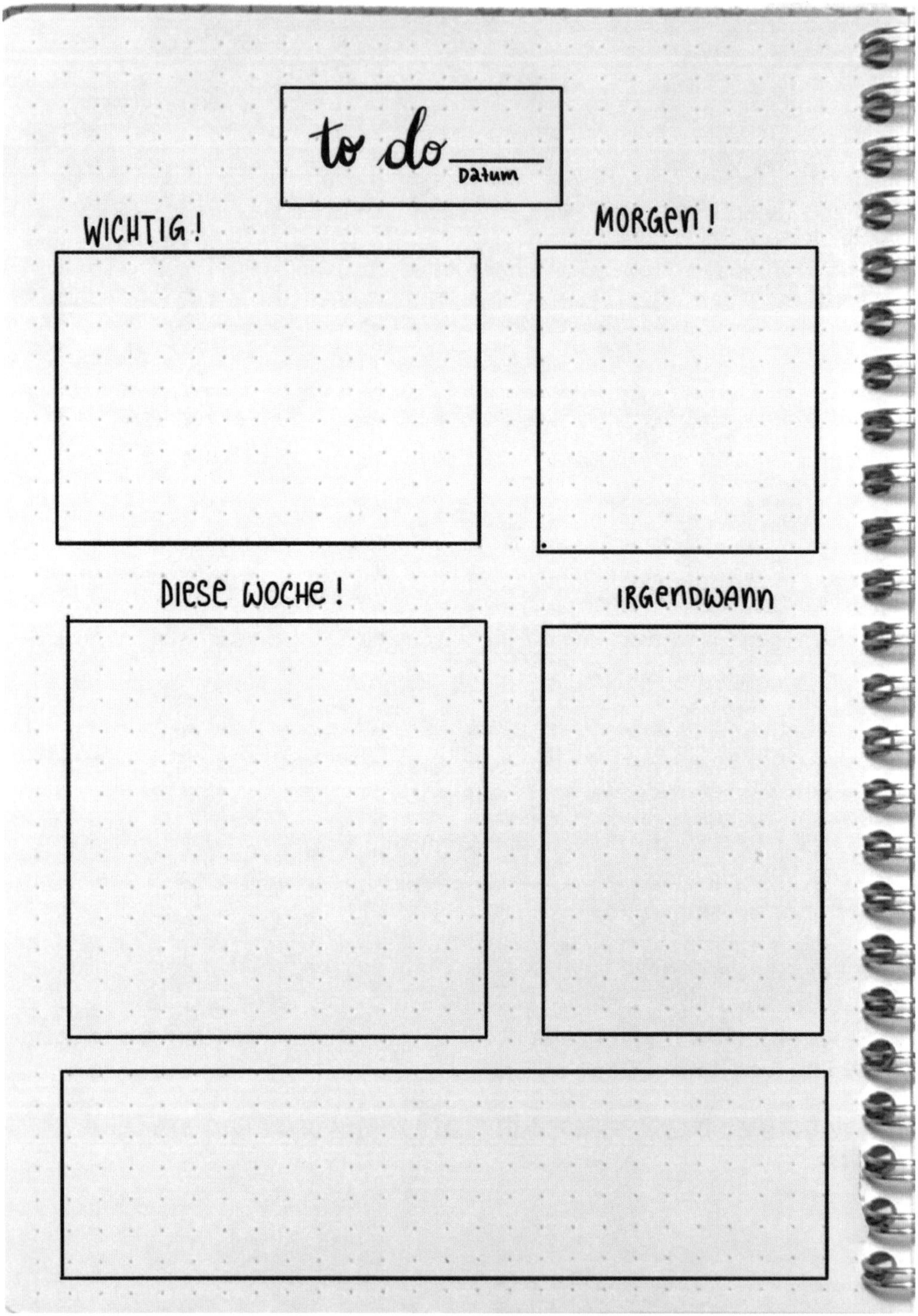
to do
Datum
WICHTIG!
MORGEN!
DIESE WOCHE!
IRGENDWANN

6.2 Habit Tracking: Anwendung und Vorlagen

(Text von Marcus Lemke)

Der Begriff »Habit Tracking« ist etwas sperrig zu übersetzen. »habit« bedeutet Gewohnheit, und »tracker« ist eine Nachverfolgung. Ein Habit Tracker ist also etwas, mit dem man Gewohnheiten aufzeichnet (»trackt«) und üblicherweise schriftlich festhält, etwa in einem Tagebuch.

Aber was ist Sinn und Zweck eines Habit Trackings – oder anders gefragt, warum solltest du deine Gewohnheiten überhaupt schriftlich festhalten wollen? Vor allem geht es dabei um Verhaltensweisen, die du als eine für dich wünschenswerte Gewohnheit etablieren möchtest. Dabei fällt es aber oft aus verschiedenen Gründen schwer, sich regelmäßig daran zu halten. Das können unterschiedliche Dinge sein, etwa regelmäßig zum Sport zu gehen, eine Sprache zu üben oder jeden Tag auf einem Musikinstrument zu spielen, aber auch alltägliche Kleinigkeiten, wie z.B. sich jeden Abend auf den kommenden Morgen vorzubereiten.

Dadurch, dass du diese neue Gewohnheit aufzeichnest, baust du dir zum einen für dich selbst eine gewisse Verbindlichkeit auf. Es ist aber auch motivierend zu sehen, dass du bereits über eine gewisse Zeit erfolgreich eine Tätigkeit in deinen Alltagsablauf einbauen konntest. Je länger du die Kette aufrechterhalten kannst, desto ehrgeiziger wirst du, sie nicht abreißen zu lassen. Nach einer gewissen Zeit ist es eventuell sogar nicht mehr nötig, deine Aktivität aufzuzeichnen, weil du die Gewohnheit erfolgreich verinnerlicht hast und nicht mehr aktiv darüber nachdenken musst, ob und wie du sie ausübst, etwa wie das Zähneputzen.

Am besten lassen sich Gewohnheiten unter Berücksichtigung folgender Aspekte etablieren.

Motivation

Am meisten Aussicht darauf, zur Gewohnheit zu werden, haben Dinge, die du von dir aus gern machen möchtest und nicht etwa aufgrund der Erwartung anderer. Beispielsweise wird es dir sehr schwerfallen, dich zum regelmäßigen Joggen zu motivieren, weil du das Gefühl hast, dass du irgendwie schon mehr Sport machen solltest. Jeden Tag eine halbe Stunde mit dem Hund spazieren zu gehen, weil du gern Zeit mit dem Hund verbringst, kann dagegen ein persönlich lohnenderes Ziel sein.

Regelmäßigkeit

Je öfter du etwas tust, desto eher kannst du auch eine Gewohnheit oder einen Automatismus aufbauen. Wenn du etwas nur zwei Mal die Woche tust, wird es länger dauern, bis du eine Gewohnheit aufgebaut hast, da du in der Woche mehr Zeit damit verbringst, die Tätigkeit nicht auszuüben. Am besten eignen sich daher Aktivitäten, die du mehrmals die Woche, besser jeden Tag ausübst.

Erreichbarkeit

Wenn du schon ewig keinen Sport mehr gemacht hast und dir dann sofort als Ziel setzt, jeden Tag fünf Kilometer zu joggen, wird es vermutlich sehr schwer werden, dich dauerhaft dazu aufzuraffen. Es ist definitiv einfacher, sich ein kleineres Ziel zu setzen, das man auch gut umsetzen kann. Und es ist besser, ein kleines Ziel regelmäßig zu verfolgen, als ein großes, das beinahe unerreichbar ist.

Noch ein paar Tipps, wie du Routine aufbauen kannst

Am einfachsten ist es, dir eine einzelne Angewohnheit vorzunehmen, ansonsten läufst du Gefahr, von dir selbst zu viel zu erwarten. Darüber hinaus könnten unterschiedliche Ziele miteinander konkurrieren. Wie soll man sich beispielsweise verhalten, wenn man zum einen das Ziel hat, jeden Morgen Yoga zu machen, sich andererseits aber auch vornimmt, jede Nacht mindestens acht Stunden lang zu schlafen, wenn man abends spät nach Hause gekommen ist? Macht man dann Yoga und schläft weniger, oder verzichtet man auf Yoga und schläft länger? Diese Konflikte können es dir auf Dauer erschweren, eine gewisse Selbstdisziplin aufrechtzuerhalten.

Eine gute Strategie, ein Verhalten in eine Gewohnheit umzuwandeln, ist es, eine bereits bestehende Gewohnheit als Anker zu verwenden. Wenn du jeden Morgen beispielsweise zehn Kniebeugen machen möchtest, könntest du das Aufstehen als Anker verwenden (»Jeden Morgen, wenn ich aus dem Bett aufgestanden bin, mache ich zehn Kniebeugen.«). Sobald du das erfolgreich als Gewohnheit aufgebaut hat, könntest du weitere Dinge hinzunehmen, z. B. Aufstehen – Kniebeugen – Frühstücken.

Es kann ebenfalls hilfreich sein, die Routine fest in den Tag zu integrieren, sowohl in den zeitlichen als auch in den räumlichen Ablauf: »Jeden Tag nach dem Aufstehen um 7:30 Uhr mache ich zehn Kniebeugen vor dem Bett.«

Wie kann ein Habit Tracking umgesetzt werden?

Es gibt diverse Möglichkeiten, wie etwa Apps oder Tabellen, da dies aber ein Buch über Bullet Journals ist, zeige ich dir, wie du dafür das Bullet Journal als Hilfsmittel einsetzen kannst.

Du kannst dir einerseits jeden Tag eine kleine Notiz über die Aktivität machen. Zusätzlich, oder auch stattdessen, kannst du ein kleines Symbol verwenden, das du schnell und ohne Umstände eintragen kannst, etwa ein kleines »x«.

Vor allem in der Wochen- oder Monatsübersicht bietet sich zudem ein weiteres Vorgehen an: Wenn du immer daran gedacht hast, Markierungen zu setzen, kannst du alle Markierungen, die du ohne Unterbrechungen hintereinander vorgenommen hast, mit einer Linie verbinden. Eine möglichst lange Linie ohne eine Unterbrechung ist sehr motivierend.

Im folgenden Beispiel siehst du einen ganz simpel gestalteten Habit Tracker. Du trägst einfach links das Thema ein und markierst dann, inwieweit du deine Ziele eingehalten hast.

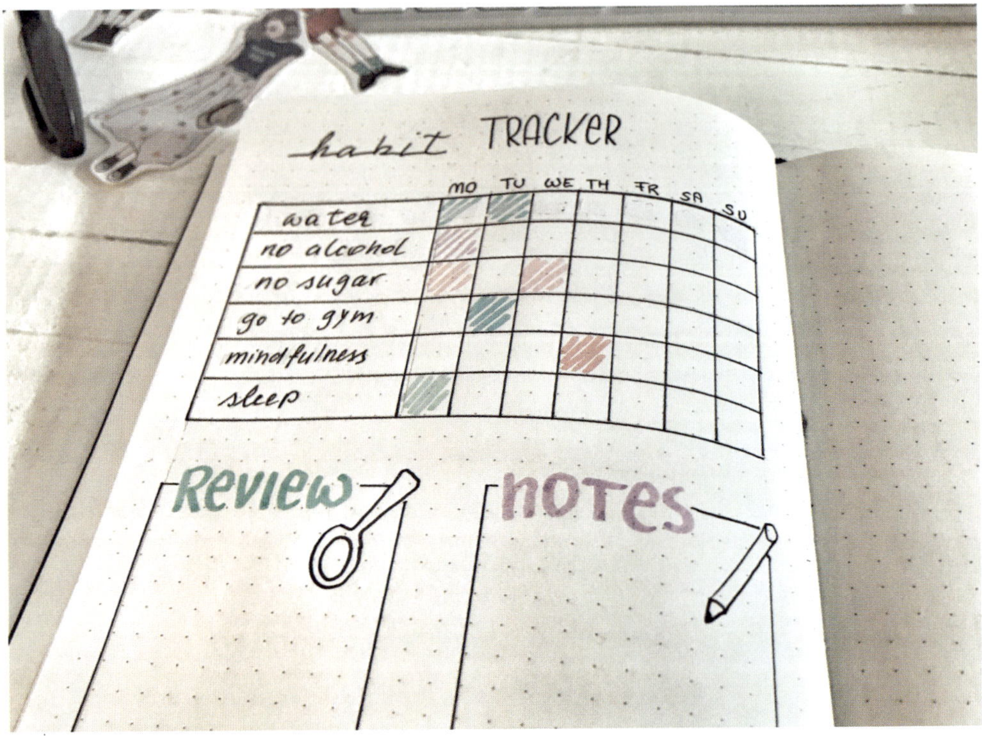

Typischer Habit Tracker

Ein besonders schönes Beispiel siehst du im nächsten Bild. Du kannst hier deine Gewohnheiten wie zum Beispiel Zeit mit der Familie oder genügend Schlaf tracken, indem du Punkte in die einzelnen Felder setzt. Das ist eine besonders kreative Darstellung, die in deinem Bullet Journal in jedem Fall ein Hingucker ist.

Ich habe mir hier einen einfachen Habit Tracker für eine Woche erstellt zu den Themen Wasser trinken, keinen Alkohol trinken, keinen Zucker essen, zum Sport gehen, Achtsamkeit und genug Schlaf. Wie du sehen kannst, markiere ich mir hier an jedem Wochentag mit einer Farbe, ob ich mein Ziel geschafft habe oder nicht. Wobei das bei manchen Zielen ja auch gar nicht wichtig ist, wer will schon jeden Tag joggen gehen? ;) Bei diesem wöchentlichen Habit Tracker geht es eher darum, sich selbst einen Überblick über seine Angewohnheiten zu verschaffen. Vielleicht fällt dir ja im Alltag gar nicht auf, wie wenig Schlaf du bekommst. Mit so einem kleinen Habit Tracker machst du dich selbst darauf aufmerksam und bekommst ein Gespür dafür, welche Themen dir wichtig sind. Diese kannst du dann wiederum in einen monatlichen Habit Tracker übertragen.

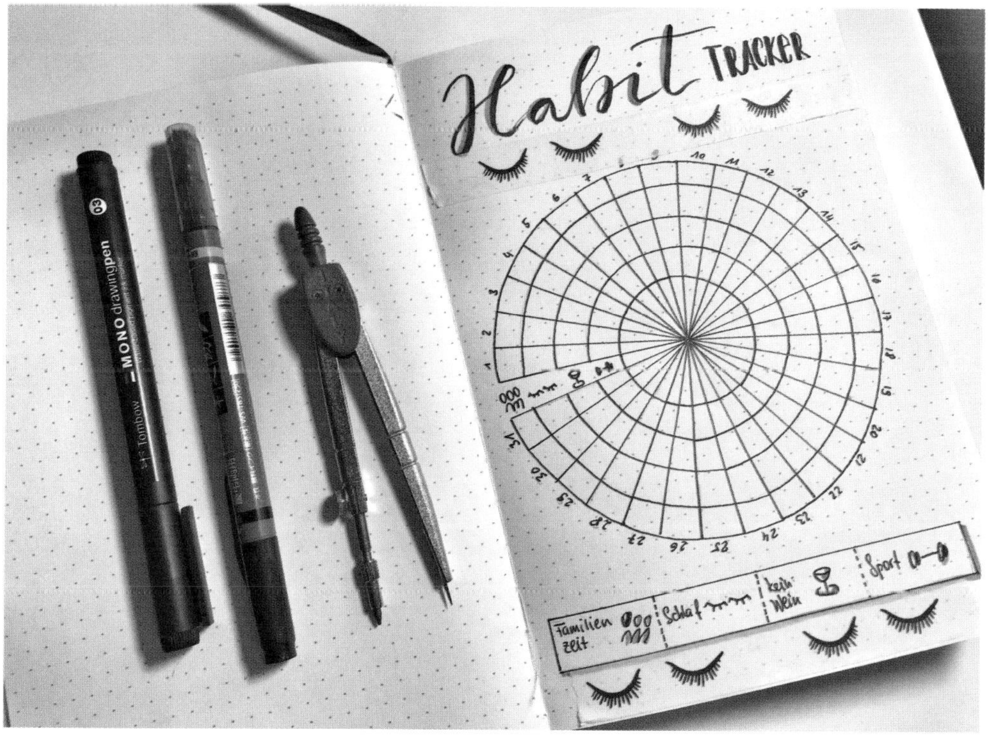

Workout-Tracker

In der nächsten Abbildung siehst du zwei Beispiele, wie du deine sportlichen Aktivitäten verfolgen kannst. Und schon alleine die Tatsache, dass du dir einen Überblick verschaffst, hilft dir dabei, dran und motiviert zu bleiben.

Um so einen perfekten Kreis hinzubekomme, solltest du aber zum Zirkel greifen, die wenigsten können das einfach aus der Hand zeichnen. Wie du siehst, habe ich für die einzelnen Themen Symbole benutzt (siehe dazu Kapitel 5.1 »Sketchnotes«). Wenn du schon deine festen Symbole hast, brauchst du natürlich auch keine Legende mehr unter dem Tracker. Besonders schön wird der Habit Tracker übrigens am Ende aussehen, wenn du für das Erledigen jedes Themas auch noch unterschiedliche Farben benutzt.

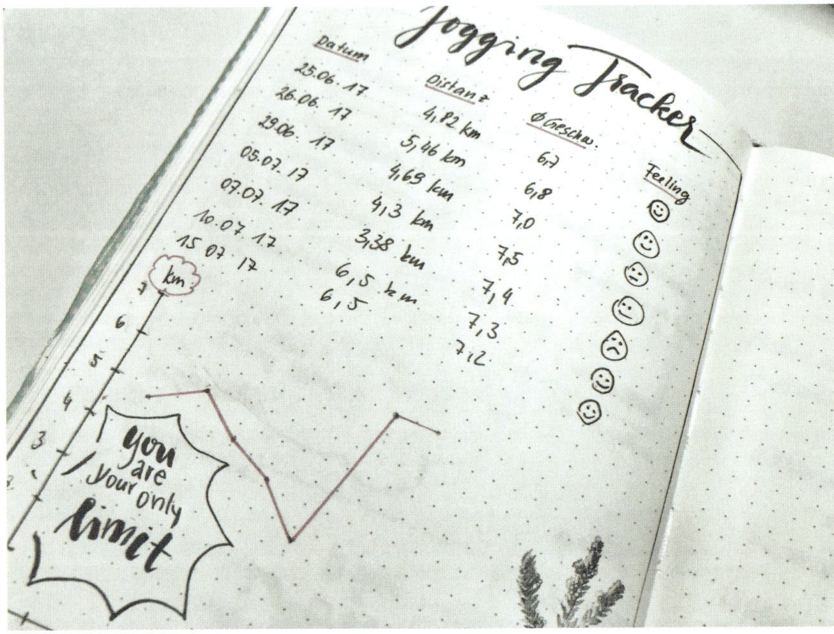

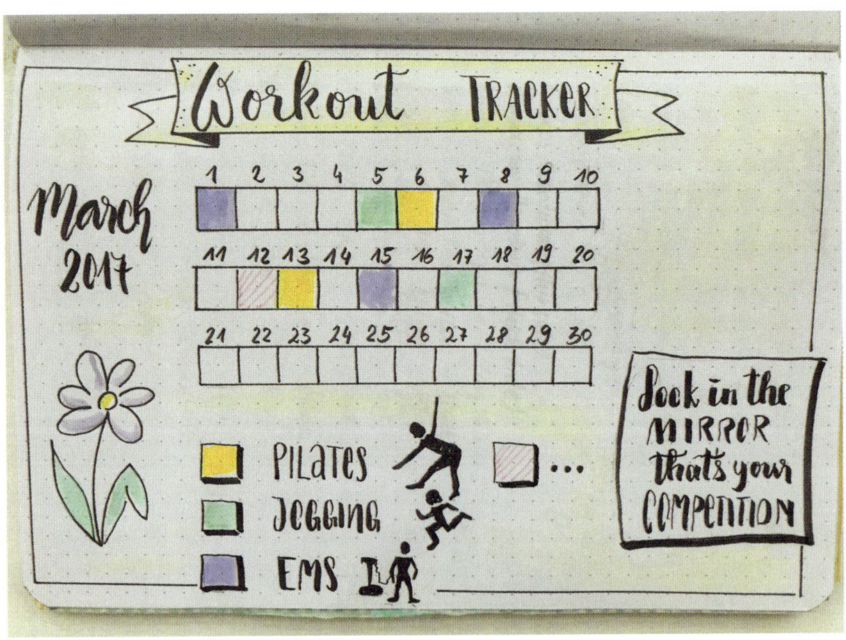

Stimmungs-Tracker

Es gibt Angewohnheiten oder Themen, die sich nicht so gut in einem wöchentlichen oder monatlichen Habit Tracker unterbringen lassen, für manche muss es schon eine ganze Jahresübersicht sein. Besonders beliebt in der Community sind zurzeit die sogenannten Stimmungs-Tracker. Da du hierfür sehr viele Felder brauchst, rate ich zu einem einfachen Raster: oben die Monate, an der Seite die Tage. Das ist zwar einfach, aber in diesem Fall auch am effektivsten. Dann trägst du an jedem Tag die Farbe ein, die du vorher für eine Stimmung festgelegt hast.

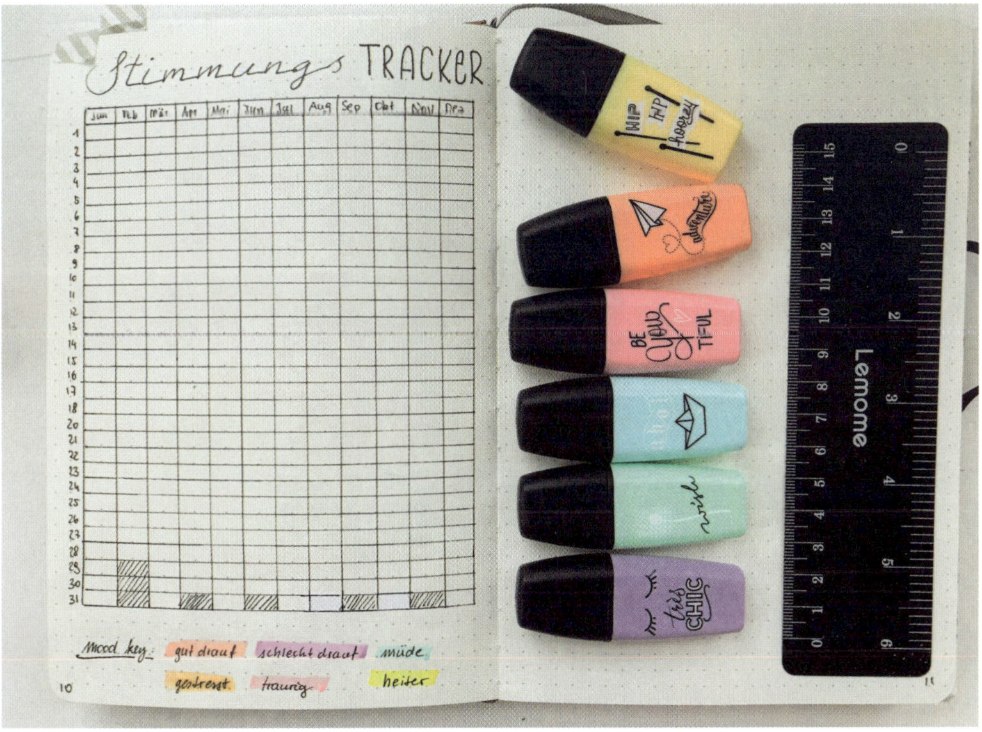

Die Jahresvorlage kannst du übrigens für alles Mögliche verwenden. Wie wäre es mit einem Wetter-Tracker? Oder einem Pünktlichkeits-Tracker? Ich benutze solch eine Jahresübersicht auch für einen sogenannten „Ladyday-Tracker“ – ein einfacher Menstruationskalender.

Movie-Tracker

Es gibt auch noch ganz vieles, was du mit einem Habit Tracker festhalten kannst. Eine schöne Idee ist es z.B. auch, dir auf diese Weise die Filme und Serien, die du noch sehen möchtest, zu notieren. Hast du Tipps von anderen bekommen oder selbst schon Pläne, was du unbedingt noch sehen musst? Dann trage sie in eine schön gestaltete Liste in deinem Bullet Journal ein. Du kannst so einen Movie-Tracker für eine Woche oder einen Monat oder auch ganz zeitunabhängig anlegen, je nachdem, wie viele Filme du dir in welchem Zeitraum ansiehst. Und wenn du einen Film oder eine Serie von deiner Liste angesehen hast, kannst du ihn auch gleich mit einem Rating versehen, so wie ich es hier in der Abbildung mit Sternen gemacht habe.

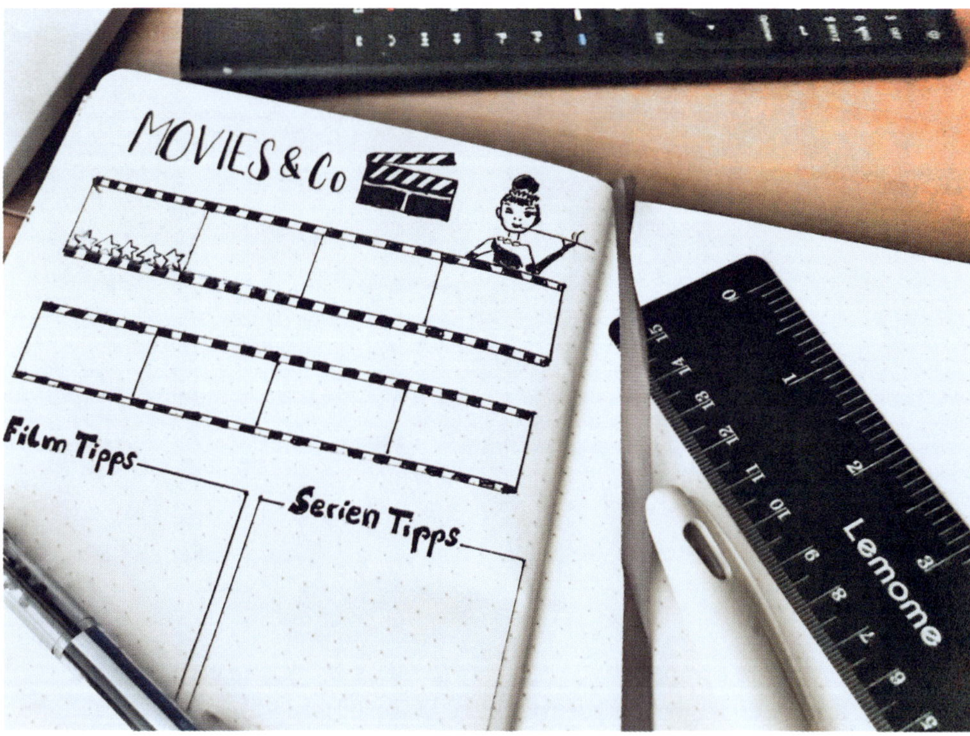

Bücher-Tracker

Genauso wie Filme und Serien kannst du natürlich auch alle anderen Medien, die du konsumierst, tracken und dich damit auch motivieren. Bücher lesen ist eine wunderbare Art, sich zu entspannen und Neues dazu zu lernen. In deinem Bullet Journal kannst du dir auch eine Liste mit Büchern anlegen, die du gerne lesen möchtest. So kannst du dir immer sofort ein Buch notieren, von dem du gehört hast und das du lesen, aber noch nicht kaufen möchtest, bevor du es wieder vergisst.

Ich motiviere mich dazu, mehr zu lesen, indem ich mir in meinem Bullet Journal mein eigenes kleines Bücherregal anlege. Das gestalte ich am Anfang des Jahres besonders schön, und freue mich dann jedes Mal, wenn ich dort ein Buch, das ich gelesen habe, eintragen kann. Hast du ein bestimmtes Ziel, wie viele Bücher du in einem Jahr lesen möchtest? Dann trage diese Anzahl doch schon zu Jahresbeginn ein – dann bleibt dir fast nichts mehr anderes übrig, als auch so viele Bücher zu lesen. :)

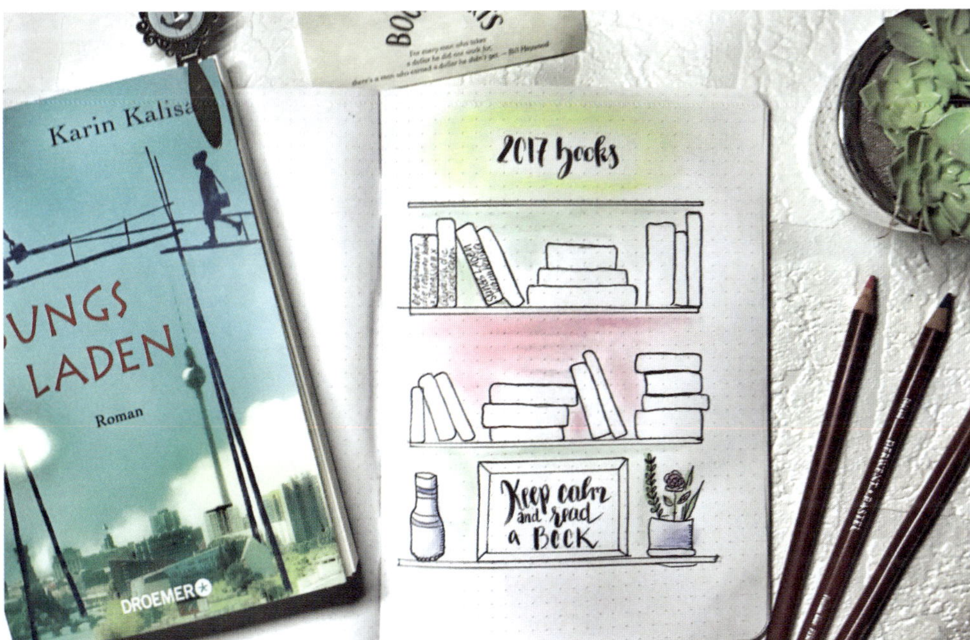

Haushalts-Tracker

Auf geht es zu den Habit Trackern, die Aufgaben betreffen, die weit weniger Freude machen, jedenfalls was die eigentlichen To-dos betrifft. Die Gestaltung des Trackers macht natürlich trotzdem Spaß. (Und vielleicht gebe ich mir hier auch besondere Mühe, damit gerade die unangenehmen Tasks auf diese Art angenehmer scheinen.)

Der liebe Haushalt macht sich nicht von allein. Alle häuslichen Aufgaben mit einem Tracker abzuarbeiten, sorgt für Regelmäßigkeit. Du wohnst in einer WG? Dann kann das auch helfen, sinnvoll die Aufgaben untereinander zu verteilen!

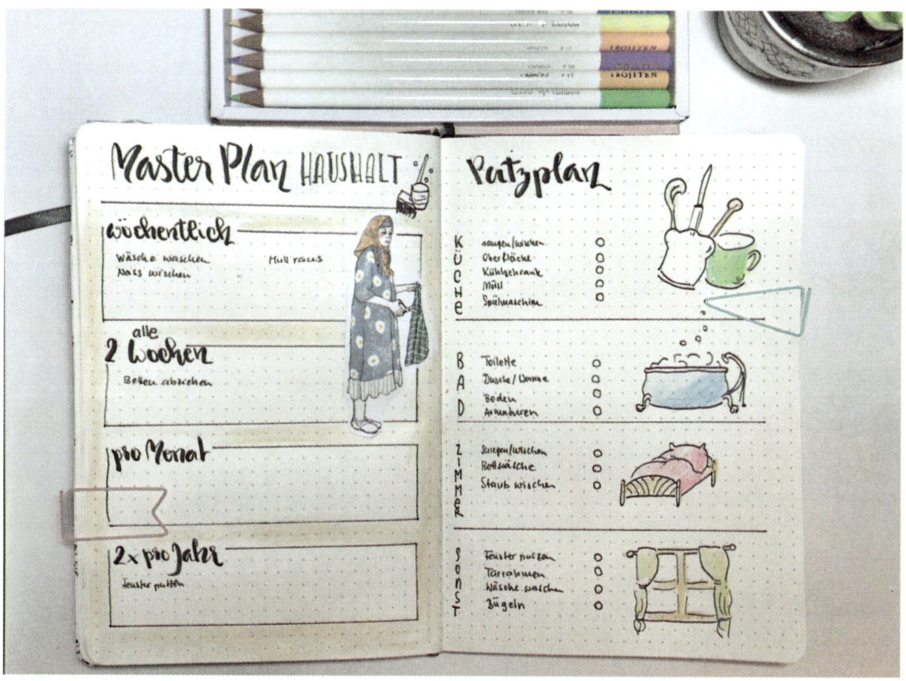

Im Großen und Ganzen gibt es auch hier wieder eine Menge Möglichkeiten, den eigenen Haushaltsplan zu gestalten. Ich mag den Masterplan sehr, auf den ich immer mal wieder einen Blick werfe. Gleichzeitig kann auch ein wöchentlicher Putzplan sehr hilfreich sein, auf dem du dir eintragen kannst, was und wie oft in welchem Zimmer zu tun ist. Die Aufgaben können dann einfach abgehakt werden, wenn sie erledigt sind. Und wenn die ganze Familie hilft, ist die Liste umso schneller voll.

Kosten-Tracker

Kosten zu tracken hilft dir dabei, den Überblick über deine Finanzen zu behalten. Wie oft ist am Ende des Geldes noch so viel Monat übrig? Wenn du dir manchmal unsicher bist, wofür du überhaupt dein ganzes Geld ausgibst, solltest du dich mal einen Monat lang streng an solch einen Kosten-Tracker halten. Du wirst überrascht sein, was da zusammenkommt! Und wenn du dir erst einmal bewusst über deine Ausgaben bist, wird es dir auch viel leichter fallen, zu sparen oder dein Geld für Sachen auszugeben, die dir wirklich am Herzen liegen.

Es gibt übrigens sehr viele Einsatzmöglichkeiten für einen Kosten-Tracker. Du kannst dir zum Beispiel allgemein einen für den Haushalt anlegen, damit du weißt, was deine Fixkosten sind. Aber auch bei der Eventplanung für zum Beispiel Hochzeiten, Weihnachten oder den Urlaub kann ein Kosten-Tracker sehr nützlich sein.

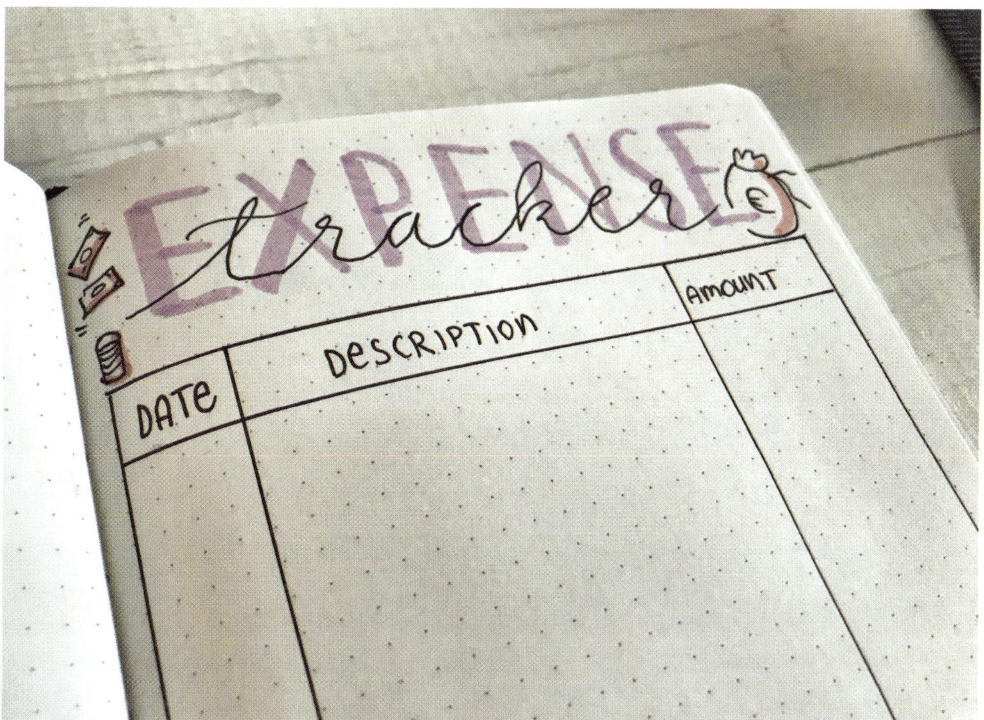

Schlaf-Tracker

Manchmal macht es Sinn, sich einen Überblick zu verschaffen, wie viel man eigentlich schläft und arbeitet. Die Work-Life-Balance ist sicherlich ein Thema, das viele interessiert. Aber auch Menschen mit Schlafproblemen kann es helfen, zu reflektieren, wann man schläft, wie viel man schläft – oder wie wenig.

Interessant ist ein Schlaf-Tracker auch für Babies oder Kleinkinder. Das weiß ich aus eigener Erfahrung. Wenn man sich wundert, warum ein Kleinkind abends nicht mehr einschläft, sollte man vielleicht die Zeitspanne der Mittagsruhe überdenken.

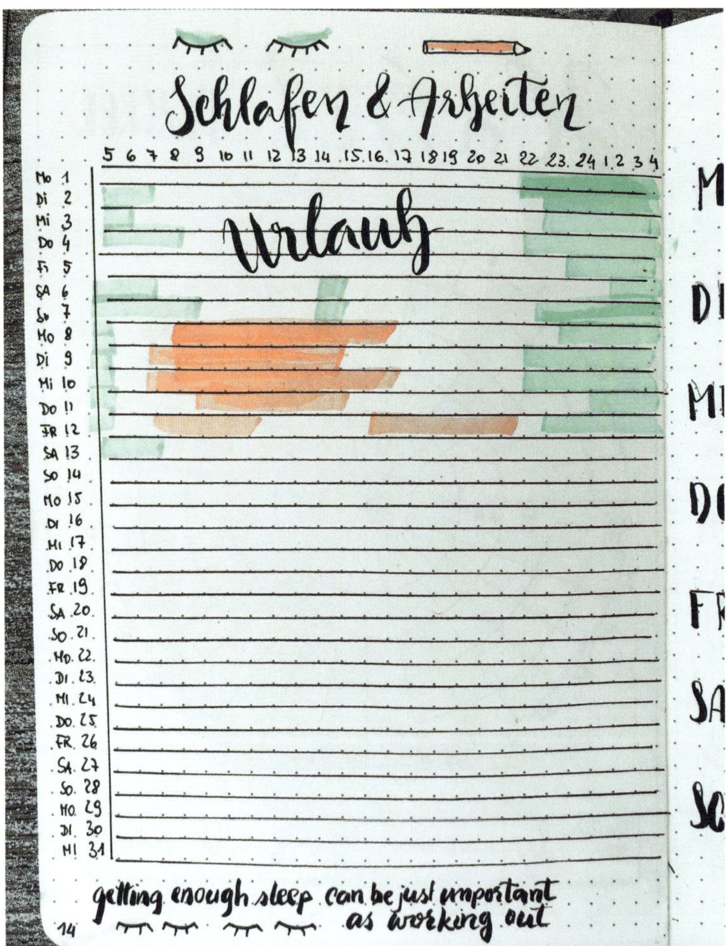

Und jetzt bist du dran. Woran möchtest du dich täglich erinnern? Welche Gewohnheit ist es wert, überprüft zu werden? Möchtest du mehr Wasser trinken und dich jeden Tag gesund ernähren? Oder vielleicht deine Online-Zeit checken? Überlege einmal, was für ein Habit Tracker in dein Bullet Journal passt. Du kannst mit einem monatlichen Tracker anfangen und danach schauen, ob er für dich funktioniert oder du vielleicht lieber eine andere Gewohnheit tracken möchtest.

Hier noch ein paar Beispiele, was sich gut tracken lässt:

- Überstunden gemacht
- mit einer Freundin telefonieren
- Geld gespart
- kein Fleisch gegessen
- Blogpost veröffentlicht
- einen Backup gemacht
- ein Projekt abgeschlossen
- Spaß gehabt
- Familientage
- Date Nights
- Pflanzen gegossen
- eine neue Sprache/Instrument geübt
- meditiert
- Kopfschmerzkalender uvm.

6.3 Achtsamkeit: bewusster leben

Dein Bullet Journal ist eine wunderbare Möglichkeit, dich mit dir, deinen Wünschen und deinen Zielen auseinanderzusetzen. Ryder Carrolls Kategorien »Plan the Future« und »Track the Past« sind die Hauptelemente für diese Art der Eintragung.

Wir haben heutzutage viel um die Ohren. Das Bullet Journal hilft dir, alle diese Dinge zu strukturieren. Dabei sollst du aber nicht vergessen, dass es auch Anderes gibt, das dich und deine Persönlichkeit betrifft. Durchatmen und Selbstreflexion sind wichtige Themen, nicht nur das Planen deiner Aufgaben, deines Business und deiner Familie.

Gerade am Ende des Jahres hat man oft Vorsätze, die man gern umsetzen möchte. Schreibe diese Vorsätze auf. Sie helfen dir auch beim Reflektieren deiner Ziele und Wünsche. Am Ende des nächsten Jahres kannst du prüfen, was du davon umgesetzt hast. Reflektiere dein vergangenes Jahr. Wofür bist du dankbar? Was waren deine größten Erfolge? Was kannst du verbessern?

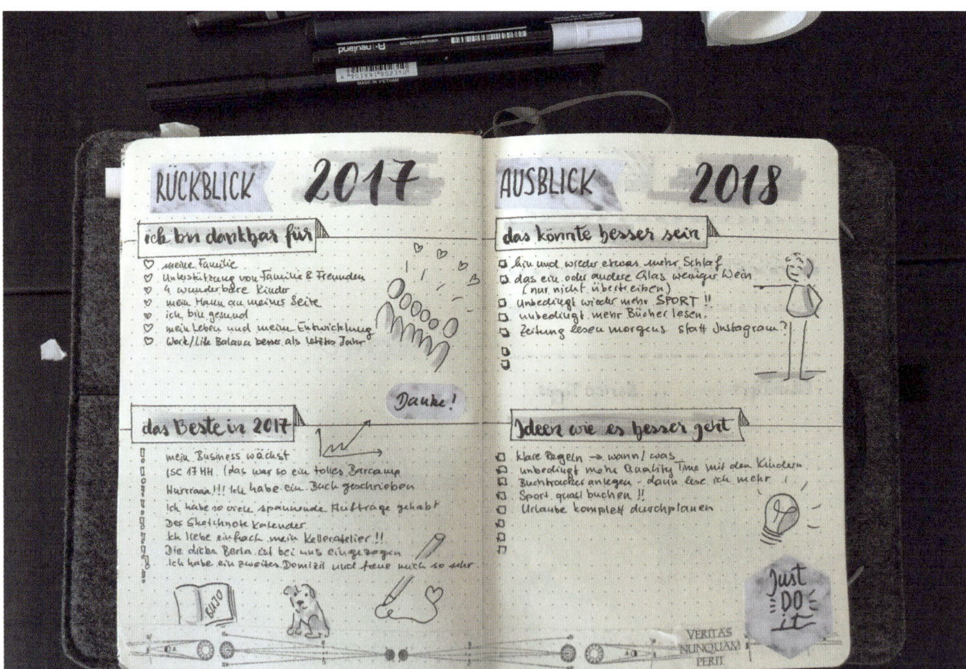

Vielleicht möchtest du dich nicht nur einmal im Jahr reflektieren? Nimm dir doch mal am Wochenende ein bisschen Zeit, um die vergangene Woche Revue passieren zu lassen. Was war gut? Was war nicht so gut? Was könntest du verbessern? Du kannst das vielleicht als eine Art Sketchnote zusammenfassen. Du kannst dafür auch Themen nutzen wie z.B.: Dinge, die ich heute mochte; Personen, die ich heute getroffen habe; eine Idee, die ich heute hatte … Sei kreativ.

Das Thema Achtsamkeit ist ein Trend, den man in den letzten Jahren beobachten konnte. Ich habe schon einmal ein Achtsamkeitstraining absolviert und versucht, meine Erfolge und Trainingseinheiten zu notieren und nachzuvollziehen. Durch diese Auseinandersetzung konnte ich sehr viel für mich mitnehmen. Mir ist nicht nur durch die Aktion (sprich das Training selbst), sondern auch durch das Reflektieren (das Aufschreiben) vieles bewusst geworden – es geht also nicht nur darum, einfach das Training abzuarbeiten, sondern aktiv zurückzublicken. Zu reflektieren. Zu handeln.

Achtsamkeits-Tracker

Zu Achtsamkeit gehört übrigens auch Kreativität. Dein Bullet Journal ist dafür ein perfektes Tool. Wie wäre es jeden Morgen mit dem Aufschreiben deiner Gedanken oder Träume? Nimm dir ein wenig Zeit für dich, deine Gedanken, deine Ideen.

Du hast einen schönen Spruch gelesen? Versuche dich an Handlettering, schreibe diesen schönen Spruch auf und setze damit ein kleines Statement. Das Zeichnen – und auch der Vorgang, etwas handschriftlich festzuhalten – hat etwas wunderbar Meditatives. Probiere es einfach aus.

Zum Thema Achtsamkeit gibt es wie beim Habit Tracker viele verschiedene Tracker-Möglichkeiten. In erster Linie geht es immer darum, dass du hier an dich denkst und schaust, wie es dir geht, sowohl physisch als auch psychisch. Tracker helfen dir dabei, dies über eine längere Zeit nachzuempfinden. Ein zweiter Schritt ist, sich bewusst zu machen, was dir im Alltag guttut und deinen Stress reduziert. Solch kleine Angewohnheiten, wie eine kurze Meditation oder ein Mittagessen ganz ohne Handy, kannst du dann mit einem Tracker zu einer guten Gewohnheit machen.

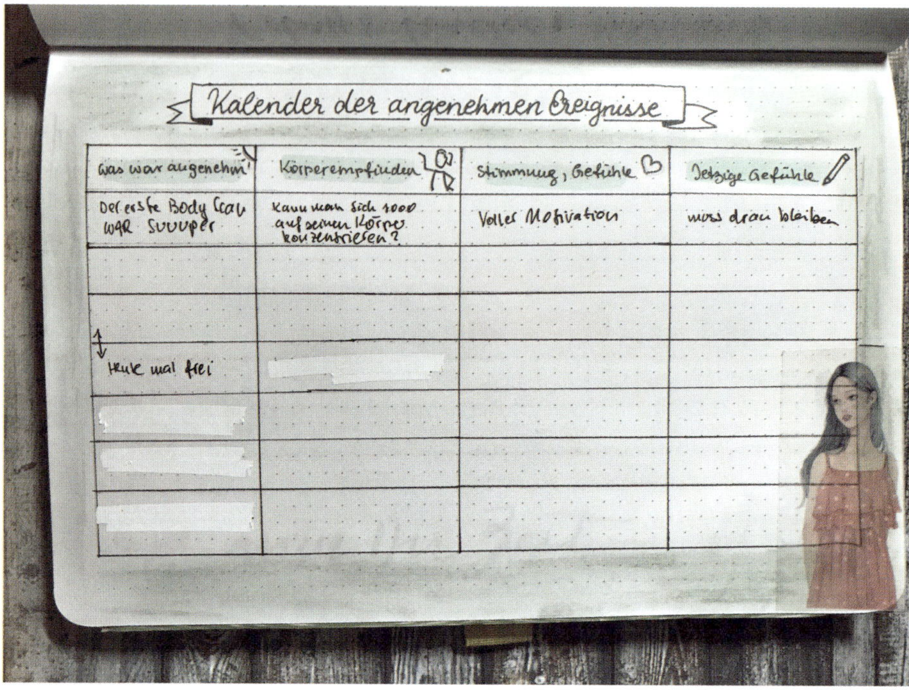
Kalender der angenehmen Ereignisse
Was war angenehm
Körperempfinden
Stimmung, Gefühle
Jetzige Gefühle
Der erste Body Scan war suuuper
Kann man sich sooo auf seinen Körper konzentrieren?
Voller Motivation
muss dran bleiben
Heute mal frei

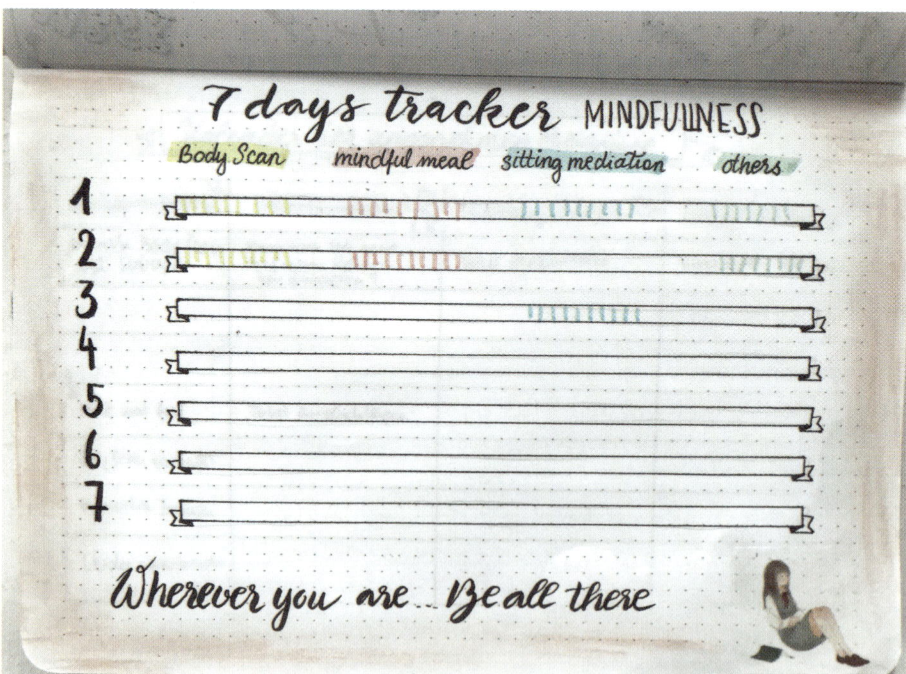
7 days tracker MINDFULNESS
Body Scan
mindful meal
sitting mediation
others
1
2
3
4
5
6
7
Wherever you are... Be all there

6.4 Einkaufslisten und Rezepte

Eine Einkaufsliste zu erstellen, ist eine tolle erste Übung für den Einsatz deines Bullet Journals, da du vermutlich sehr oft einkaufen gehst und deshalb schnell in Übung kommst. Hinzu kommt, dass du dich hier auch schon mal mit einer guten Portion Kreativität austoben kannst.

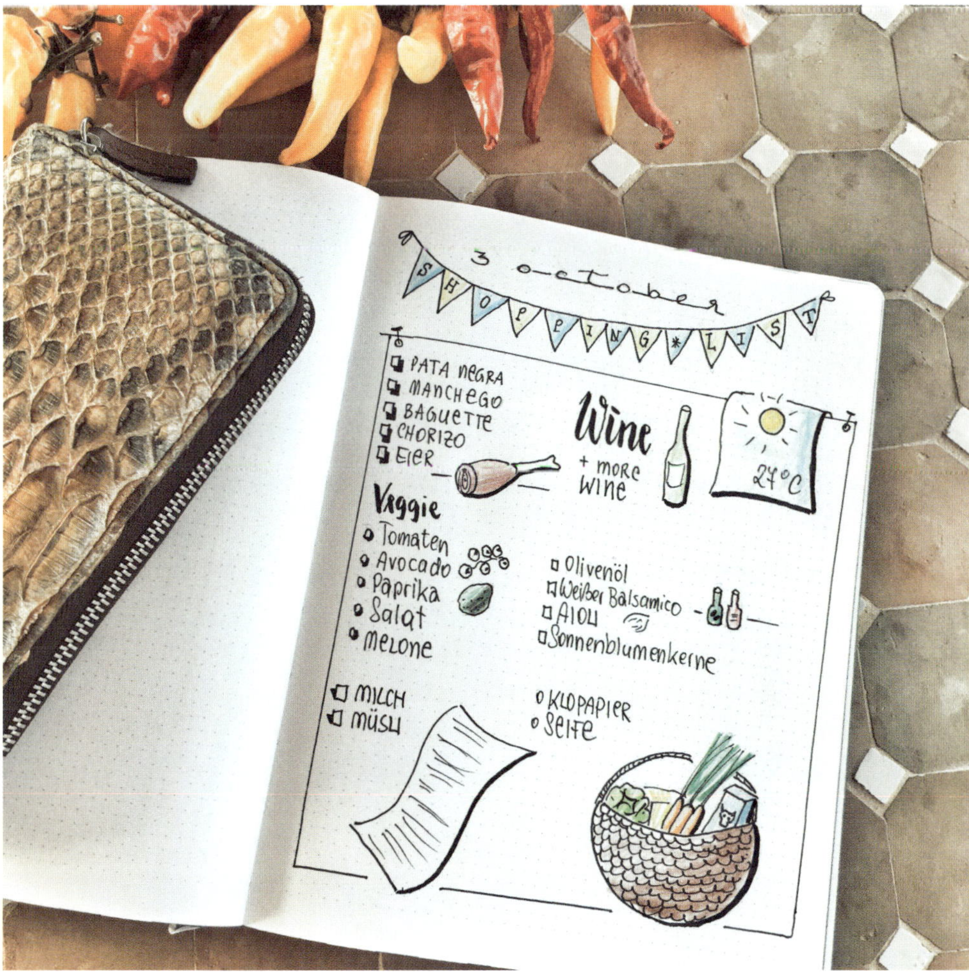

Einerseits kannst du natürlich alles hintereinander wegschreiben, das kann jedoch dazu führen, dass du in den Gängen des Supermarktes hin und her rennst, um all deine Sachen zusammenzusuchen. Deshalb macht es Sinn, deine Einkäufe thematisch zu sortieren. Zum Beispiel nach Obst, Gemüse, Fleisch, Toilettenartikel etc.

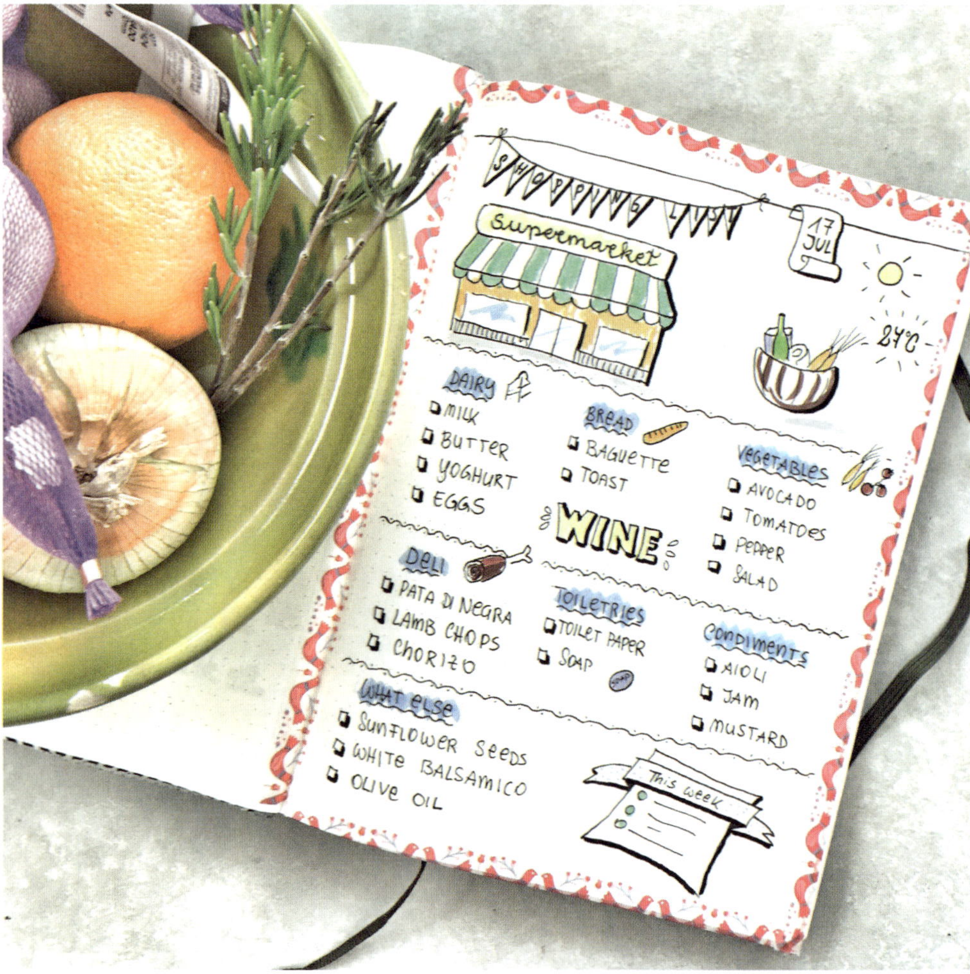

Alles eingekauft? Nun geht's ans Kochen? Hast du schon mal daran gedacht, ein Rezept zu sketchen? Ich habe hier eine Anleitung für dich. Das macht richtig Spaß und ist ein wahrer Hingucker in deinem Bullet Journal.

Du kannst sowohl zeichnen, was du für ein Gericht alles brauchst (hier Ofen, Töpfe, etc.) und auch gleich alle Zutaten vermerken. Auf der nächsten Seite siehst du auch, wie ich mir gleich ein ganzes Rezept mit allen Handgriffen „aufgeschrieben" habe. Reserviere ruhig ein paar Seiten in deinem Bullet Journal für deine Lieblingsrezepte. Dann hast du sie immer dabei, wenn dir mal nicht einfällt, was du kochen kannst.

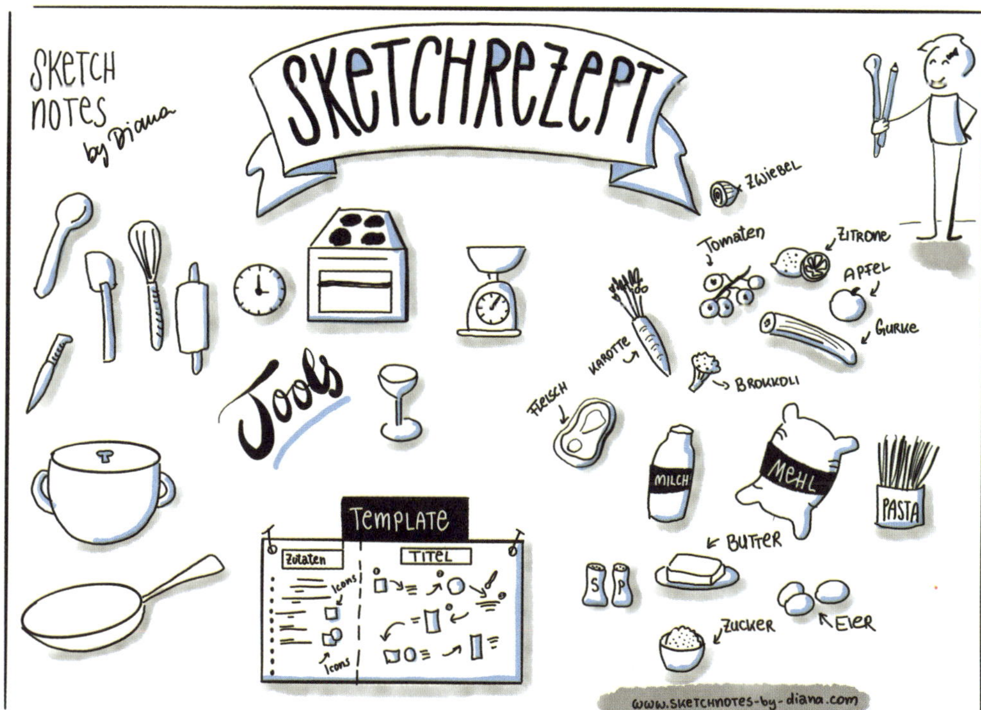

Da Sketchnotes manchmal im Querformat etwas einfacher zu zeichnen sind, empfehle ich dir zum Zeichnen deines Sketchrezeptes, dein Notizbuch zu drehen.

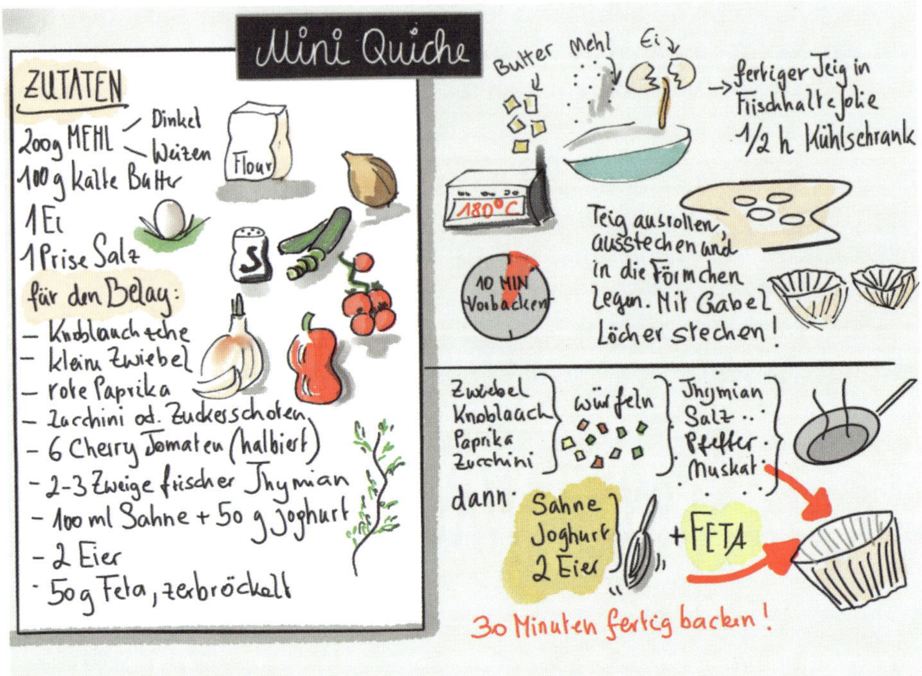
Mini Quiche
ZUTATEN
200g MEHL – Dinkel – Weizen
100g kalte Butter
1 Ei
1 Prise Salz
für den Belag:
– Knoblauchzehe
– kleine Zwiebel
– rote Paprika
– Zucchini od. Zuckerschoten
– 6 Cherry Tomaten (halbiert)
– 2-3 Zweige frischer Thymian
– 100 ml Sahne + 50 g Joghurt
– 2 Eier
– 50 g Feta, zerbröckelt
Flour
S
Butter
Mehl
Ei
→ fertiger Teig in Frischhaltefolie
1/2 h Kühlschrank
180°C
Teig ausrollen, ausstechen und in die Förmchen legen. Mit Gabel Löcher stechen!
10 MIN Vorbacken
Zwiebel Knoblauch Paprika Zucchini
würfeln
Thymian Salz.. Pfeffer. Muskat
dann
Sahne Joghurt 2 Eier
+ FETA
30 Minuten fertig backen!

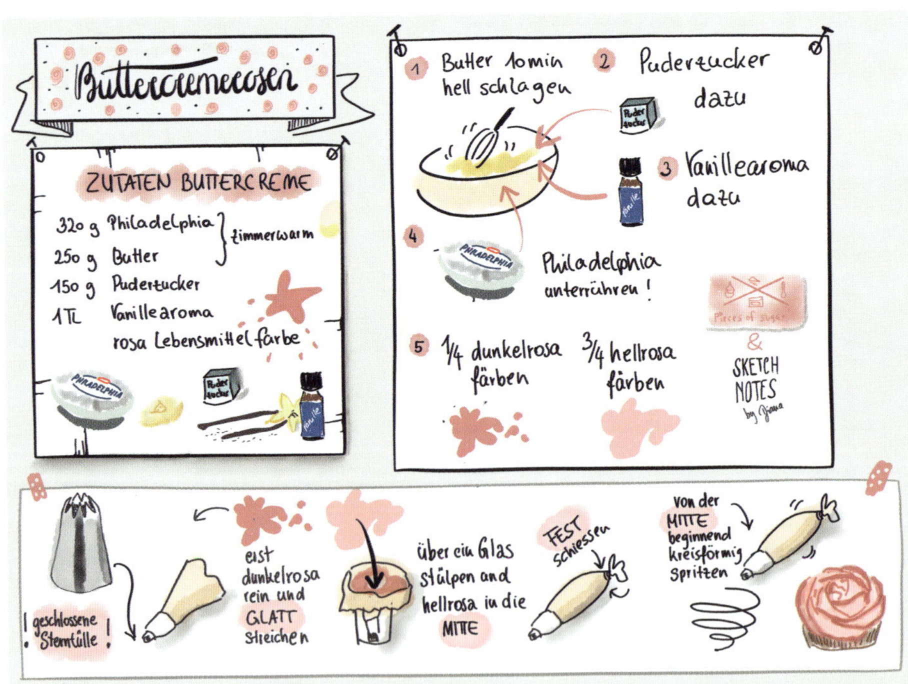
Buttercremerosen
ZUTATEN BUTTERCREME
320 g Philadelphia
250 g Butter
zimmerwarm
150 g Puderzucker
1 TL Vanillearoma
rosa Lebensmittelfarbe
PHILADELPHIA
1 Butter 10 min hell schlagen
2 Puderzucker dazu
3 Vanillearoma dazu
4 Philadelphia unterrühren!
5 1/4 dunkelrosa färben
3/4 hellrosa färben
& SKETCH NOTES by Jiana
! geschlossene Sterntülle !
erst dunkelrosa rein und GLATT streichen
über ein Glas stülpen und hellrosa in die MITTE
FEST schiessen
von der MITTE beginnend kreisförmig spritzen

6.5 Hochzeit planen

Eine Hochzeit soll der schönste Tag im Leben werden. Und diese Art von Event verlangt einiges an zeitlicher Vorausplanung. Da ergibt es Sinn, deine Planung und deine To-dos nach Monaten bzw. Tagen davor einzuteilen. Einige Dinge musst du schon viele Monate vorher festlegen, andere Dinge erst kurz vor deinem großen Tag. Hier eignet sich die Rapid-Logging-Methode sicherlich nicht, es ist sinnvoller, eine Struktur anzulegen, um Schritt für Schritt planen und die Aufgaben in Ruhe abarbeiten zu können. Hinzu kommt, dass sich gerade bei der Planung eines so großen Events Aufgaben erst durch Erledigung von vorangegangenen Aufgaben ergeben.

Es ist besonders wichtig, zunächst die allgemeinen Rahmenbedingungen zu klären. Welche Art von Hochzeit wird es sein? Groß oder klein? Standesamtlich und kirchlich? Wie sieht es mit dem Budget aus?

Die Menüplanung kannst du erst festlegen, wenn du die Location gebucht hast. Eine Sitzordnung steht erst an, wenn du eine vollständige Gästeliste hast.

Insofern lege dir am besten einige Seiten an, die du dann ständig abarbeitest. Hast du dein Lokal gebucht, kannst du zum Beispiel die Anfahrtsbeschreibung für die Einladung gestalten.

Auch deine Kostenplanung wirst du in diesem Fall ständig und immer wieder bearbeiten.

Vielleicht legst du dir dafür sogar ein eigenes Bullet Journal an. Dies kann am Ende auch als Erinnerung dienen. Klebe deine Save-the-Date-Einladungen ein oder Fotos von den Brautkleidern, die du probiert hast.

Du kannst auch eine Art Zeitstrahl am Ende der Seite hinzufügen, damit du im Blick hast, welchen Status du hier bereits erreicht hast.

Hier siehst du Beispiele, wie du den schönsten Tag im Leben planen kannst.

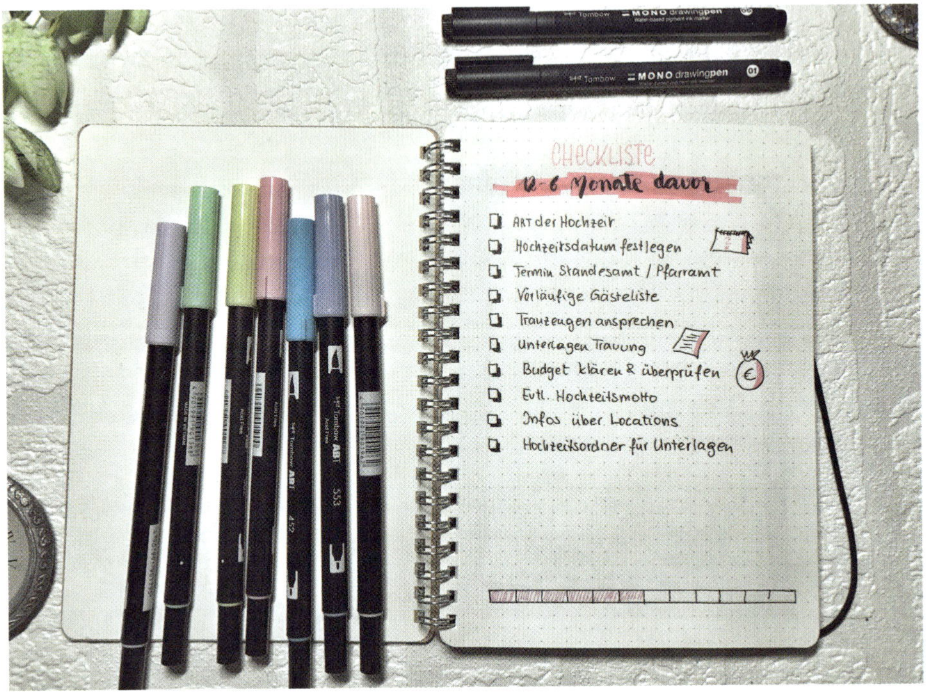
Checkliste
12-6 Monate davor
Art der Hochzeit
Hochzeitsdatum festlegen
Termin Standesamt / Pfarramt
Vorläufige Gästeliste
Trauzeugen ansprechen
Unterlagen Trauung
Budget klären & überprüfen
Evtl. Hochzeitsmotto
Infos über Locations
Hochzeitsordner für Unterlagen

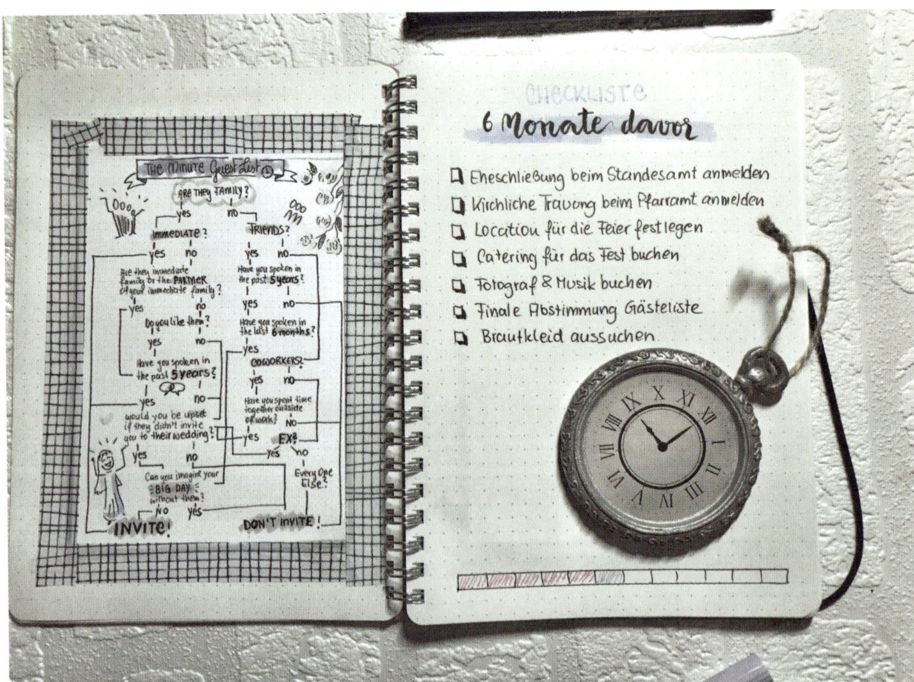
Checkliste
6 Monate davor
Eheschließung beim Standesamt anmelden
Kirchliche Trauung beim Pfarramt anmelden
Location für die Feier festlegen
Catering für das Fest buchen
Fotograf & Musik buchen
Finale Abstimmung Gästeliste
Brautkleid aussuchen
INVITE!
DON'T INVITE!

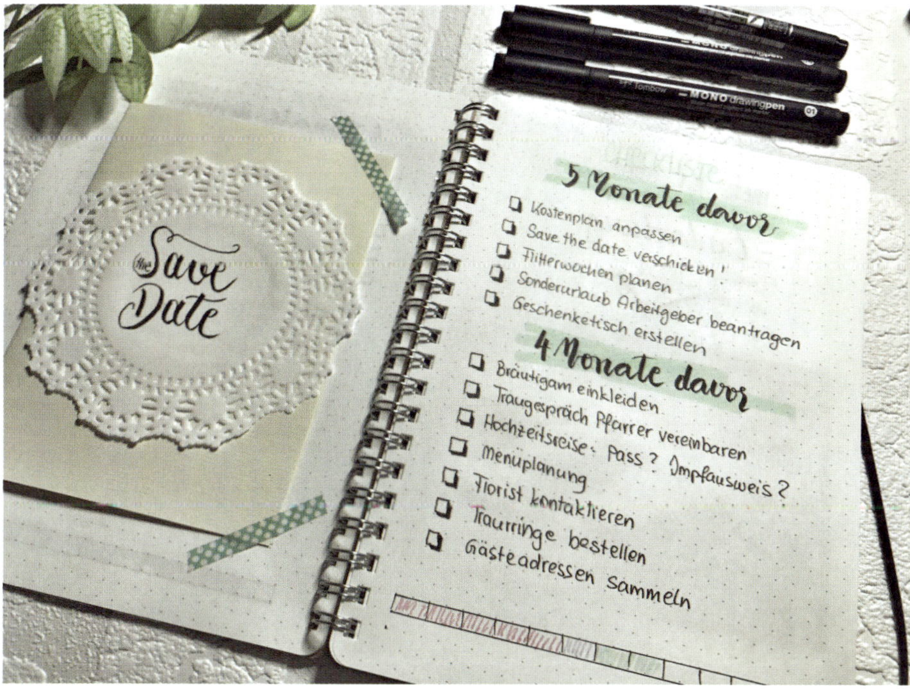
Save the Date
5 Monate davor
Kostenplan anpassen
Save the date verschicken!
Flitterwochen planen
Sonderurlaub Arbeitgeber beantragen
Geschenketisch erstellen
4 Monate davor
Bräutigam einkleiden
Traugespräch Pfarrer vereinbaren
Hochzeitsreise: Pass? Impfausweis?
Menüplanung
Florist kontaktieren
Trauringe bestellen
Gästeadressen sammeln
Tombow MONO drawingpen 01

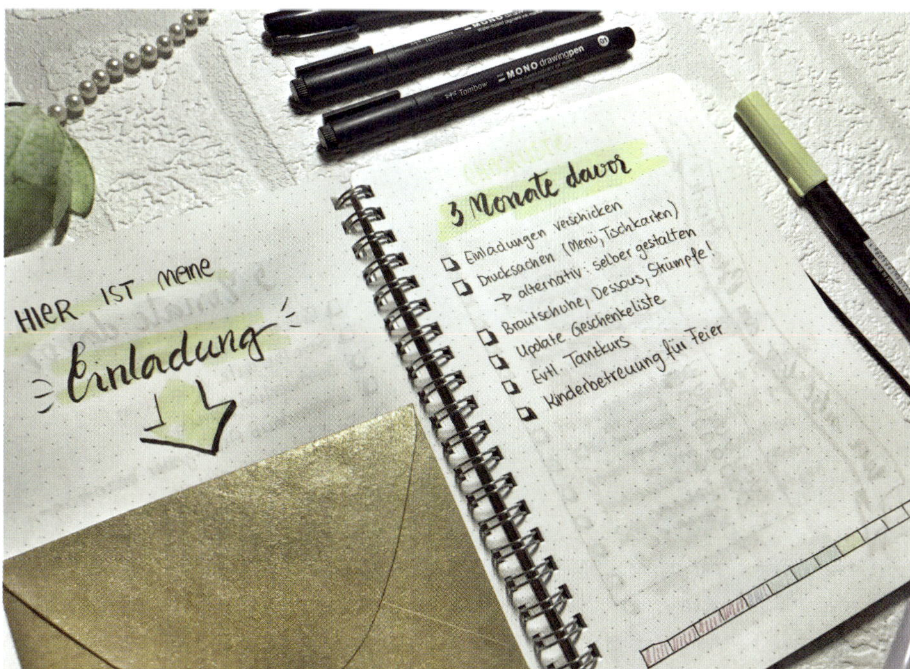
HIER IST meine
Einladung
3 Monate davor
Einladungen verschicken
Drucksachen (Menü, Tischkarten)
→ alternativ: selber gestalten
Brautschuhe, Dessous, Strümpfe!
Update Geschenkeliste
Evtl. Tanzkurs
Kinderbetreuung für Feier
Tombow MONO drawingpen 01

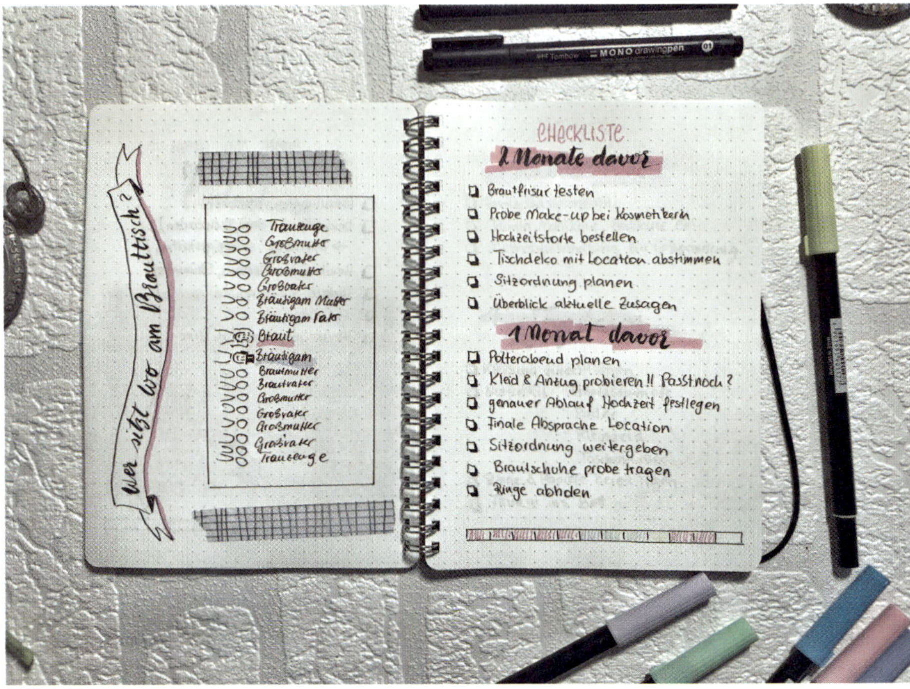
Wer sitzt wo am Brauttisch?
Trauzeuge
Großmutter
Großvater
Großmutter
Großvater
Bräutigam Mutter
Bräutigam Vater
Braut
Bräutigam
Brautmutter
Brautvater
Großmutter
Großvater
Großmutter
Großvater
Trauzeuge
Checkliste
2 Monate davor
Brautfrisur testen
Probe Make-up bei Kosmetikerin
Hochzeitstorte bestellen
Tischdeko mit Location abstimmen
Sitzordnung planen
Überblick aktuelle Zusagen
1 Monat davor
Polterabend planen
Kleid & Anzug probieren!! Passt noch?
genauer Ablauf Hochzeit festlegen
Finale Absprache Location
Sitzordnung weitergeben
Brautschuhe probe tragen
Ringe abholen
Tombow MONO drawing pen

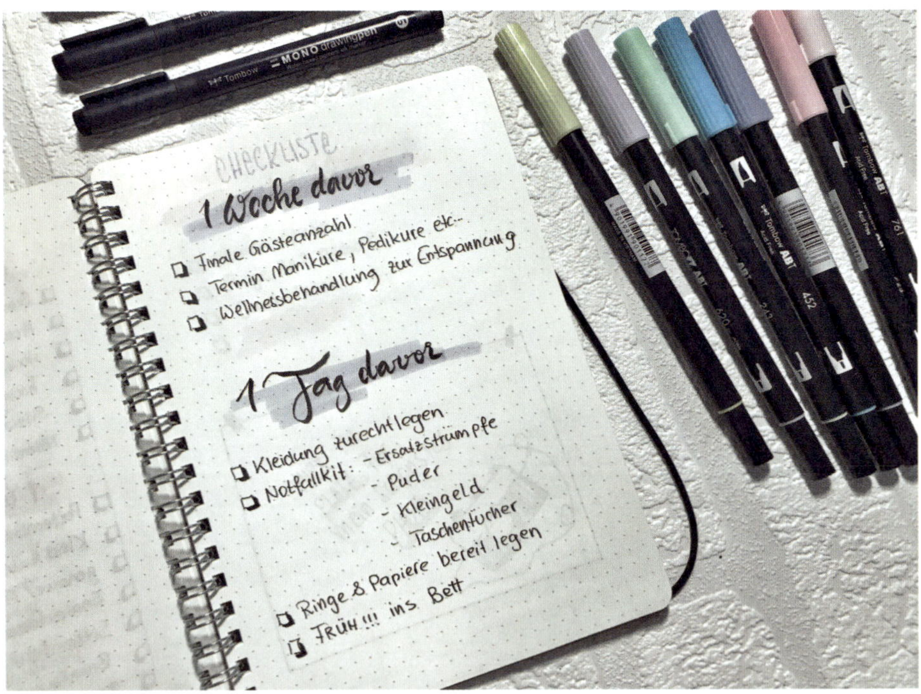
Checkliste
1 Woche davor
Finale Gästeanzahl
Termin Manikure, Pedikure etc..
Wellnessbehandlung zur Entspannung
1 Tag davor
Kleidung zurechtlegen
Notfallkit: - Ersatzstrümpfe
- Puder
- Kleingeld
- Taschentücher
Ringe & Papiere bereit legen
FRÜH!!! ins Bett
Tombow MONO drawing pen
Tombow ABT

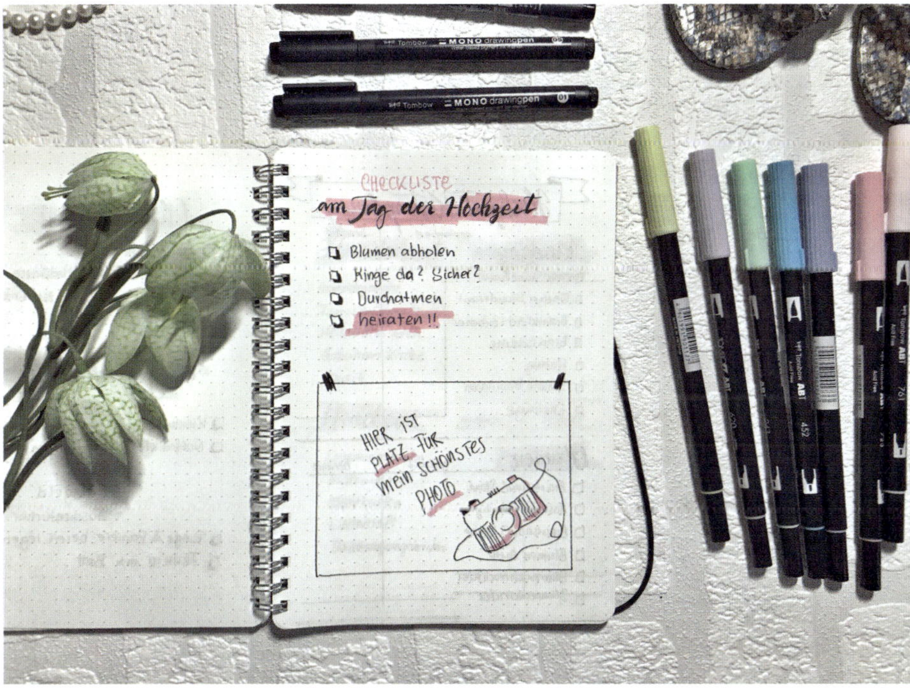
Checkliste
am Tag der Hochzeit
Blumen abholen
Ringe da? Sicher?
Durchatmen
heiraten!!
Hier ist Platz für mein schönstes Photo

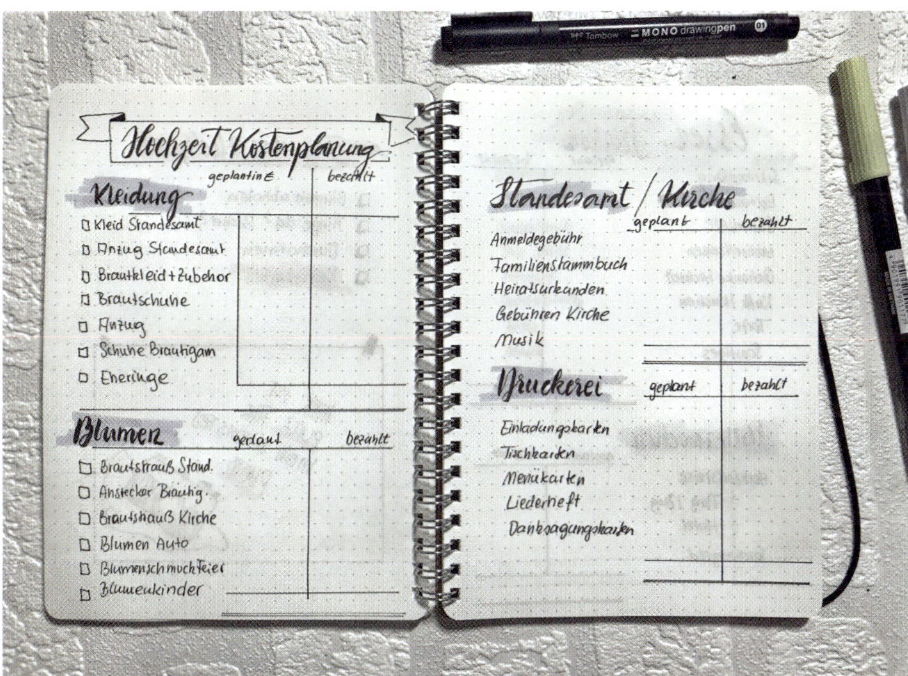
Hochzeit Kostenplanung
Kleidung
geplant in €
bezahlt
Kleid Standesamt
Anzug Standesamt
Brautkleid + Zubehör
Brautschuhe
Anzug
Schuhe Bräutigam
Eheringe
Blumen
geplant
bezahlt
Brautstrauß Stand.
Anstecker Bräutig.
Brautstrauß Kirche
Blumen Auto
Blumenschmuck Feier
Blumenkinder
Standesamt / Kirche
geplant
bezahlt
Anmeldegebühr
Familienstammbuch
Heiratsurkunden
Gebühren Kirche
Musik
Druckerei
geplant
bezahlt
Einladungskarten
Tischkarten
Menükarten
Liederheft
Danksagungskarten

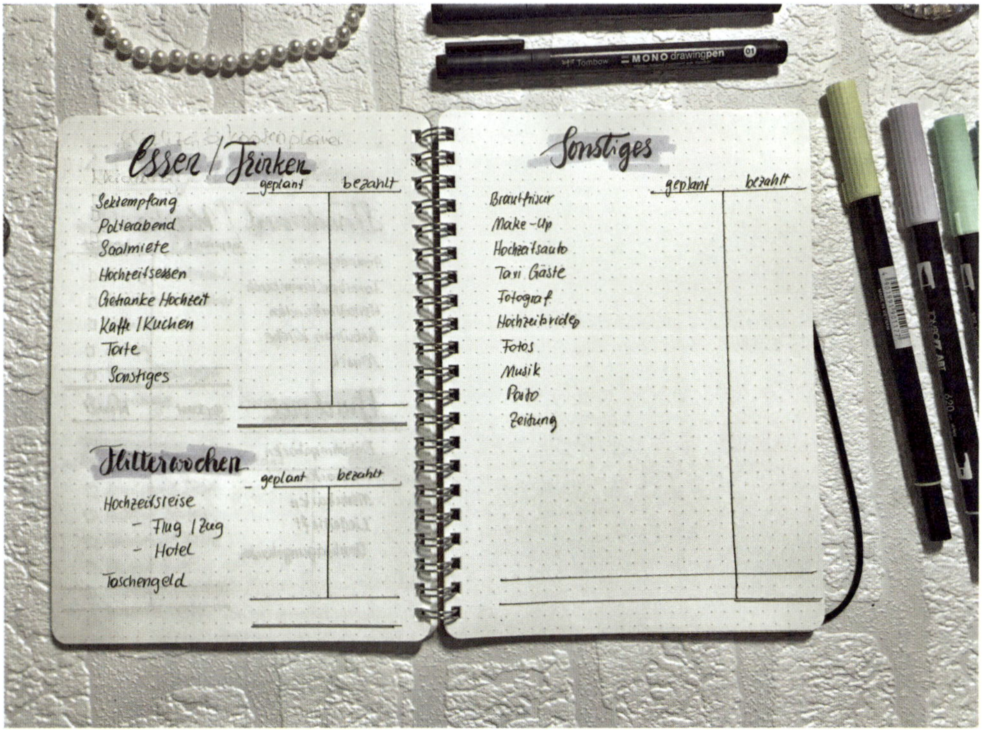
Essen / Trinken
geplant
bezahlt
Sektempfang
Polterabend
Saalmiete
Hochzeitsessen
Getränke Hochzeit
Kaffe / Kuchen
Torte
Sonstiges
Flitterwochen
geplant
bezahlt
Hochzeitsreise
- Flug / Zug
- Hotel
Taschengeld
Sonstiges
geplant
bezahlt
Brautfrisur
Make-Up
Hochzeitsauto
Taxi Gäste
Fotograf
Hochzeitsvideo
Fotos
Musik
Porto
Zeitung
Tombow MONO drawingpen 01

6.6 Geburtstag planen

Je organisierter man einen Geburtstag plant, desto stressfreier wird es. Gerade bei Kindergeburtstagen empfiehlt sich eine Planung im Voraus, um den lieben Kleinen (und im Zweifel dir selbst) einen schönen Tag zu bereiten.

In deinem Bullet Journal kannst du die wichtigsten Eckdaten festhalten. Wer feiert Geburtstag? Wie alt wird dein Kind, und wo soll das Ganze stattfinden? Hast du an die Dekoration gedacht? Backst du den Geburtstagskuchen selbst, oder besorgst du ihn?

Plane früh genug und trage deine Geschenkideen ein, dazu die eingeladenen Kinder sowie Zu- und Absagen. Außerdem alle To-dos, die so eine Party mit sich bringen.

Benutzt du dein Bullet Journal auch als Erinnerung? Dann klebe die Einladung ein und vielleicht ein paar Erinnerungsfotos.

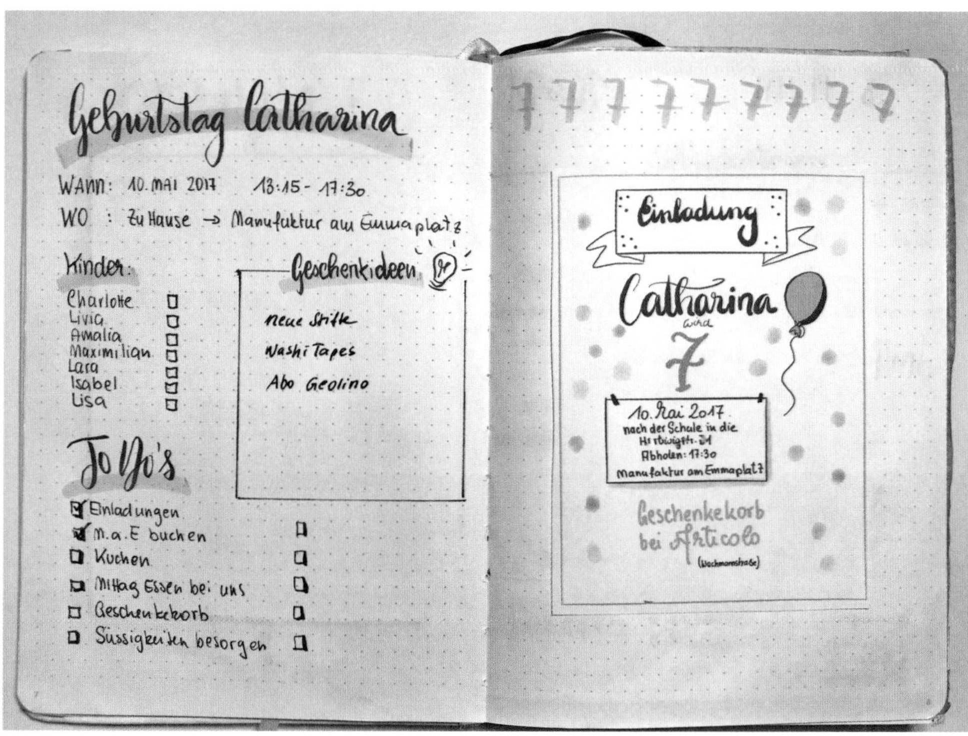

6.7 Weihnachten planen

Das Weihnachtsfest ist wohl eines der wichtigsten Feste im Jahr. Zwar feiert jeder Weihnachten ganz unterschiedlich, aber viele müssen dafür irgendetwas planen. Plane dein Weihnachtsessen, die Weihnachtsfeiern, trage Rezepte ein, notiere deine Geschenkideen und verwalte deine Onlinebestellungen. So gewinnst du einen klaren Überblick über deine Vorbereitungen und kannst das schönste Fest des Jahres genießen.

Du kannst dir zunächst eine Monatsübersicht mit den wichtigsten Ereignissen erstellen. Dort trägst du zum Beispiel verschiedene Weihnachtsfeiern ein.

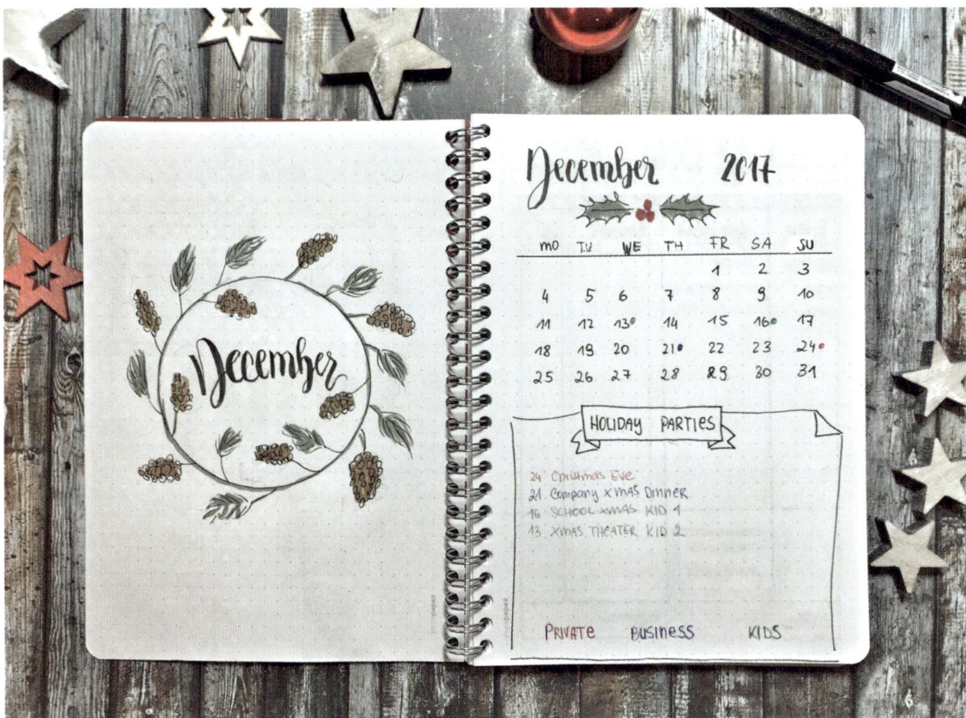

Besonders bewährt hat sich bei mir eine Liste mit Geschenkideen. Die kannst du theoretisch schon Monate vorher erstellen, und immer, wenn du eine Idee hast, trägst du sie ein. Dann ist es raus aus dem Kopf, und du kannst jederzeit nachschlagen. Außerdem bekommst du einen guten Überblick.

Bestellst du die Geschenke online, kannst du eintragen, wann du bestellt hast, was du bestellt hast und ob es bereits geliefert wurde.

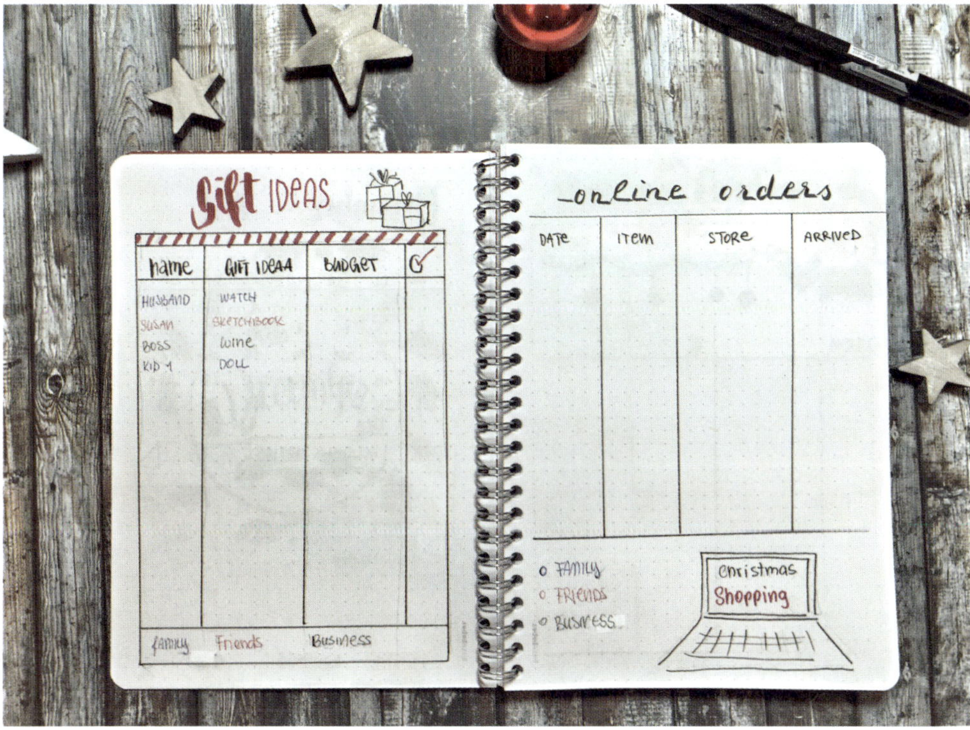

Weihnachten geht in der Regel ganz schön ins Geld. Hier kannst du deine Kosten eintragen und behältst den Überblick darüber, was du schon ausgegeben hast.

Tipp

Schreibst du Weihnachtspost? Trage ein, wem du schreiben möchtest, und schreibe außerdem direkt die Adressen dazu. Die kannst du dann jedes Jahr erneut nachschlagen.

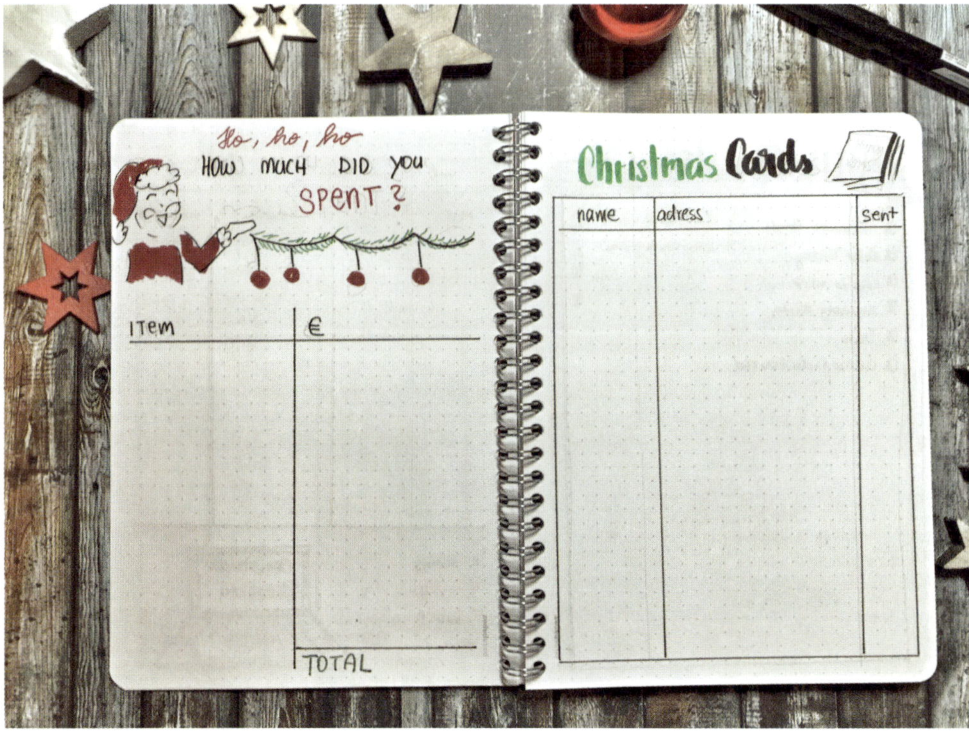

Weitere Dinge, die du dir notieren kannst, sind z.B. Rezepte, die du ausprobieren möchtest. Du kannst aber auch das Bullet Journal verwenden, um Erlebnisse festzuhalten, indem du Fotos als Erinnerung einklebst.

6.8 Reiseplanung

Wenn du eine Reise planst, gibt es vieles zu bedenken. Geht es ins Inland oder ins Ausland? Verreist du allein oder mit Familie? Geht es ans Meer, in die Berge, oder machst du einen Städtetrip? Deine Reisewünsche sind ein wesentlicher Bestandteil für deine weiteren Planungen.

Überlege dir, welche Dinge du schon vor der Reise planen musst. Welche Dokumente brauchst du? Reicht dein Personalausweis, oder benötigst du einen Pass? Ist er noch gültig? Brauchst du Impfungen oder Medikamente? Eine besondere Ausrüstung?

Lege dir am besten einen kleinen Leitfaden an, an dem du dich auch bei allen zukünftigen Reisen orientieren kannst. Durch diese festgelegte Struktur gewinnst du Zeit und verlierst dich nicht in Details.

- Inland/Ausland
- Wetteroptionen
- Stadt/Land
- geschäftlich/privat

Es ist ebenfalls sinnvoll, deiner Packübersicht eine Struktur zu geben. Mögliche Optionen sind:

- vor der Reise
- Dokumente
- Technik
- Gesundheit
- Kosmetik
- Kleidung

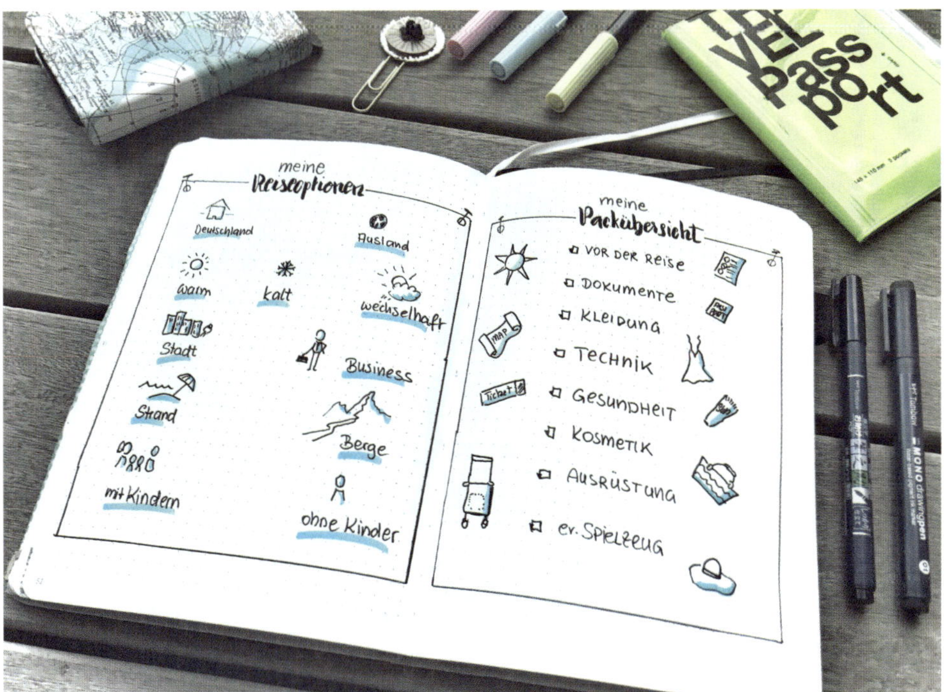

Diese Struktur kannst du dann auf alle deine weiteren Reisen anwenden. Im nachfolgenden Beispiel siehst du den Einsatz für einen Sommerurlaub am Strand mit Kindern.

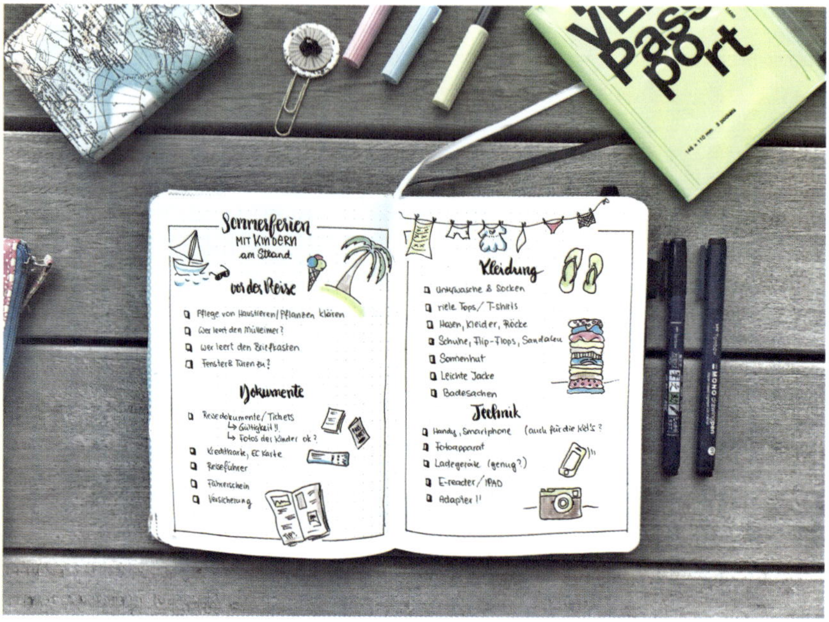

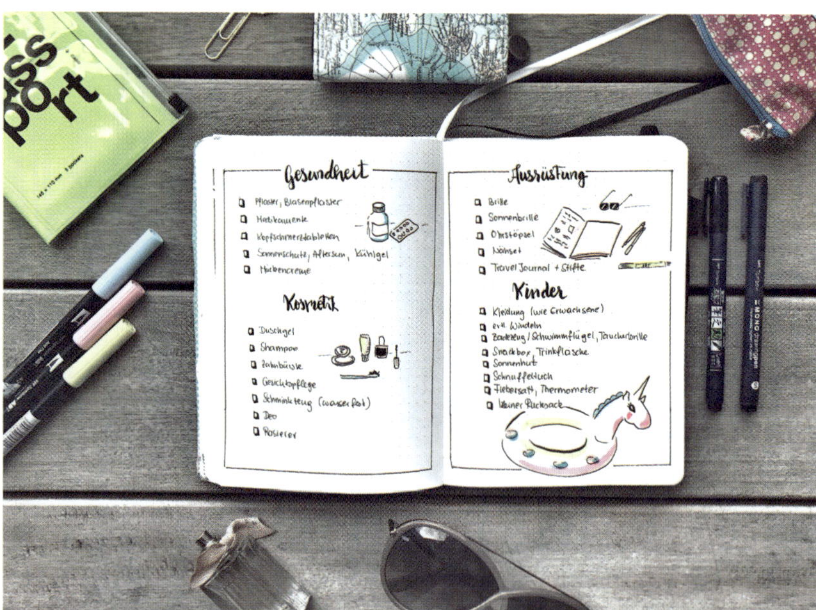

Wie immer kannst du dir alle diese Optionen genau auf deine Bedürfnisse anpassen. Durch die Vorabstrukturierung kannst du viel Zeit sparen.

Und vielleicht hast du ja Lust, während des Urlaubs ein Reisetagebuch anzulegen. Mehr dazu findest du in Kapitel 8 »Travel Journal«.

6.9 Social-Media-Planung

Du führst ein Blog und bist aktiv in den Social Media unterwegs? Das Bullet Journal kann dir helfen, den Überblick zu behalten und deine Follower-Zahl zu tracken. Darüber hinaus kannst du deine Posts sinnvoll planen und verwalten.

Planung der Veröffentlichung

Betreibst du ein Blog und schreibst regelmäßig Beiträge? Überprüfe stets einige Punkte, bevor du deinen Artikel veröffentlichst. Durch ein strukturiertes Abarbeiten dieser Checkliste kannst du Fehler vermeiden und Zeit sparen.

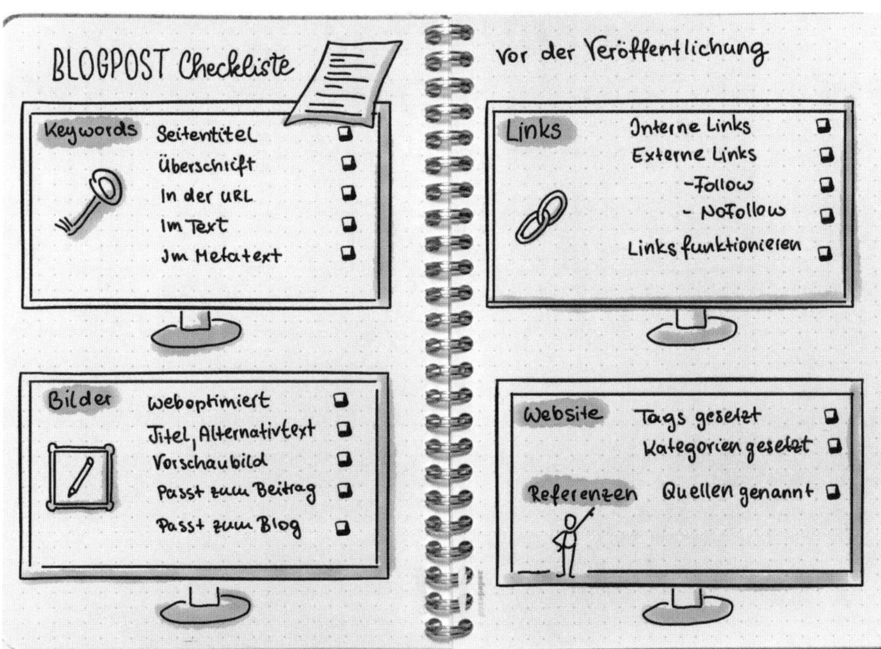

Du hast deinen Blogpost veröffentlicht? Dann wirst du diesen in der Regel über deine Social-Media-Kanäle verbreiten. Im folgenden Beispiel siehst du eine Möglichkeit, wie du die Veröffentlichung nach Daten planen kannst, ohne dich zu verzetteln, und gleichzeitig den Erfolg deiner Aktivitäten eintragen kannst. Hast du Ideen für weitere Blogbeiträge? Dann kannst du diese ebenfalls schon vorab eintragen.

So weißt du, was in den nächsten Tagen und Wochen kommen soll. Du kannst jederzeit nachlesen, was du wann veröffentlicht hast. Auf diese Weise kannst du auch deine Themen ausgewogener präsentieren.

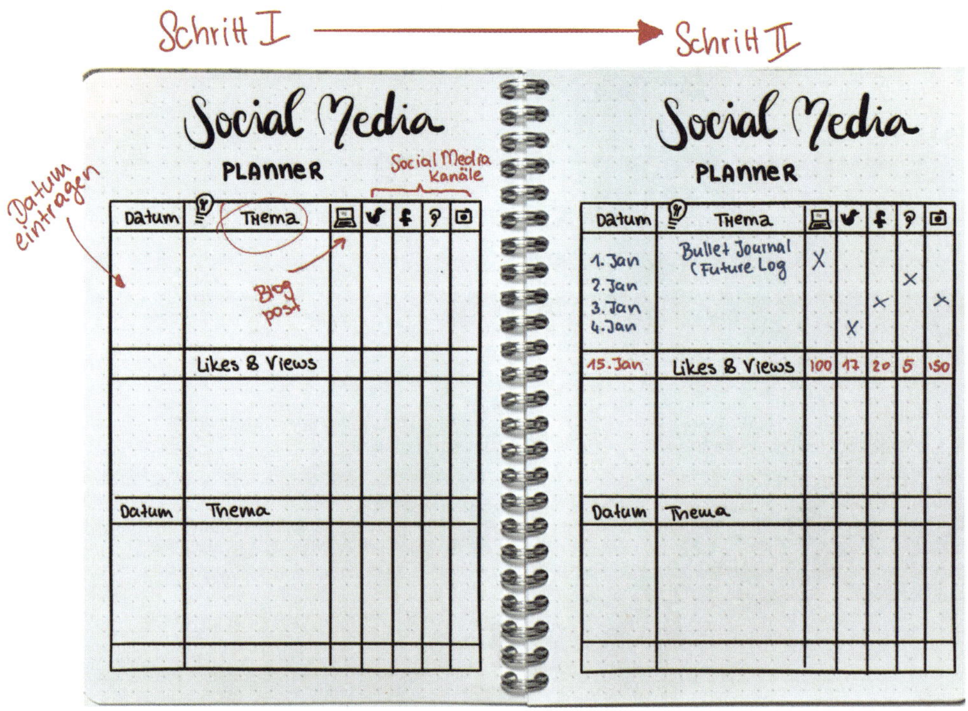

Eine weitere Möglichkeit ist das Eintragen deiner Aktivitäten in ein Mini-Monat-Layout. Das hast du auch schon in Abschnitt 4.3 »Future Log« kennengelernt. Du kannst auch den Color Code verwenden, indem du jedem Kanal eine bestimmte Farbe verpasst. Die Farben übernimmst du dann entsprechend in deinen Mini-Monat.

Social Media

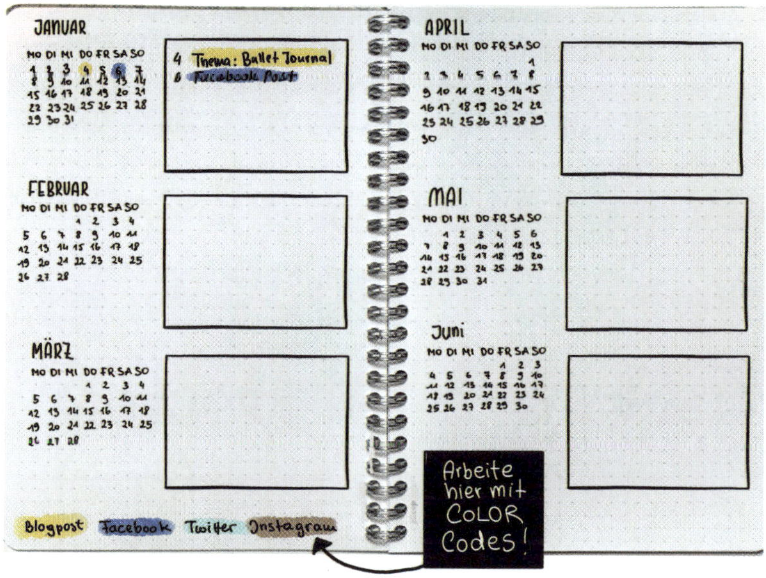

Oder du erstellst eine simple Monatsübersicht und trägst dort deine Aktivitäten ein. Hier hast du etwas mehr Platz und kannst Notizen hinzufügen!

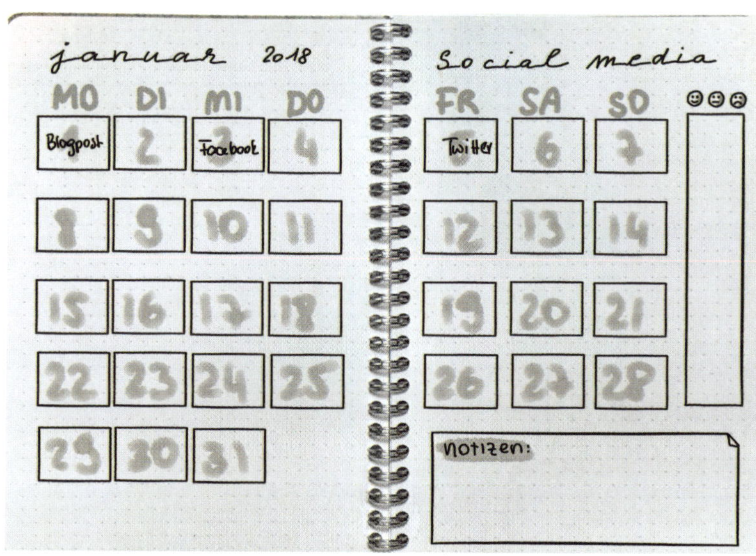

Probiere einfach aus, was dir am meisten liegt.

Tracking der Follower-Zahlen

Follower-Zahlen zu tracken, ergibt Sinn, wenn du verschiedene Kanäle vergleichen möchtest. Vielleicht planst du ein Give-away für deine Fans ab einer bestimmten Anzahl. Bedenke allerdings, dass verschiedene Kanäle in der Regel nicht gleiche Wachstumsraten haben. Bedenke auch, dass die verschiedenen Kanäle naturgemäß verschiedene Zielgruppen ansprechen. Ein Instagram-Account hat zumeist kreative Nutzer zu kreativen Themen (Stichwort: schönes Bild), bei Twitter geht es eventuell um Mehrwert den Content betreffend. Bei Facebook teilt man außerdem auch Fremd-Content.

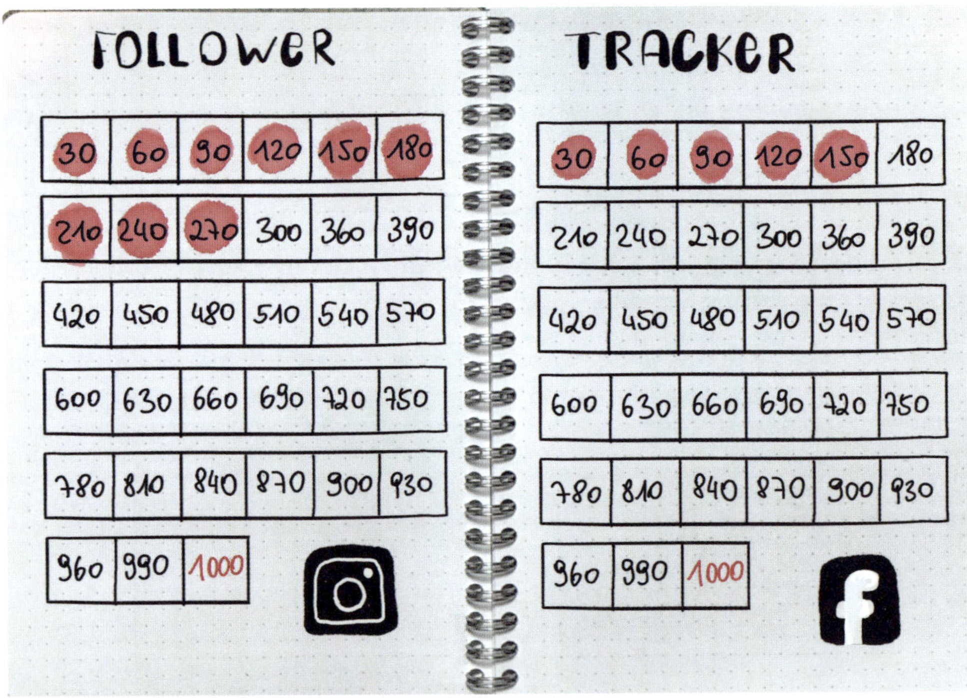

Hier siehst du einen einfachen Follower-Tracker, bei dem ich immer einen neuen Punkt gemacht habe, wenn mein Account die entsprechende Zahl erreicht hat. Das sieht schön aus und motiviert. Möglich ist auch ein Zeitstrahl oder ein zusätzliches Feld, in dem du das Datum einträgst, wann du die Zahl erreicht hast. Oder du klebst immer ein Bild des entsprechenden Postings in dein Bullet Journal, mit dem du eine bestimmte Marke an Followern geknackt hast.

6.10 Präsentation planen

Ich plane gern meine Präsentationen und Workshops in meinem Bullet Journal. Du kannst so deine To-dos für die Vorbereitung entwerfen, mögliche Teilnehmer eintragen sowie den Ablauf strukturieren. So siehst du auf einen Blick, was noch zu tun ist.

Ideen für die Strukturierung

Vor der Präsentation

- Was ist noch zu tun? (Bildersuche, Recherche etc.)
- Was muss ich mitbringen?
- Lageplan des Orts?
- etc.

Während der Präsentation

- Ort und Zeit der Präsentation
- Anzahl der Teilnehmer
- Thema
- Präsentationsart (PowerPoint/Flipchart etc.)
- Ablauf der Präsentation (Einleitung, Topics etc.)

Nach der Präsentation

- Hand-outs für die Teilnehmer
- Follow-up

Hier habe ich mal verschiedene Beispiele dafür, wie du auf kreative Weise alle Einträge auf einen Blick siehst.

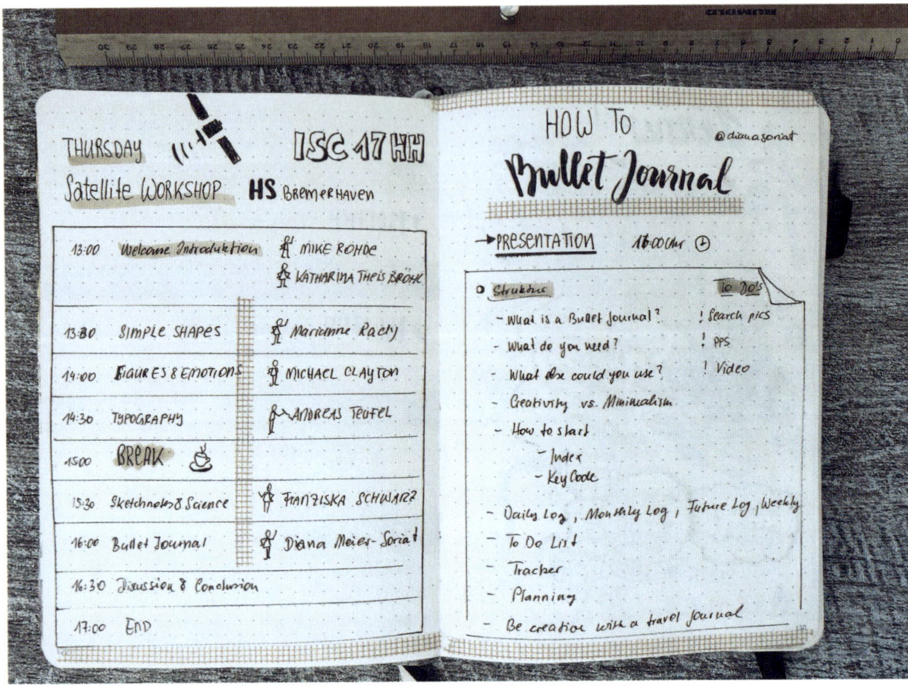
THURSDAY
ISC 17 HH
Satellite WORKSHOP
HS Bremerhaven
13:00 Welcome Introduction
MIKE ROHDE
KATHARINA THEIS BRÖHL
13:30 SIMPLE SHAPES
14:00 FIGURES & EMOTIONS
MICHAEL CLAYTON
14:30 TYPOGRAPHY
ANDREAS TEUFEL
15:00 BREAK
15:30 Sketchnotes & Science
FRANZISKA SCHWARZ
16:00 Bullet Journal
Diana Meier-Soriat
16:30 Discussion & Conclusion
17:00 END
HOW TO
Bullet Journal
@dianasoriat
PRESENTATION
16:00 Uhr
Struktur
To Do's
- What is a Bullet Journal?
- What do you need?
- What else could you use?
- Creativity vs. Minimalism
- How to start
- Index
- Key Code
- Daily Log, Monthly Log, Future Log, Weekly
- To Do List
- Tracker
- Planning
- Be creative with a travel journal
! Search pics
! PPS
! Video

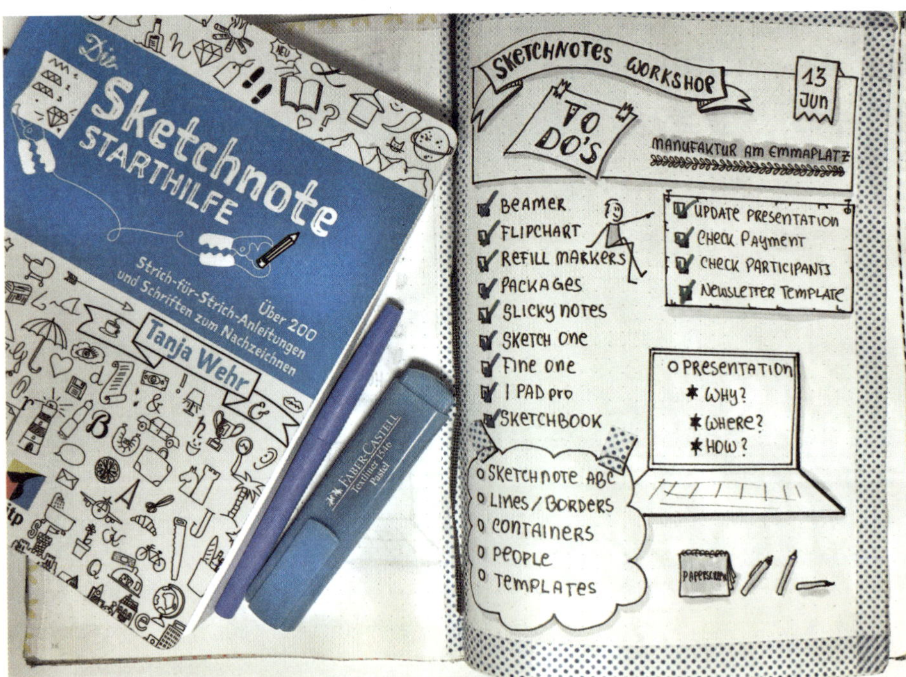
Die Sketchnote STARTHILFE
Über 200 Strich-für-Strich-Anleitungen und Schriften zum Nachzeichnen
Tanja Wehr
FABER-CASTELL
Textliner 1546
Pastel
SKETCHNOTES WORKSHOP
13 JUN
TO DO'S
MANUFAKTUR AM EMMAPLATZ
BEAMER
FLIPCHART
REFILL MARKERS
PACKAGES
STICKY NOTES
SKETCH ONE
FINE ONE
I PAD PRO
SKETCHBOOK
UPDATE PRESENTATION
CHECK PAYMENT
CHECK PARTICIPANTS
NEWSLETTER TEMPLATE
PRESENTATION
WHY?
WHERE?
HOW?
SKETCHNOTE ABC
LINES/BORDERS
CONTAINERS
PEOPLE
TEMPLATES
PAPERSCREEN

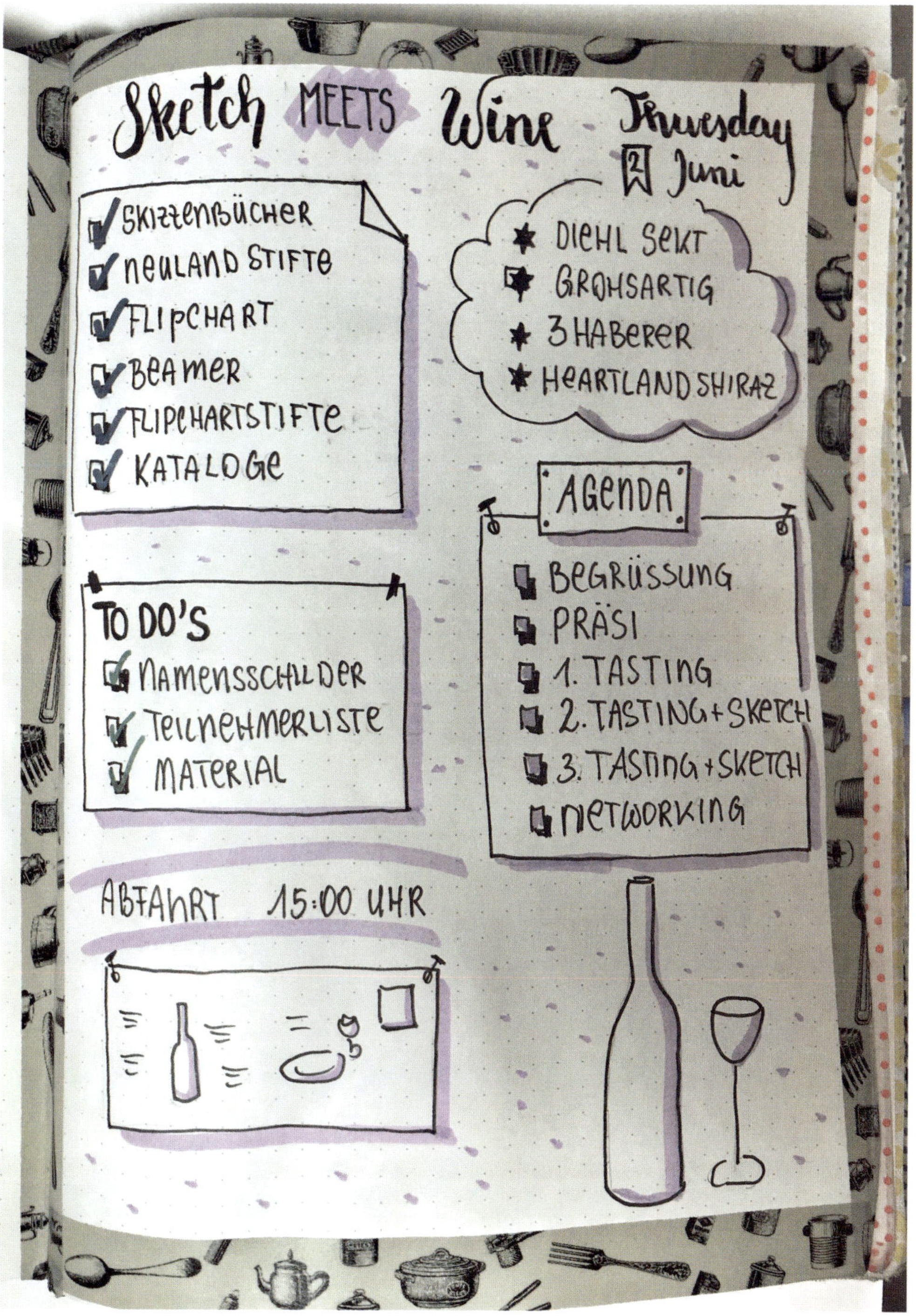
Sketch MEETS Wine Thuesday
2 Juni
SKIZZENBÜCHER
NEULAND STIFTE
FLIPCHART
BEAMER
FLIPCHARTSTIFTE
KATALOGE
DIEHL SEKT
GROHSARTIG
3 HABERER
HEARTLAND SHIRAZ
TO DO'S
NAMENSSCHILDER
TEILNEHMERLISTE
MATERIAL
AGENDA
BEGRÜSSUNG
PRÄSI
1. TASTING
2. TASTING + SKETCH
3. TASTING + SKETCH
NETWORKING
ABFAHRT 15:00 UHR

6.11 Studium planen

Ein Studium verlangt viel Eigenorganisation. Das Ganze fängt an mit der Erstellung des Stundenplans. Außerdem geht es darum, Lernpläne für eine Übersicht darüber zu erstellen, wann du was vorbereiten musst.

Oftmals entscheidet nur die Klausur am Ende des Semesters über deine Noten. Insofern ist es wichtig, das Semester gut durchzuplanen und Lernschritte einzufügen, damit man am Ende des Semesters nicht überfordert ist und plötzlich alles auf einmal erledigt werden muss.

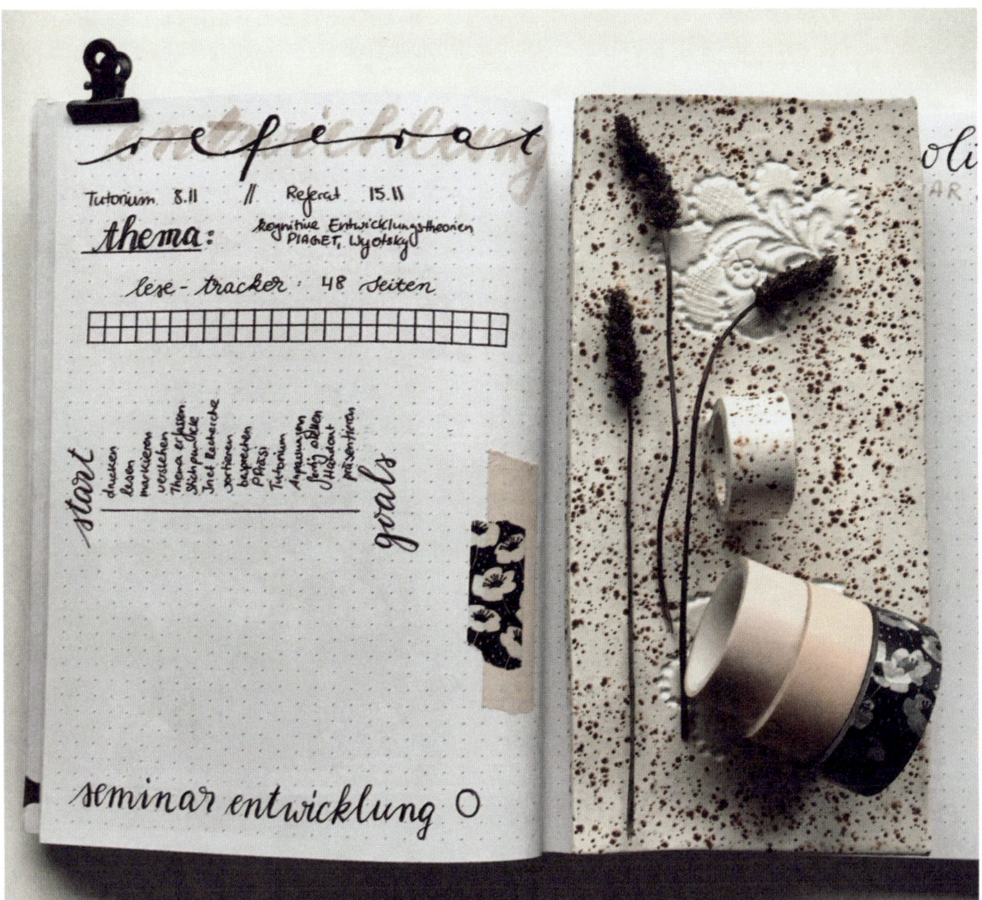

Tracker können dir helfen, einen Überblick darüber zu gewinnen, wie weit du schon bist, wenn du beispielsweise Literatur hast, die du lesen musst, bevor du dein Referat vorbereitest.

Erstelle dir Wochenübersichten, damit du weißt, was zu tun ist. Man neigt sonst oft dazu, Dinge vor sich herzuschieben. Durch eine Wochenübersicht hast du alles im Blick, kannst viel besser deine Zeiteinteilung einschätzen und verzettelst dich nicht.

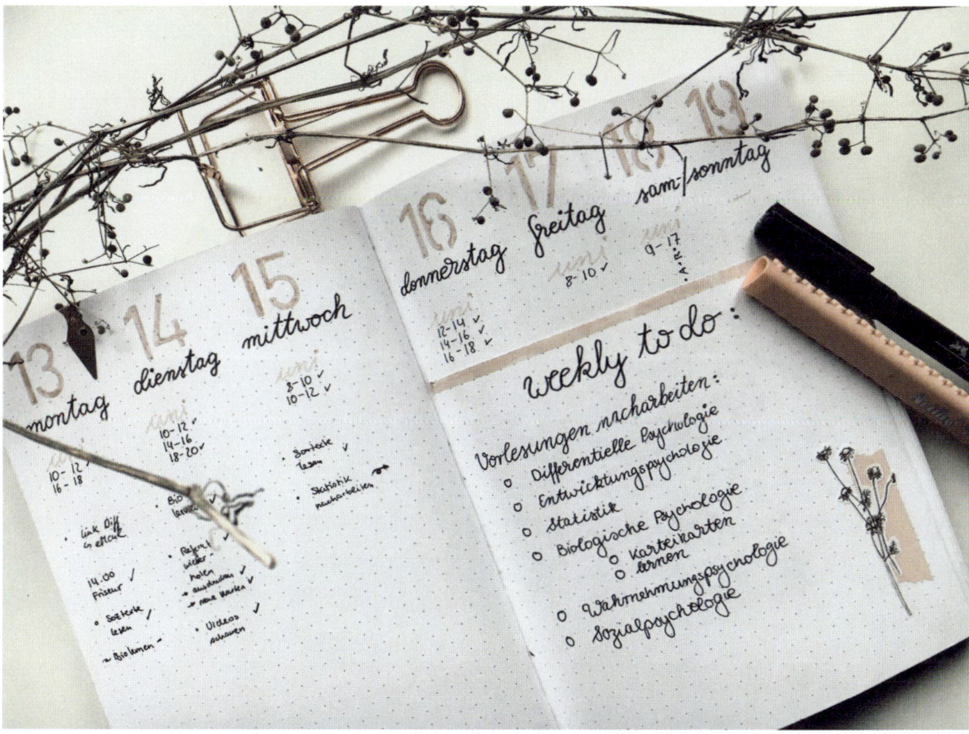

In einer Monatsübersicht kannst du dir auch deine Klausuren oder Abgabetermine eintragen. Mit Color Codes unterscheidest du verschiedene Prüfungsformen, wie zum Beispiel Klausur, Präsentation und Hausarbeit. Um den Erfolg deines Studiums einzuschätzen, kannst du dir auch eine Liste für deine Noten anlegen.

Vielen Dank an Sophie Jehle (@phiespoetrie) für das zur Verfügung stellen der Bilder!

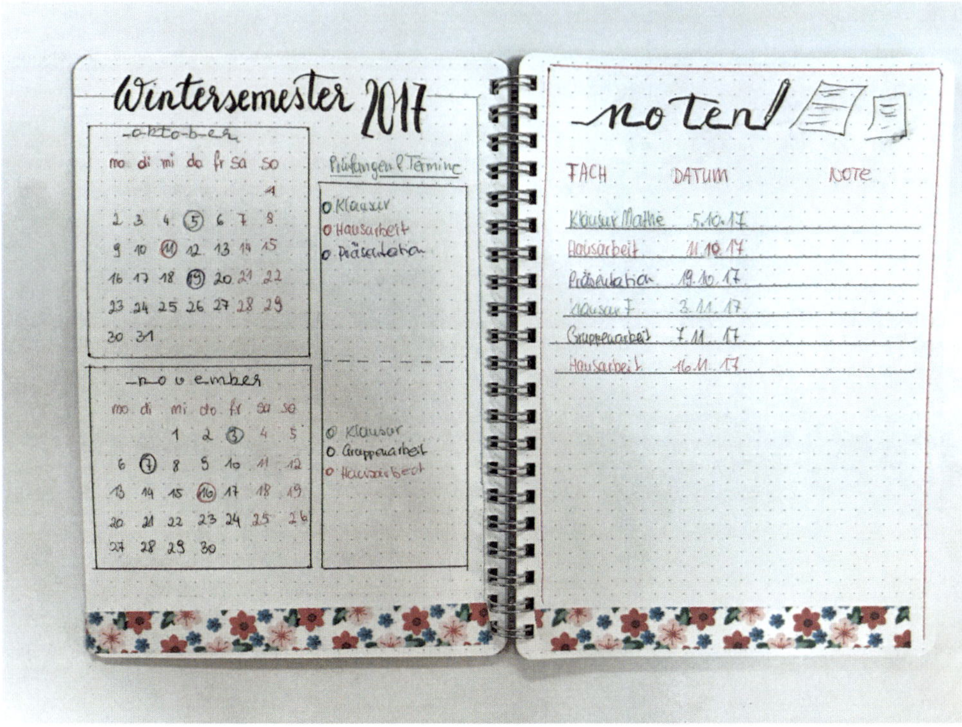
Wintersemester 2017
oktober
mo di mi do fr sa so
november
mo di mi do fr sa so
Prüfungen & Termine
Klausur
Hausarbeit
Präsentation
Klausur
Gruppenarbeit
Hausarbeit
noten
FACH
DATUM
NOTE
Klausur Mathe 5.10.17
Hausarbeit 11.10.17
Präsentation 19.10.17
Klausur F 3.11.17
Gruppenarbeit 7.11.17
Hausarbeit 16.11.17

7 Dein Bullet Journal als Tagebuch und Erinnerung

Planen und organisieren im Bullet Journal sind sicherlich wesentliche Einsatzbereiche, du kannst es allerdings auch einsetzen, um eine Art Tagebuch zu führen. Vielleicht möchtest du einfach nur mal kreativ sein. Oder besondere Tage hervorheben. Du kannst deine Eindrücke und Ideen sicher als reinen Text aufschreiben, oder du probierst es in Form einer Sketchnote (siehe Abschnitt 5.1), das fördert außerdem deine Kreativität.

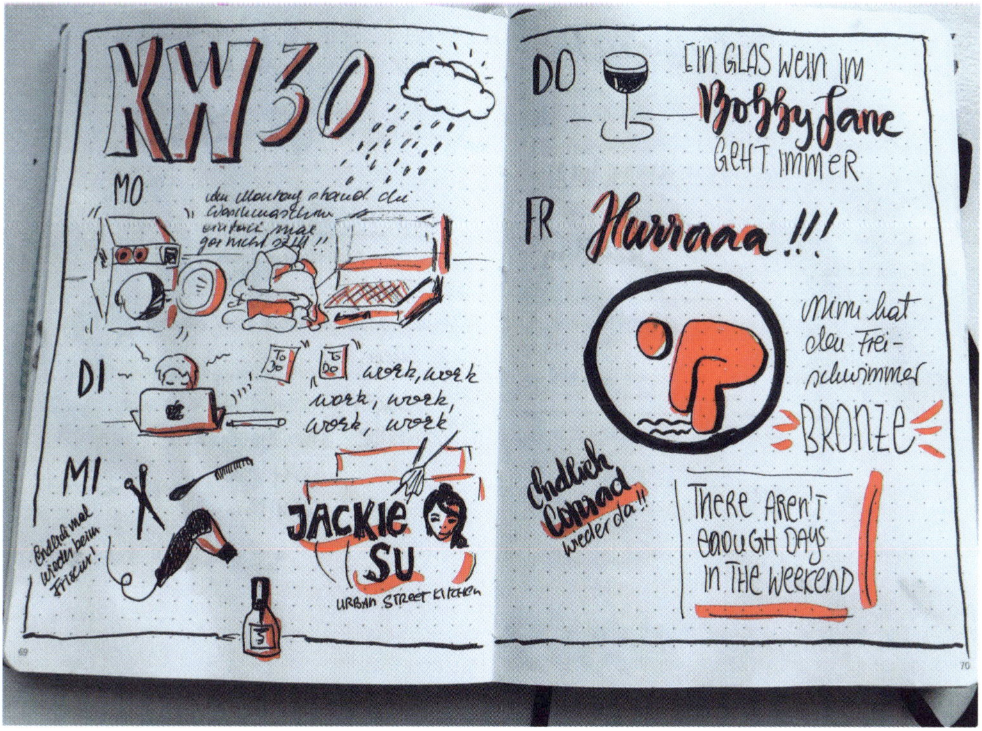

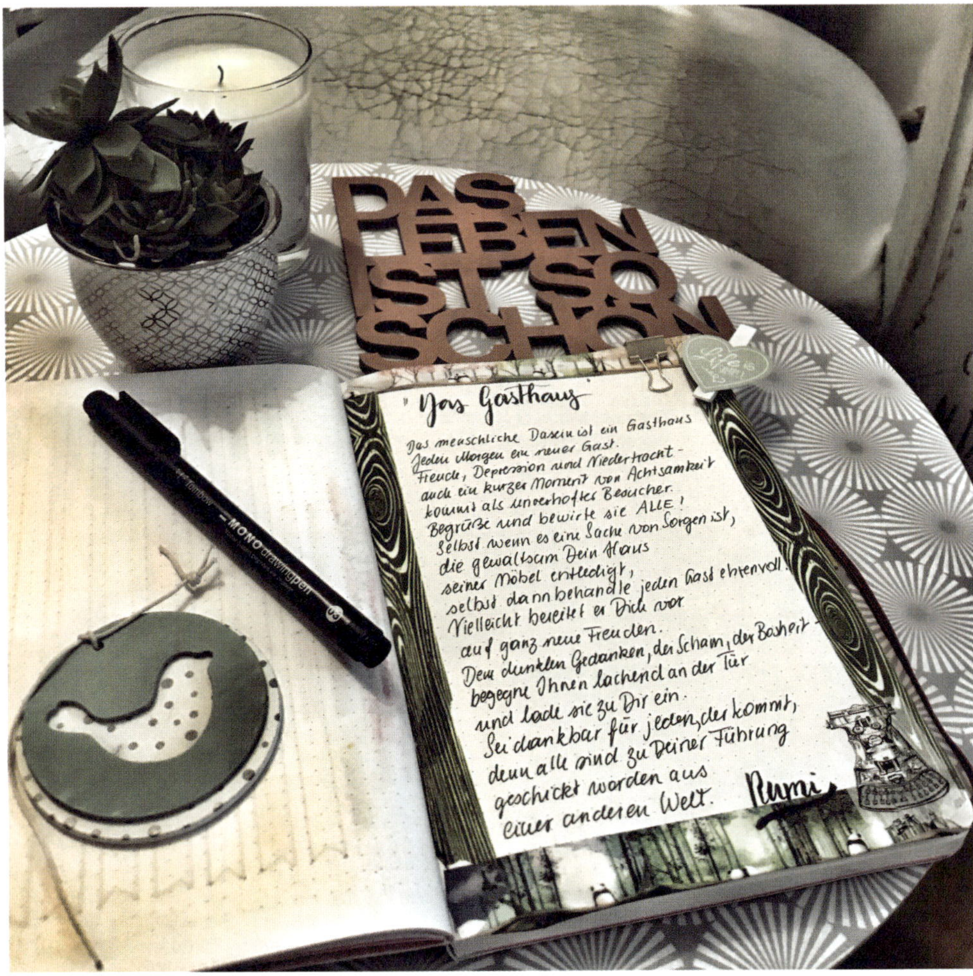

Ich selbst mag es mal so und mal so. Manchmal schreibe ich meine Gedanken einfach nur herunter, manchmal gestalte ich meine Seiten aufwendig und mit viel Deko. Was da alles möglich ist, erfährst du später in Kapitel 10 »Dekoelemente«. Als Erinnerung an einen besonderen Tag kannst du z.B. auch Fotos oder Quittungen einkleben.

Du kannst auch Reiseerinnerungen als Sketchnote festhalten. Entweder integrierst du diese direkt in dein Bullet Journal oder du legst dir ein sogenanntes Travel Journal an. Mehr dazu findest du in Kapitel 8 »Travel Journal«.

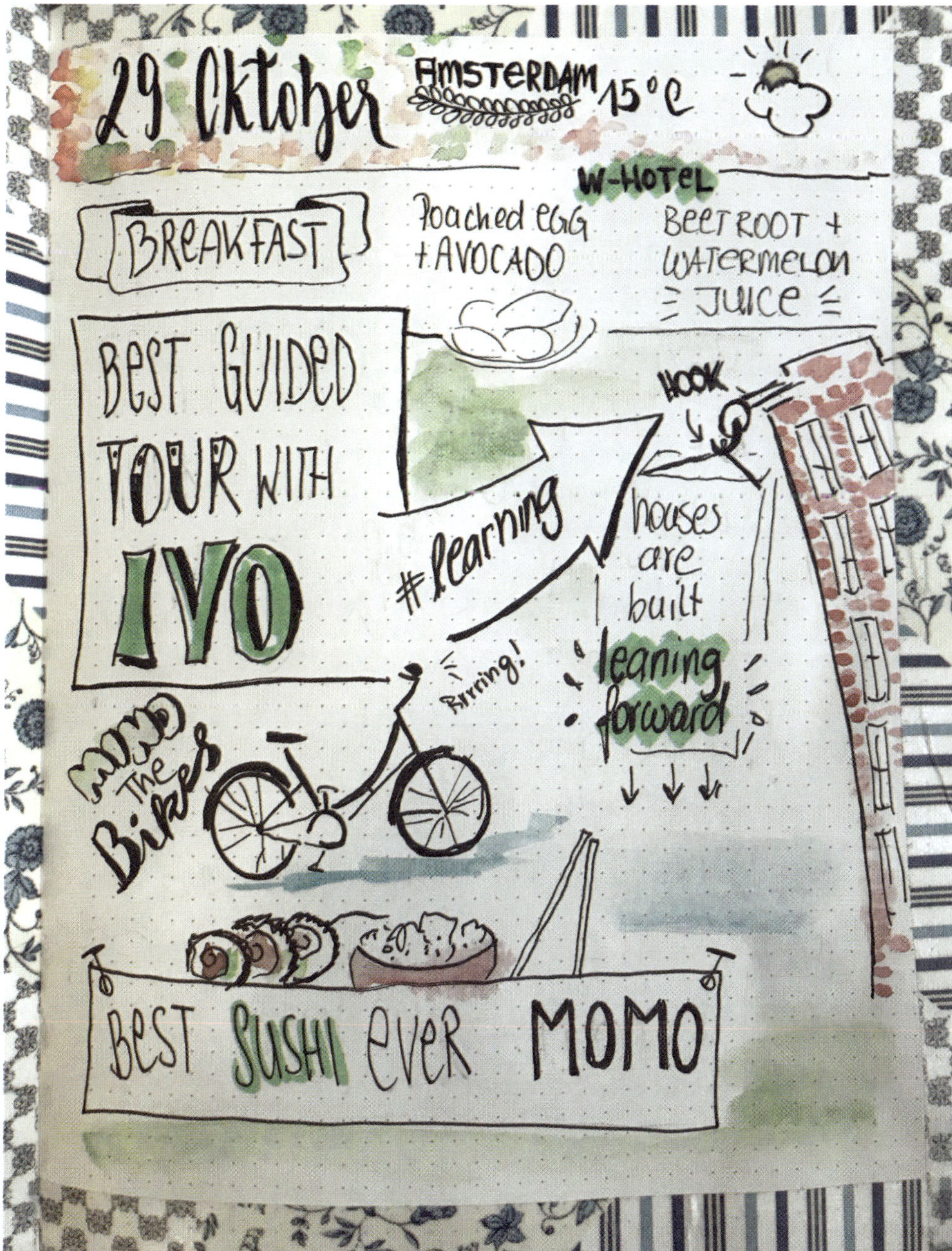
29 Oktober
AMSTERDAM
15°C
W-HOTEL
BREAKFAST
Poached EGG + AVOCADO
BEETROOT + WATERMELON JUICE
BEST GUIDED TOUR WITH IVO
HOOK
#learning
houses are built leaning forward
Rrring!
The Bikes
BEST SUSHI EVER MOMO

Du hast besonders nette Leute getroffen. Lass sie doch direkt in dein Bullet Journal schreiben.

Fange mit deinen Freunden an, man möchte ja nicht gleich fremde Leute um ein Autogramm in deinem Bullet Journal fragen. Gute Freunde haben aber sicher einen kleinen Text oder eine Zeichnung für dich parat, und du wirst überrascht sein, wie sehr du dich auch später noch über solch einen kleinen Gruß freuen wirst. Wenn ich auf einer Konferenz bin, reserviere ich gleich ein paar Seiten für die anderen Teilnehmer. Das funktioniert aber natürlich auch im Alltag. Vielleicht bittest du mal deine Arbeitskollegen, deine Kinder oder deine beste Freundin, eine eigene Seite in deinem Bullet Journal für dich zu gestalten.

Oder du machst Fotos und klebst sie ein. Das ist eine wunderbare Erinnerung und völlig was anderes als Fotos in deinem Smartphone, die man sich im Zweifel nie wieder ansieht. Dafür druckst du die Fotos am besten gleich aus und klebst sie mit ein bisschen Deko direkt in dein Bullet Journal.

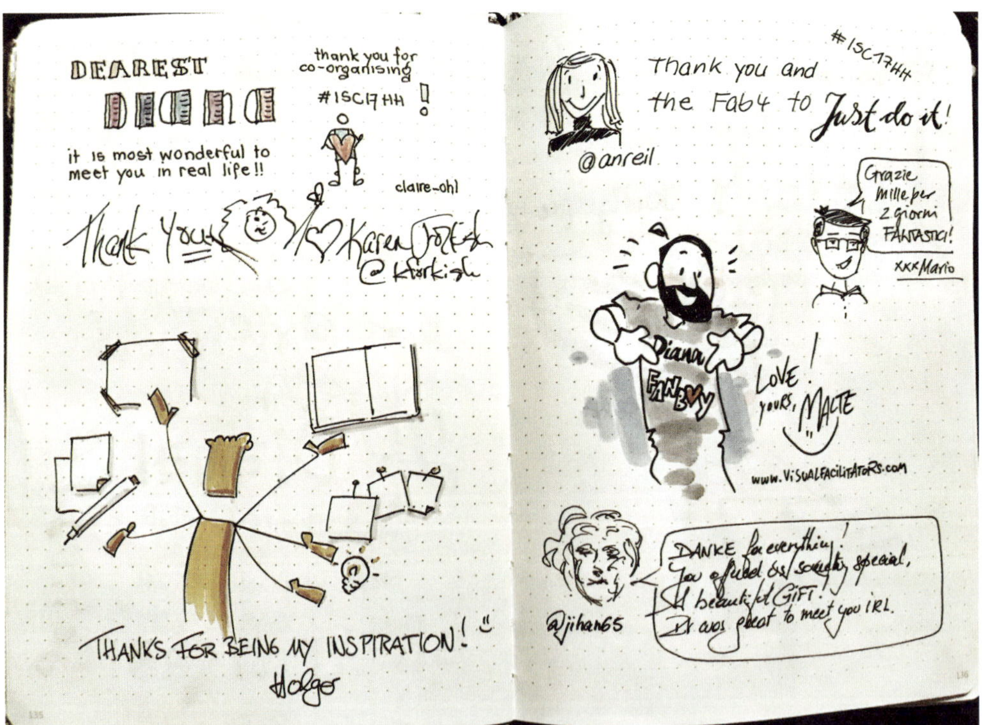

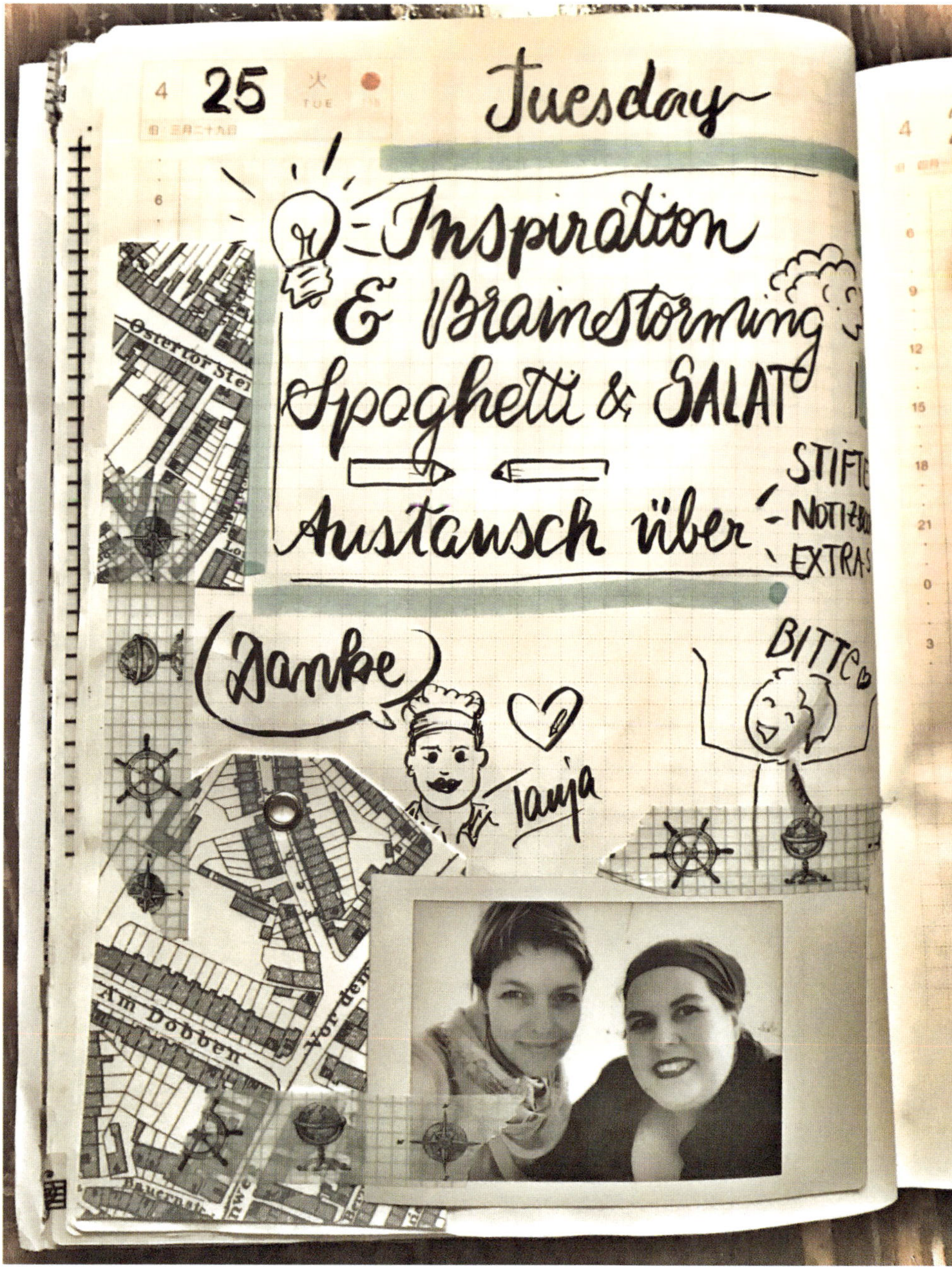
4 25 火 TUE
Tuesday
Inspiration & Brainstorming
Spaghetti & SALAT
Austausch über
EXTRAS
Danke
BITTE
Tanja
Am Dobben

Ich singe in einem Chor und ein besonderes Erlebnis ist natürlich ein eigenes Konzert. Hier habe ich ein Beispiel eines weiteren Tagebucheintrages. Links siehst du die Vorbereitungen und die Lieder, die wir im Bremer Dom gesungen haben, und rechts den Flyer, den ich für das Konzert gestaltet habe.

Es ist immer eine schöne Idee, wenn du dir Details zu solchen Events vorher auf einer Seite in deinem Bullet Journal mit To-do-Listen und einem Zeitplan notierst, und dir dann die andere Seite für Erinnerungen freihältst. Dann hast du die Planung und den Rückblick gleich zusammen. Auch bei geschäftlichen Meetings kann das eine große Hilfe sein. Was ist gut gelaufen? Was musst du beim nächsten Mal ändern? Welche Kontakte sind wertvoll?

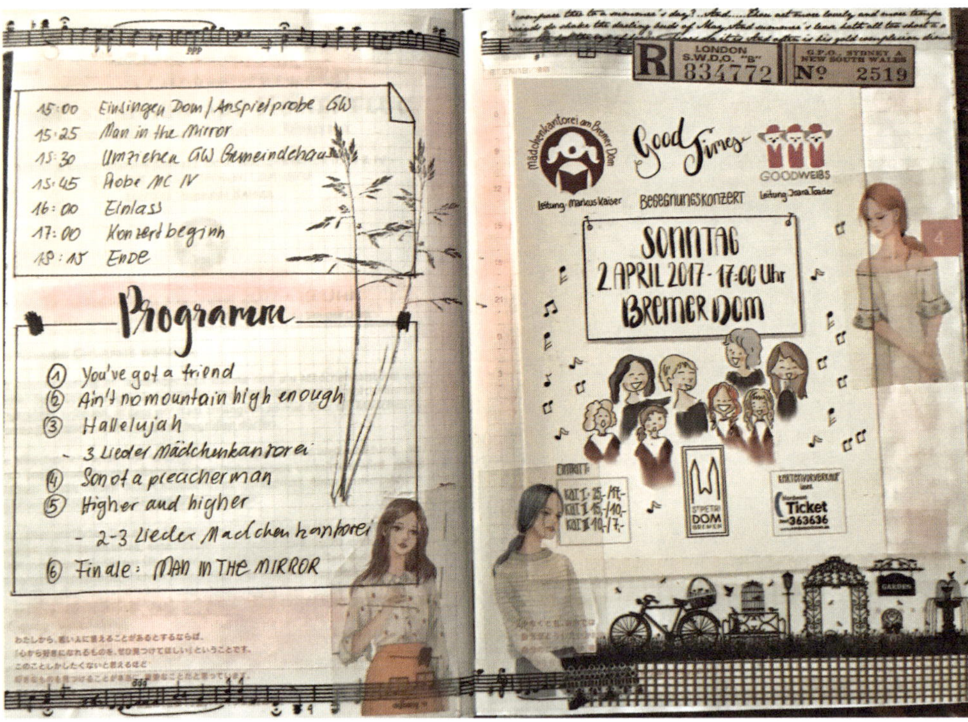

Aber zurück zu meinem Tagebuch.

Die Bremer Kohlfahrt ist eine Tradition in Bremen. Da dies für mich als Österreicherin natürlich etwas Besonderes ist, habe ich hier das typische Essen festgehalten und die Tradition als Text beschrieben:

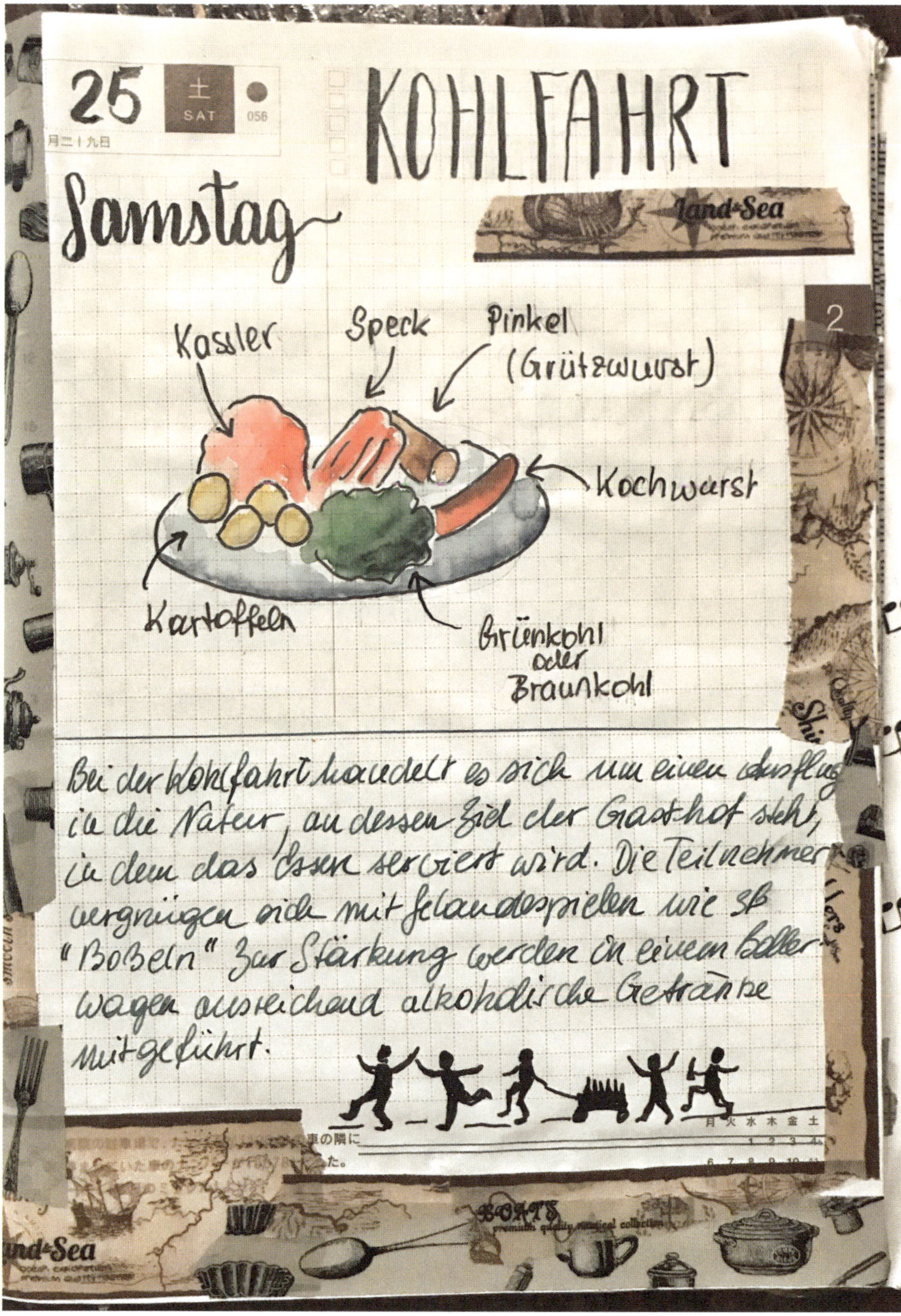
25
土
SAT
056
KOHLFAHRT
Samstag
Land & Sea
Kassler
Speck
Pinkel
(Grützwurst)
Kochwurst
Kartoffeln
Grünkohl
oder
Braunkohl
Bei der Kohlfahrt handelt es sich um einen Ausflug
in die Natur, an dessen Ziel der Gasthof steht,
in dem das Essen serviert wird. Die Teilnehmer
vergnügen sich mit Geländespielen wie z.B.
„Boßeln". Zur Stärkung werden in einem Boller-
wagen ausreichend alkoholische Getränke
mitgeführt.
月 火 水 木 金 土

Eine weitere Idee ist, Fortschritte oder Entwicklungen zu reflektieren. Das kannst du für dich machen, aber auch für deine Kinder oder dein Haustier. Du wirst sehen, dass es Spaß macht, solche Einträge immer wieder nachzulesen, die Fortschritte zu reflektieren und sich an der Entwicklung zu freuen.

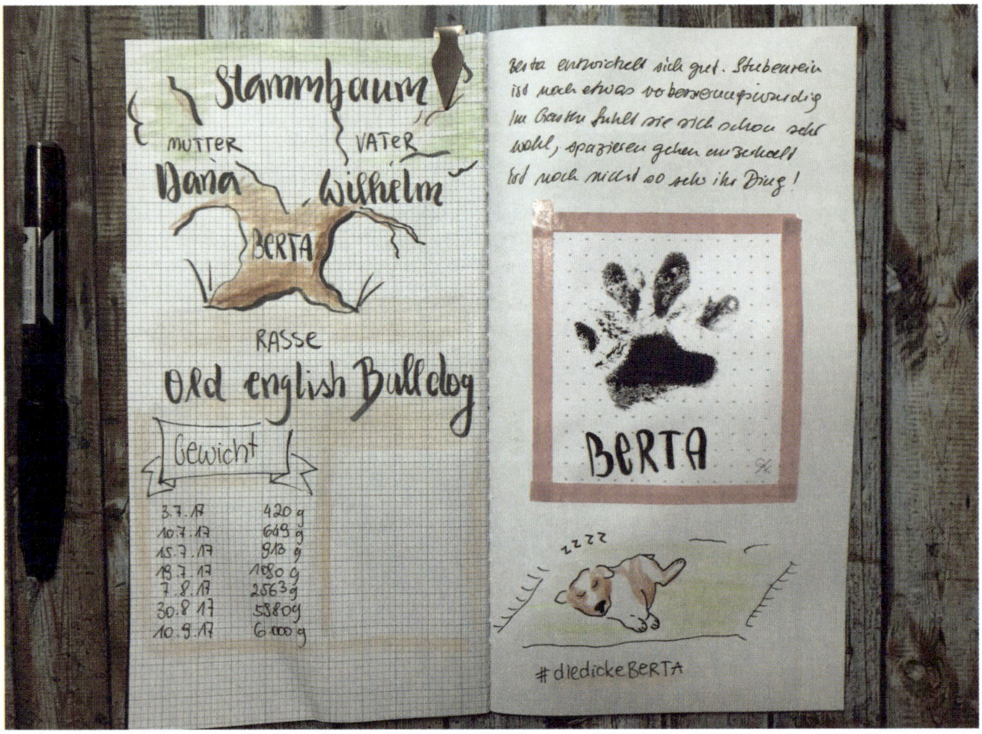

8 Travel Journal

Ein Travel Journal ist wirklich eine ganz besondere Erinnerung. Denn im Gegensatz zum gewöhnlichen Fotoalbum hat in einem Travel Journal noch viel mehr Platz, und es bietet dir wirklich eine besondere Möglichkeit, deine Erinnerungen festzuhalten.

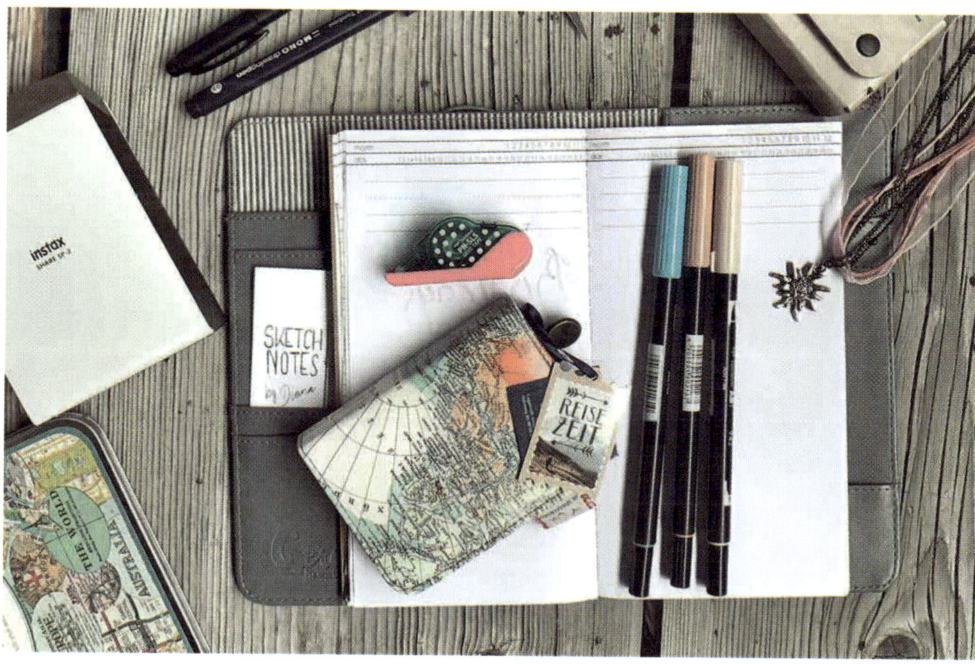

Was kann rein in ein Travel Journal?

- Reiseroute
- Packliste
- Maps
- Shopping-Liste
- Eintrittskarten
- Getrocknete Blumen
- Reiseroute

- Erinnerungen
- Zeichnungen
- Gedanken
- Fotos
- viele andere kreative Dinge

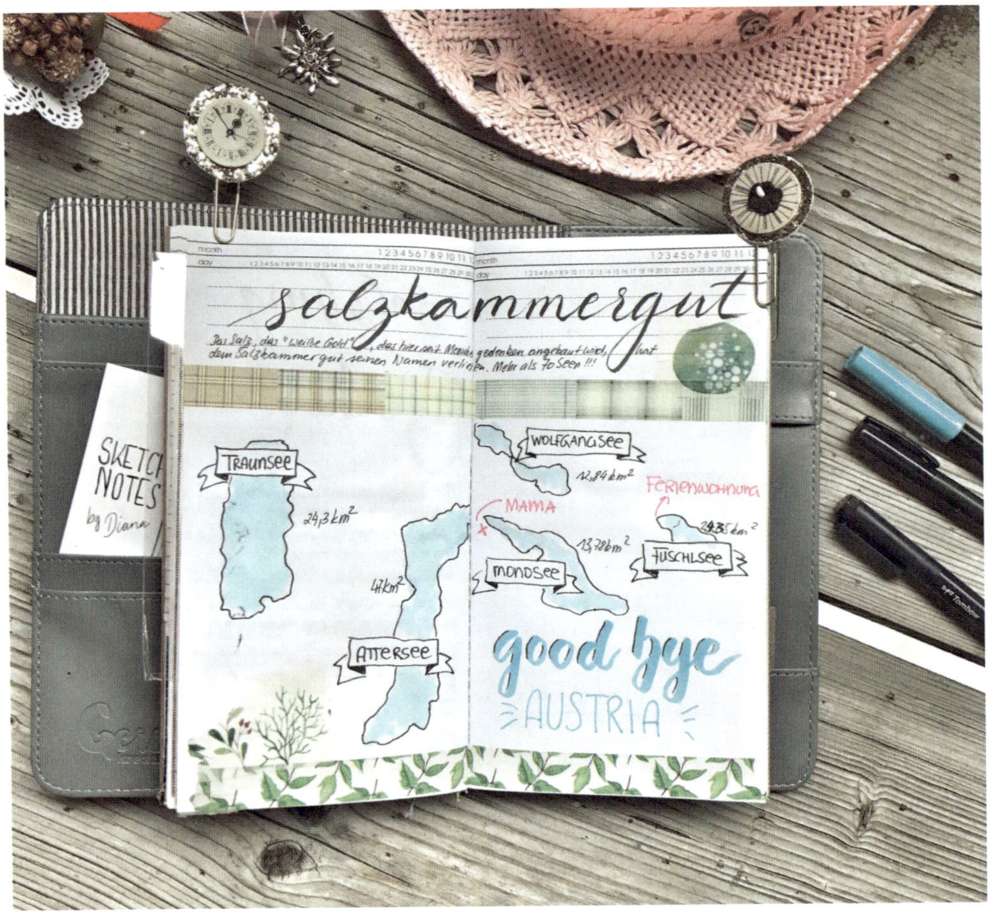

Was brauchst du unbedingt für dein Travel Journal?

- Notizbuch oder Notizheft
- Stifte
- Kleber

Reicht das nicht? Es gibt noch viel mehr!

- Buntstifte, Faserstifte, Aquarellfarben
- Washi Tapes
- Sticker
- Klammern
- Traveler's Notebook (Schutzhülle für dein Heft)
- Sofortbildkamera

Wie beginnt man am besten ein Travel Journal?

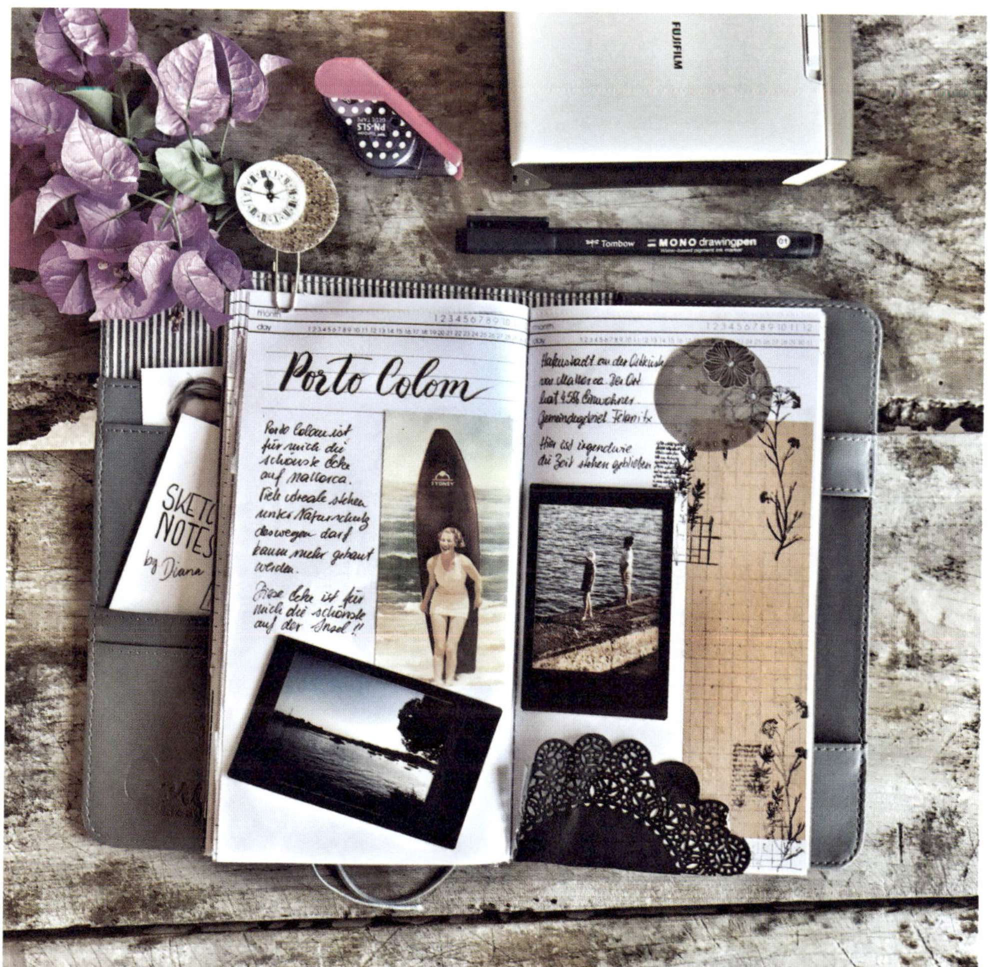

Zunächst kannst du deinem Reisetagebuch eine erste Seite verpassen. Das kann das Deckblatt oder eben die erste freie Seite sein. Dort kannst du die Daten der Reise, das Ziel und den Zeitraum eintragen. Und dann kannst du das Ganze – wenn gewünscht – auch dekorieren.

Danach zeichnest du am besten die Reiseroute ein, zum Beispiel den Umriss des Landes, der Stadt oder der Insel. Dazu kann man im Sketchnote-Stil ein paar kleine Zeichnungen und Informationen hinzufügen: das Transportmittel, Strichmännchen, um die Reisenden zu skizzieren, oder kleine Pünktchen, um den Verlauf der Route zu zeigen. Oder du schreibst einfach nur die Städte oder Orte auf, die du besuchen wirst, und verbindest sie in der richtigen Reihenfolge mit Strichen. Wenn du nicht viel zeichnest, ist das schon eine gute erste Übung, um warm zu werden.

TIPP

Um es dir am Anfang etwas leichter zu machen oder auch einfach nur um dein Travel Journal zu strukturieren, kannst du dir eine eigene Struktur dazu überlegen, was du jeden Tag festhalten möchtest. Das kannst du schon mal im Vorhinein auf jede Seite oder Doppelseite deines Travel Journals eintragen.

Beispiele dafür sind:

- Ich habe heute gegessen:
- Ich habe heute gesehen/erlebt:
- Das fand ich besonders schön:
- Das hat mich überrascht:
- Das hat mich glücklich gemacht:
- etc.

Das führt gegebenenfalls dazu, dass du jeden Tag deines Urlaubs bewusster erlebst und dir schon tagsüber Sachen merkst, die du festhalten willst und denen du sonst vielleicht nicht so viel Aufmerksamkeit geschenkt hättest. Weitere Ideen sind der Tagesablauf, eine Einkaufsliste, eine Beschreibung des lokalen Essens, ein Jogging-Tracker und vieles mehr.

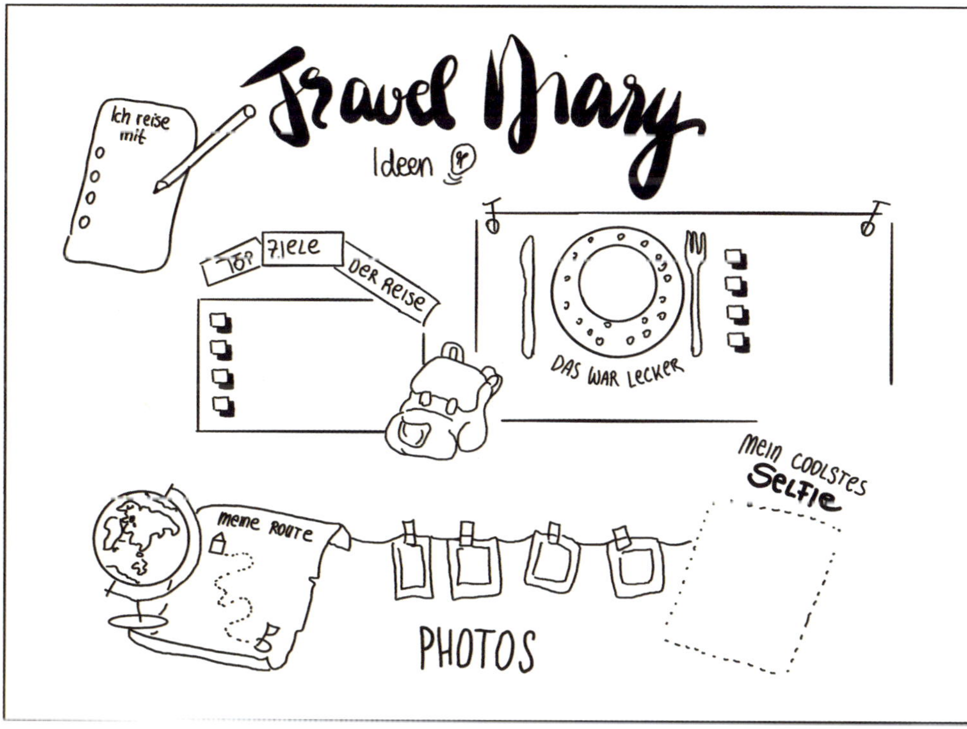

Willst du nicht einen „halben Bastelladen" mit dir herumschleppen, aber dennoch kreativ sein? Dann mache doch einfach ein Travel Diary mit Sketchnotes. Du solltest dir unbedingt das Buch „Sketchnotes einer Weltreise" von Eva-Lotta Lamm ansehen (erschienen im mitp-Verlag).

Tag für Tag in deinem Travel Journal

Kleben im Travel Journal

Du musst nicht jeden Tag etwas eintragen, das Ganze soll ja nicht in Stress ausarten. Aber besondere Momente und Ausflüge solltest du festhalten. Hast du eine Ausstellung besucht? Dann bewahre die Eintrittskarte auf. Musstest du bei einer Städtereise ein Busticket lösen? Nicht wegwerfen. Hast du eine besondere lokale Süßigkeit gegessen, behalte das Papier, in dem es eingewickelt war. Meine Kinder haben mir einmal Blumen gepflückt, ich habe sie getrocknet, und auch sie wanderten in mein Travel Journal.

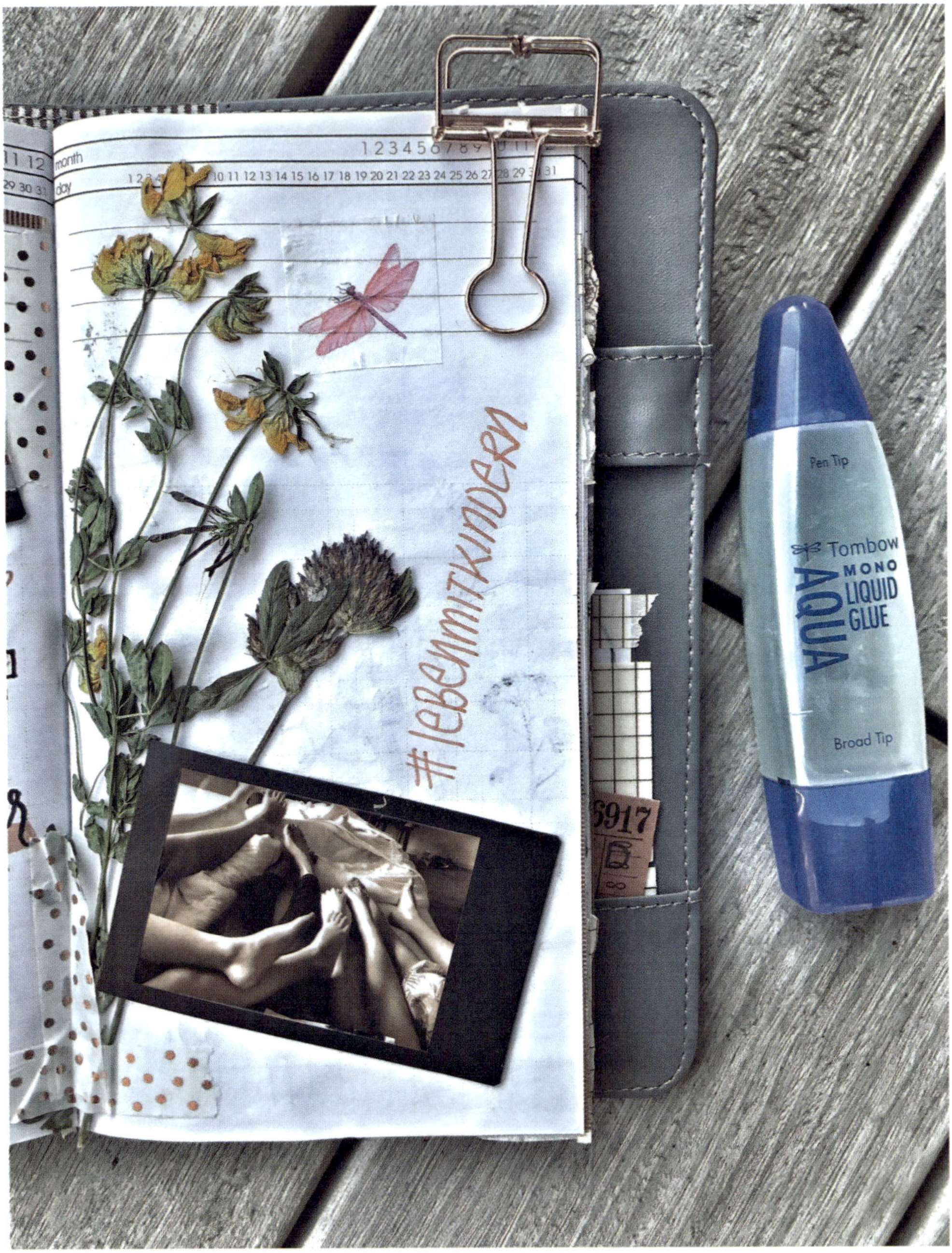
month
day
#lebenmitkindern
6917
Pen Tip
Tombow
MONO
LIQUID
GLUE
AQUA
Broad Tip

Schreiben im Travel Journal

Halte deine Gedanken fest. Versuche, die Tage Revue passieren zu lassen. Rufe dir besondere Erlebnisse und Gerüche wieder ins Gedächtnis. Vielleicht die warme Sonne auf der Haut. Setze dich hin und schreibe sie auf …

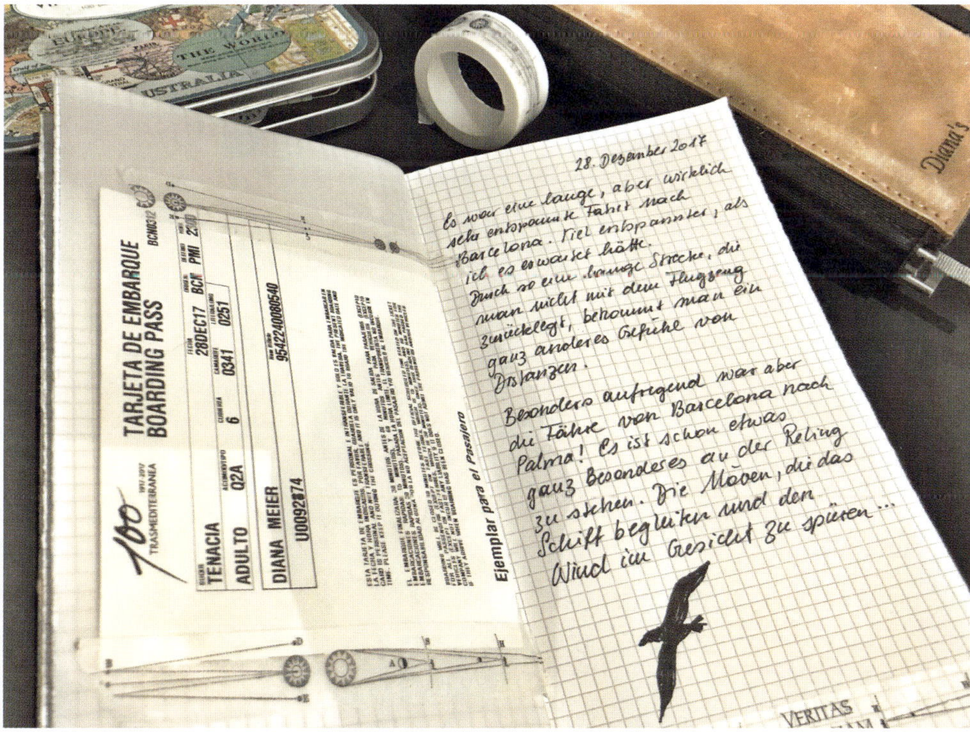

Erinnerungen im Travel Journal

Erinnerungen können natürlich alles sein, wie wäre es mit einer Beschreibung eines typischen Essens oder Gerichtes deines Reiselandes?

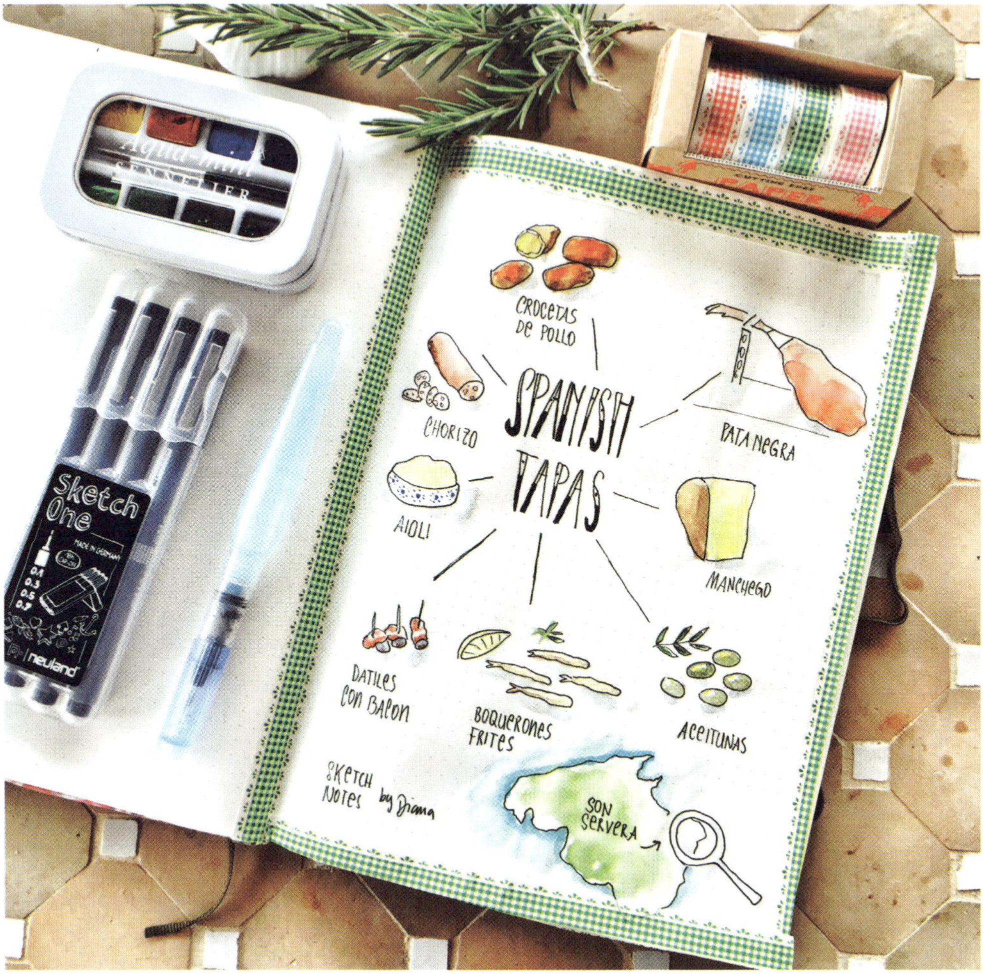

Fotos im Travel Journal

Man könnte sagen: Ich brauche kein Travel Journal, mein Smartphone hält doch alles fest. Ja, aber wenn man sich nicht die Mühe macht, das irgendwann auch zu »analogisieren«, bringt es nicht wirklich viel. Seien wir mal ganz ehrlich, das machen nicht wirklich viele. Und so liegen die Fotos über Jahre auf dem Rechner oder in der Cloud, und kein Mensch schaut mehr rein. Eine tolle Lösung für dein Travel Journal ist eine Sofortbildkamera. So hast du sofort die Fotos parat und kannst sie direkt einkleben.

Zeichnen im Travel Journal

Habe Mut, in deinem Travel Journal zu zeichnen. Das können kleine Zeichnungen und Doodles sein, es müssen hier keine Kunstwerke entstehen. Wenn man Dinge fotografiert, verschwinden sie sofort wieder aus dem Kopf. Wenn man sie zeichnet, setzt man sich ganz anders mit dem Hier und Jetzt auseinander. Man achtet auf Details. Probiere es mal aus. Im Straßencafé, am Strand oder im Ferienhaus.

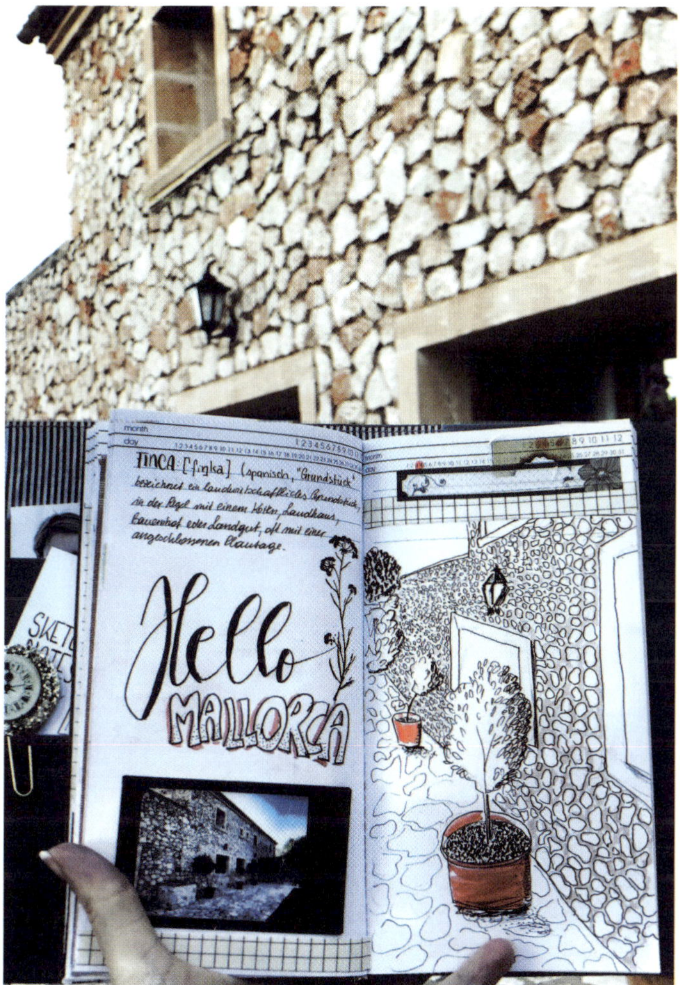

Am Ende, also nach deinem Urlaub, ist das Travel Journal eine tolle Erinnerung – besser als jedes Fotoalbum.

9 Mit Farben arbeiten

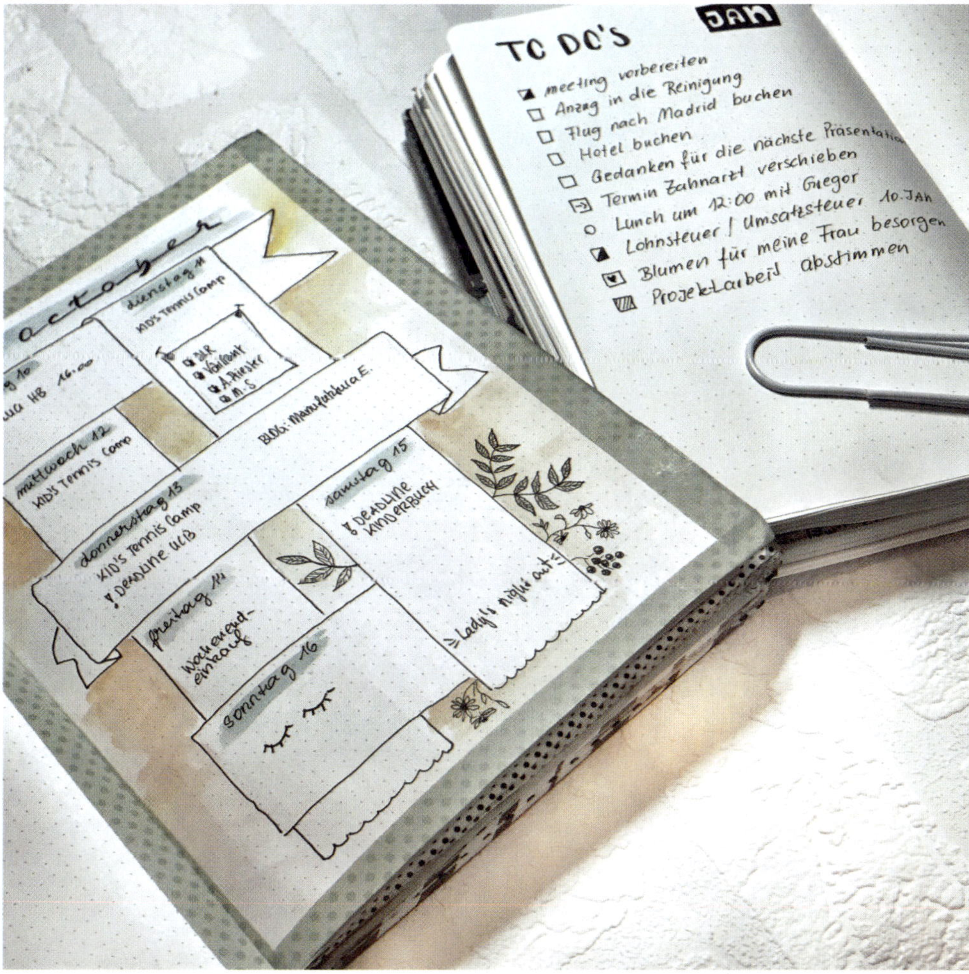

Ob du dein Bullet Journal sehr minimalistisch oder kreativ gestalten möchtest, liegt in deinem eigenen Ermessen. Aber was wäre ein Bullet Journal ohne ein bisschen Farbe? Farben kannst du in zweierlei Hinsicht einsetzen – einmal durch das Verwenden sogenannter Color Codes und andererseits natürlich zu reinen Dekorationszwecken.

Color Codes dienen der besseren Übersicht. So erkennst du beispielsweise auf einen Blick, ob der Termin privat oder beruflich ist. Du musst nur die Farben festlegen und sie dann beim Eintragen immer wieder gleich anwenden.

Hier siehst du zwei Beispiele einer Monatsübersicht.

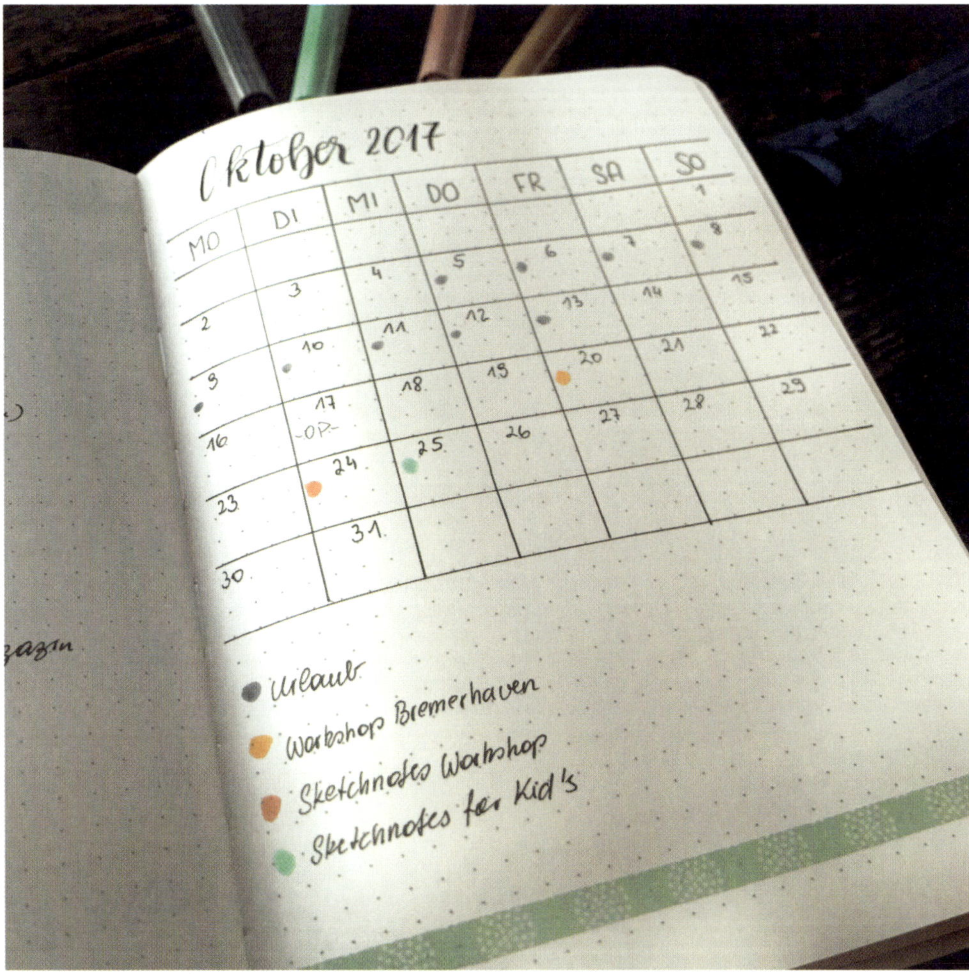

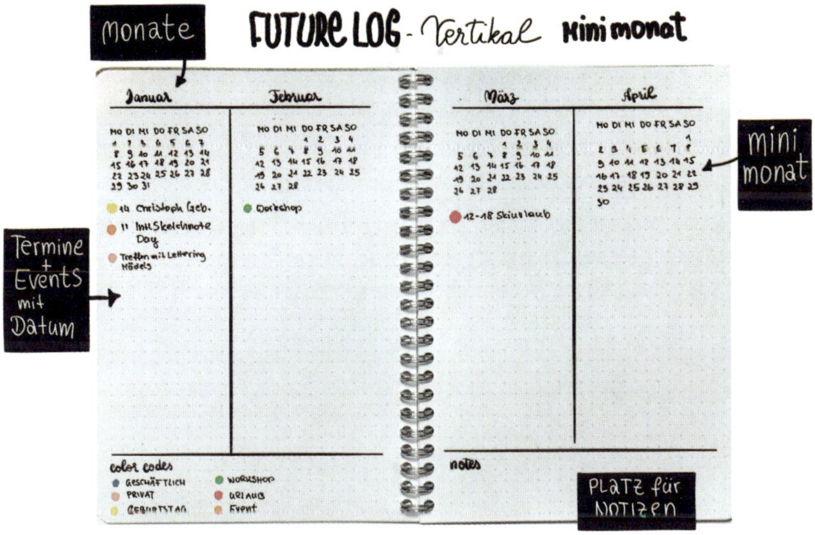

Weitere Anwendungen des Color Codes findest du auch an vielen anderen Stellen in diesem Buch.

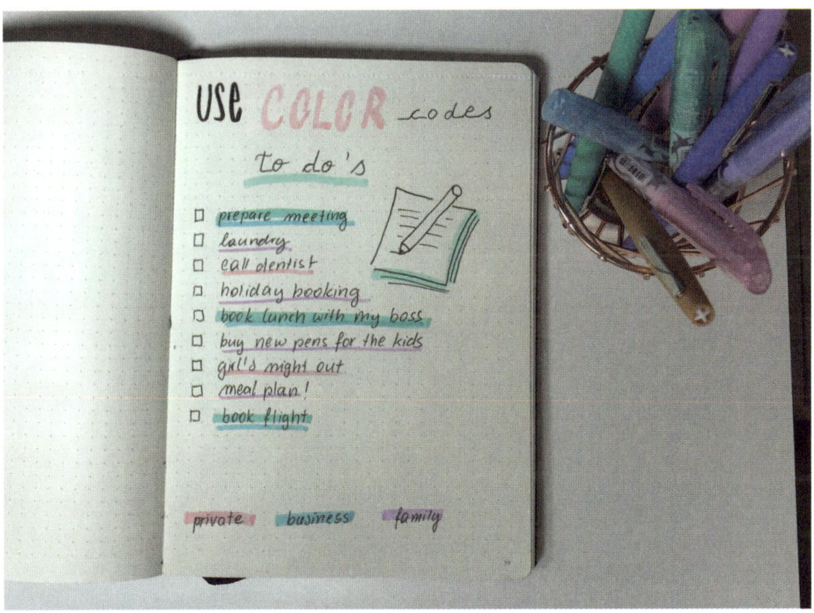

Zum Markieren eignen sich am besten helle Farben und Pastelltöne, damit die Schrift besser lesbar bleibt. Mehr zu Material und Stiften findest du in Kapitel 2 »Materialkunde«.

Abgesehen vom Einsatz zur Unterscheidung von Aufgaben, kannst du Farben natürlich auch zu reinen Dekorationszwecken einsetzen.

Während man im Frühling oft zu zarten Farben greift, können diese im Herbst in Rot- oder Goldtöne übergehen. Und natürlich kannst du dich je nach Lust und Laune austoben. Spiele mit ähnlichen Farben, die sich in Form von Zeichnungen, Stickern oder Washi Tapes wiederholen. Mehr dazu findest du auch in Kapitel 5 »Schmuckelemente« und Kapitel 10 »Dekoelemente«.

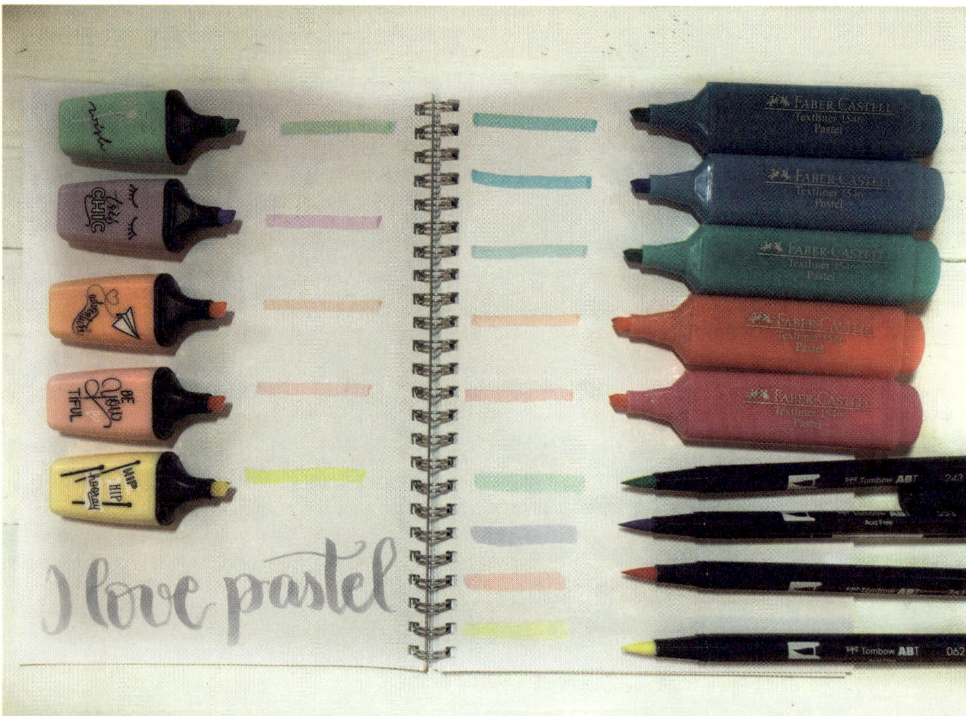

Auch mit einem dezenten Einsatz von Farbe bei Unterstreichungen oder in Kästen kannst du eine große Wirkung erzielen. Auf der nächsten Seite siehst du zwei Beispiele, bei denen ich die Farben jeweils nur als Akzent genutzt und den Rest minimalistisch schwarz-weiß gehalten habe.

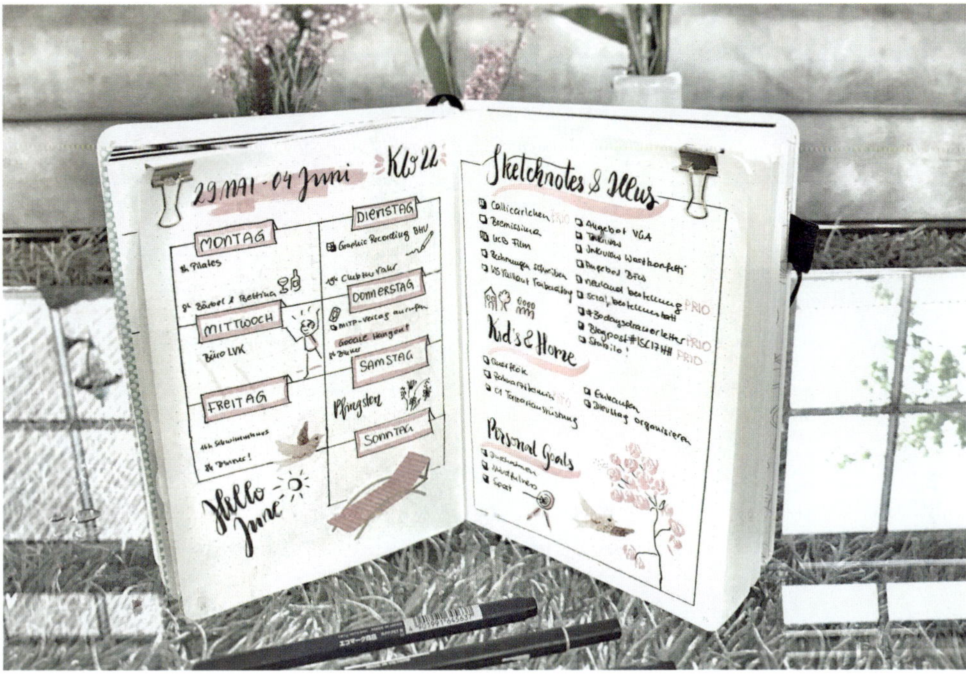
29 MAI - 04 Juni
KW 22
MONTAG
DIENSTAG
DONNERSTAG
MITTWOCH
SAMSTAG
FREITAG
SONNTAG
Pfingsten
Hello June
Sketchnotes & Illus
Kid's & Home
Personal Goals

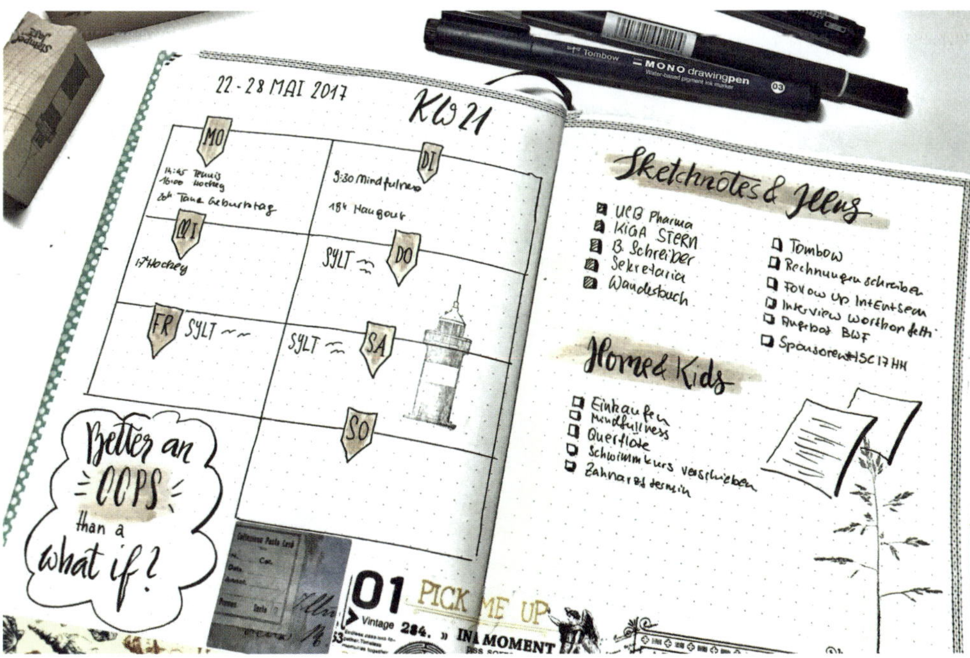
22 - 28 MAI 2017
KW 21
MO
DI
MI
DO
FR
SA
SO
SYLT
Better an OOPS than a what if?
Sketchnotes & Illus
UCB Pharma
KiGA STERN
B. Schreiber
Tombow
Rechnungen schreiben
Home & Kids
Einkaufen
Mindfullness
Querflöte
Schwimmkurs verschieben
Tombow
MONO drawingpen
PICK ME UP
IN A MOMENT

Durch das Einsetzen von Farbe im Hintergrund kannst du deine Textcontainer optisch hervorheben:

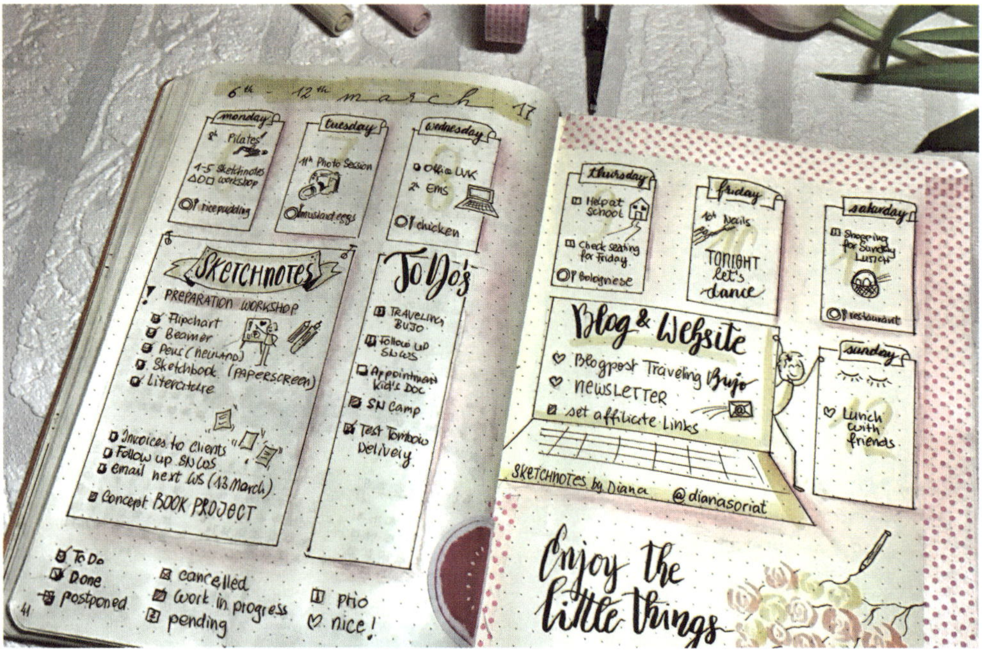

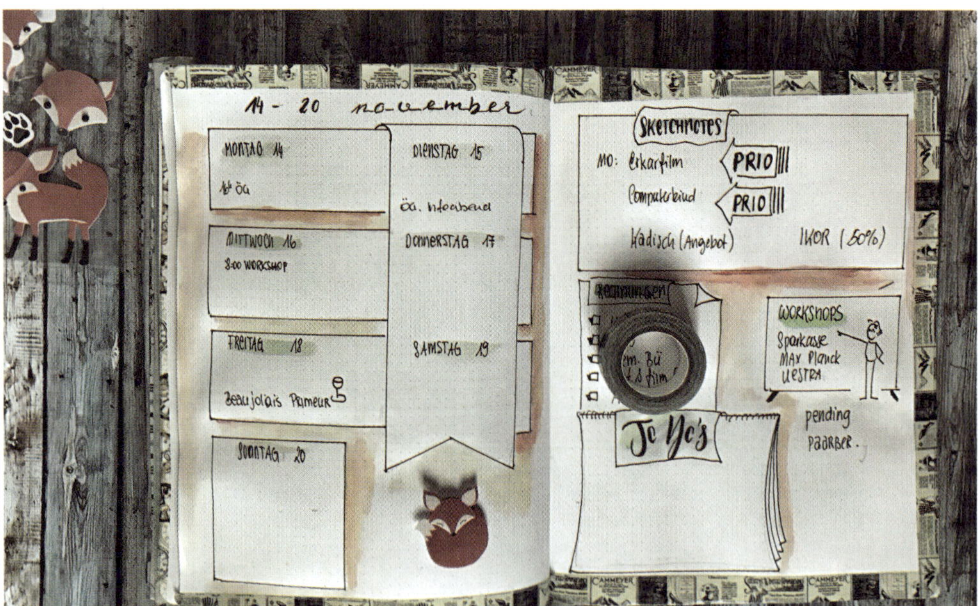

Achte ein wenig darauf, wie sich Stifte, Wasserfarben etc. auf deinem Papier verhalten. In den meisten Notizbüchern ist es schwierig, mit Aquarell zu arbeiten, da sich das Papier häufig wellt. Besorge dir einen kleinen Aquarellblock und klebe dein Werk einfach direkt ins Bullet Journal.

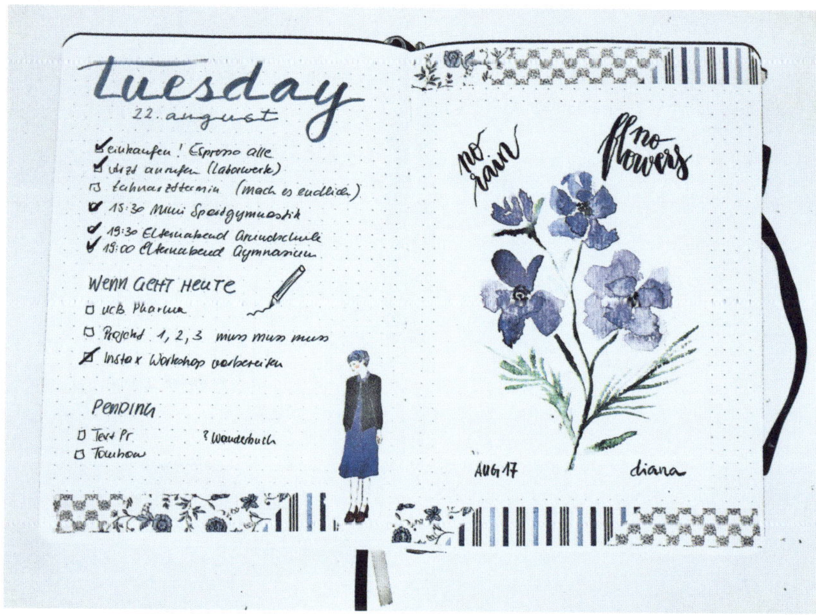

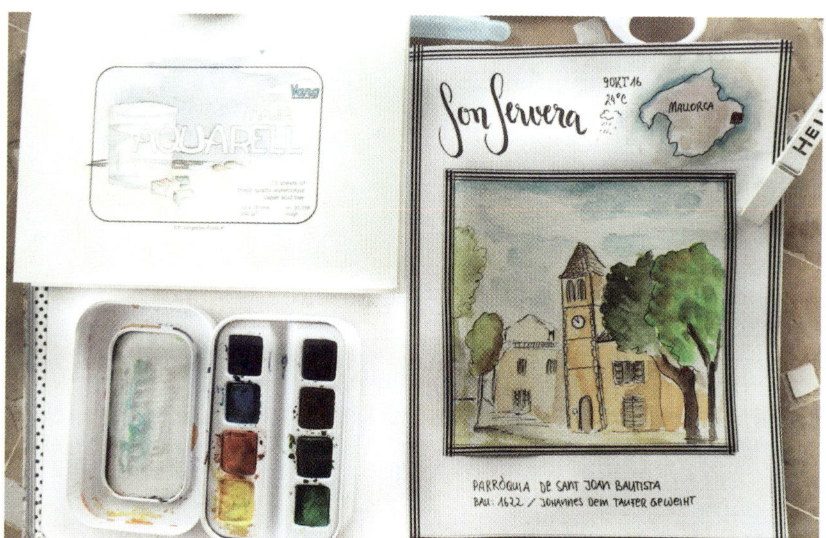

Du hast einen schönen Spruch entdeckt? Schreibe ihn auf und setze ihn in einen dekorativen Rosenkranz. Mit solchen Schmuckelementen verwandelst du dein Bullet Journal in ein kreatives Tagebuch.

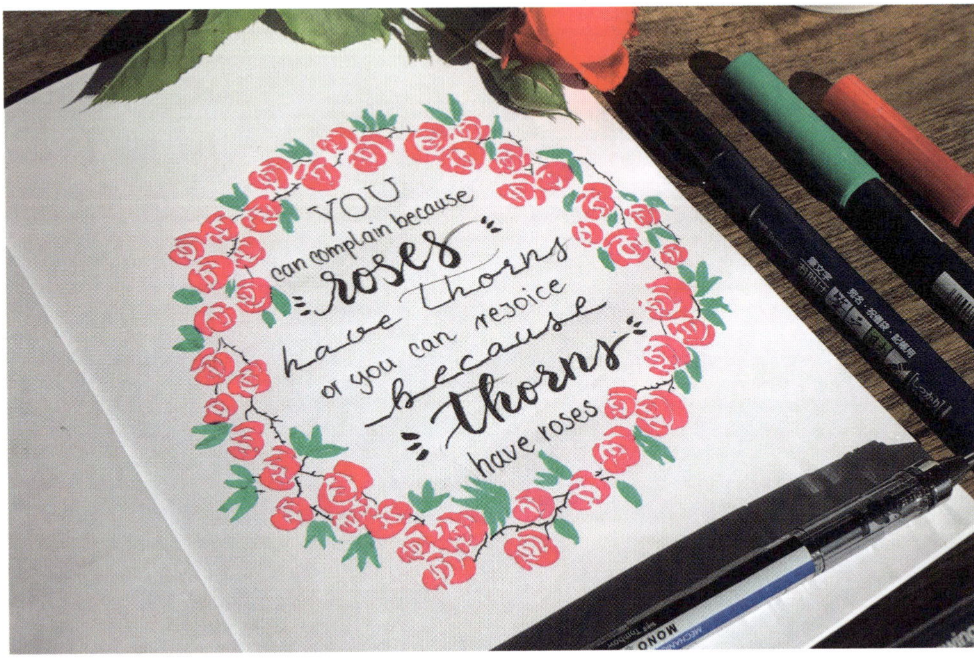

Der Einsatz ähnlicher Farben innerhalb einer Seite gibt deinem Bullet Journal einen schönen kreativen Touch. Du wirst sehen, du blätterst dann später immer wieder gerne zurück.

10 Dekoelemente

Dekoelemente sind für viele ein wesentlicher Bestandteil eines Bullet Journals. Da ich mit dem Führen meines Bullet Journals auch das Nützliche mit Kreativem verbinde, ist für mich persönlich die Dekoration in meinem Bullet Journal ein wichtiger Punkt. Bei der Dekoration sind deinen Ideen keine Grenzen gesetzt. Ich verwende wie in Kapitel 5 beschrieben häufig Sketchnotes, Farben und verschiedene Schriften, aber auch Washi Tapes, Sticker und Stempel. Was alles möglich ist, zeige ich dir in diesem Kapitel.

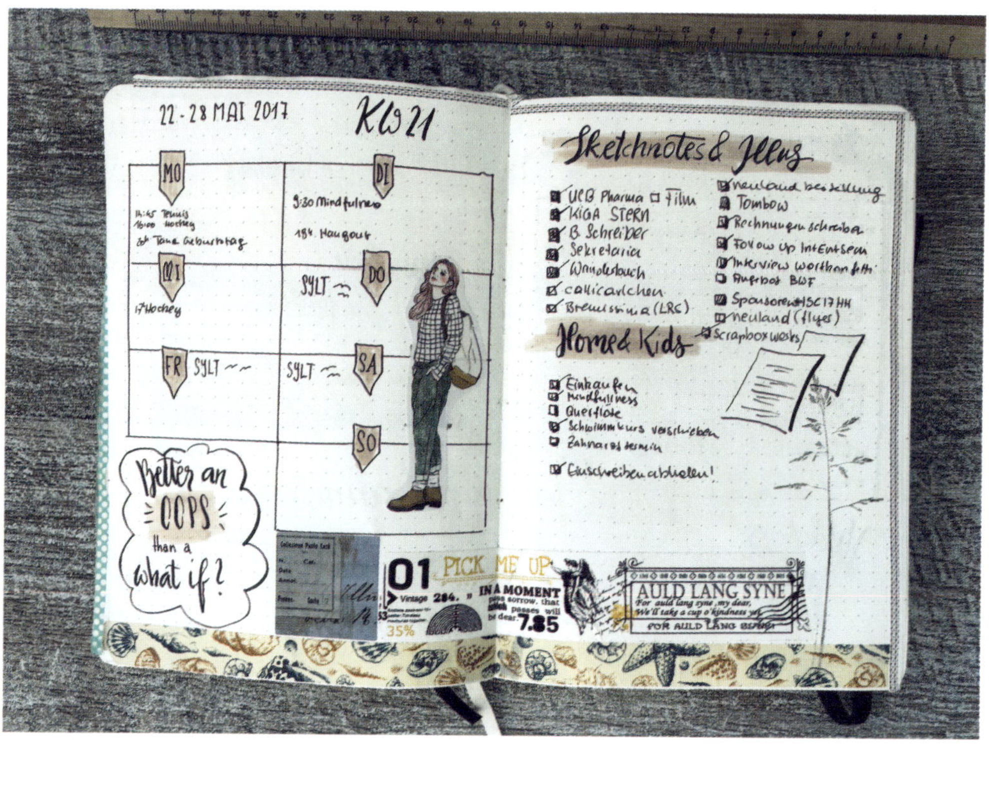

10.1 Washi Tape

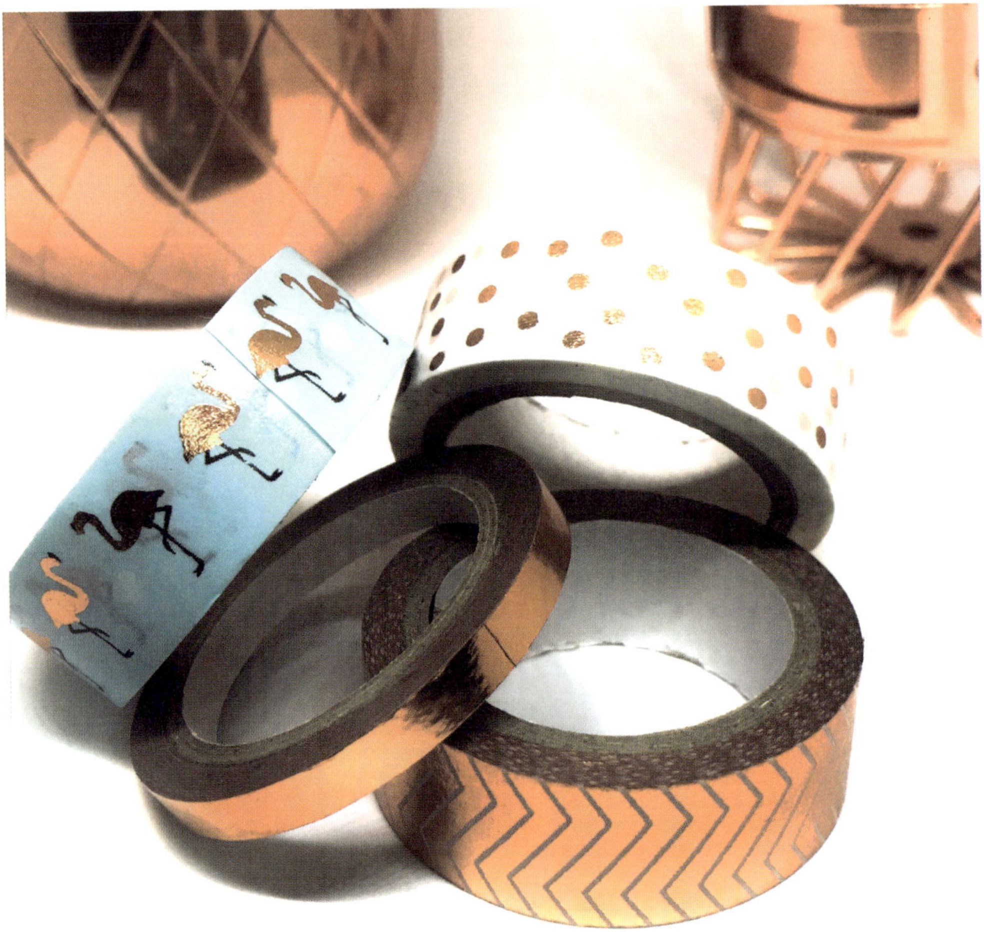

Washi Tapes – bekannt auch als Masking Tapes – stammen aus Japan. Ursprünglich wurden diese wieder ablösbaren Klebebänder als Schutzartikel eingesetzt. Für Lackier- oder Malerarbeiten wurde das Band als Abtrennung benutzt. Sehr schnell jedoch fand das Washi Tape seinen Weg in die Kreativszene, beispielsweise zum Verpacken von Geschenken oder als Dekorationselement. Die maßgeblichen Vorzüge von Washi Tapes bestehen darin, dass sie wieder ablösbar sind und bei guter Qualität das Papier auch nicht zerstören.

Der Handel ist voll von wunderbaren Motiven und Farben sowie verschiedenen Breiten. Im Normalfall bestehen die Tapes aus Reispapier. Du kannst sie entweder abschneiden oder auch abreißen, und bei Verwendung mehrerer Washi Tapes kannst du einen wunderbaren Vintage-Effekt erzielen. Durch attraktive Kombinationen kannst du damit jede Seite zu einem Hingucker machen.

Ich benutze Washi Tapes z.B. sehr gerne, um Seiten einzurahmen. Dies gibt deiner gestalteten Seite immer den letzten Schliff, und sie sieht einfach »fertiger« aus.

Aber Washi Tapes sind nicht nur zum Dekorieren da, du kannst damit so viele andere wunderbare Dinge anstellen! Du hast dich verschrieben? Klebe Washi drüber und beschrifte die Stelle neu. Du kannst es auch als als Rahmen für Deine Wochentage oder Monate nutzen:

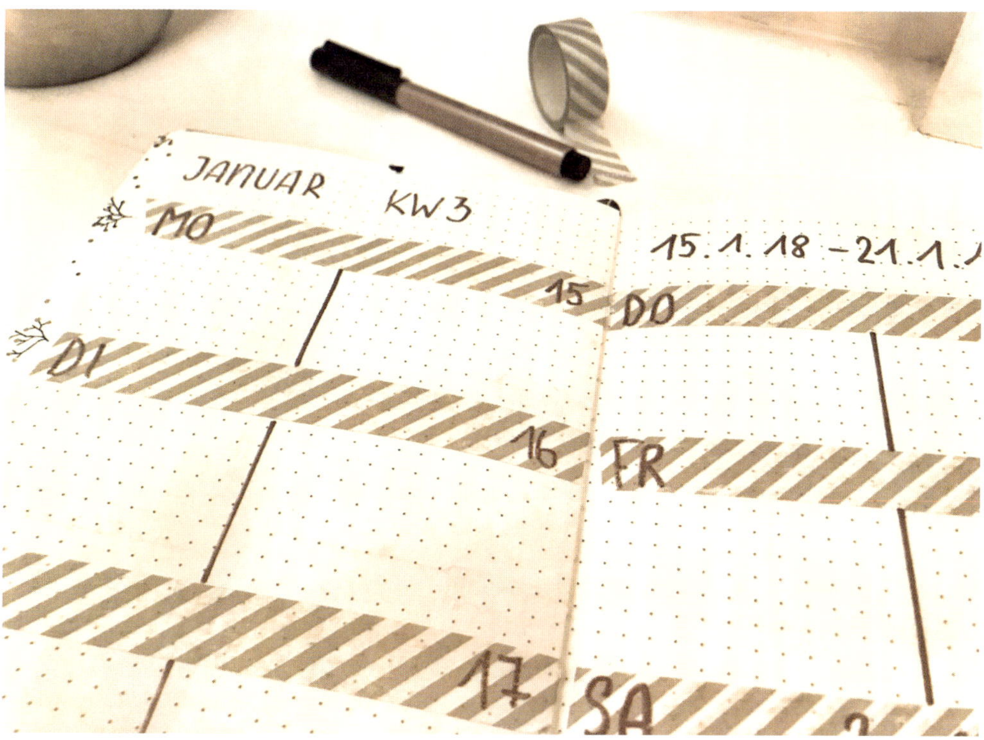

Möchtest du dich schneller in deinem Bullet Journal zurechtfinden? Dann kannst du alle Einträge, die einen Monat betreffen mit einem Washi Tape markieren. Du klebst einfach auf der betreffenden Seite das Washi Tape zur Hälfte an die Längsseite, schneidest oben und unten ab und klappst es um. Du kannst dir auch überlegen, Berufliches von Privatem zu trennen. Was auch immer du auf einen Blick sehen möchtest, kannst du entsprechend mit Washi Tape markieren und dann schnell wiederfinden, auch wenn das Buch zugeklappt ist.

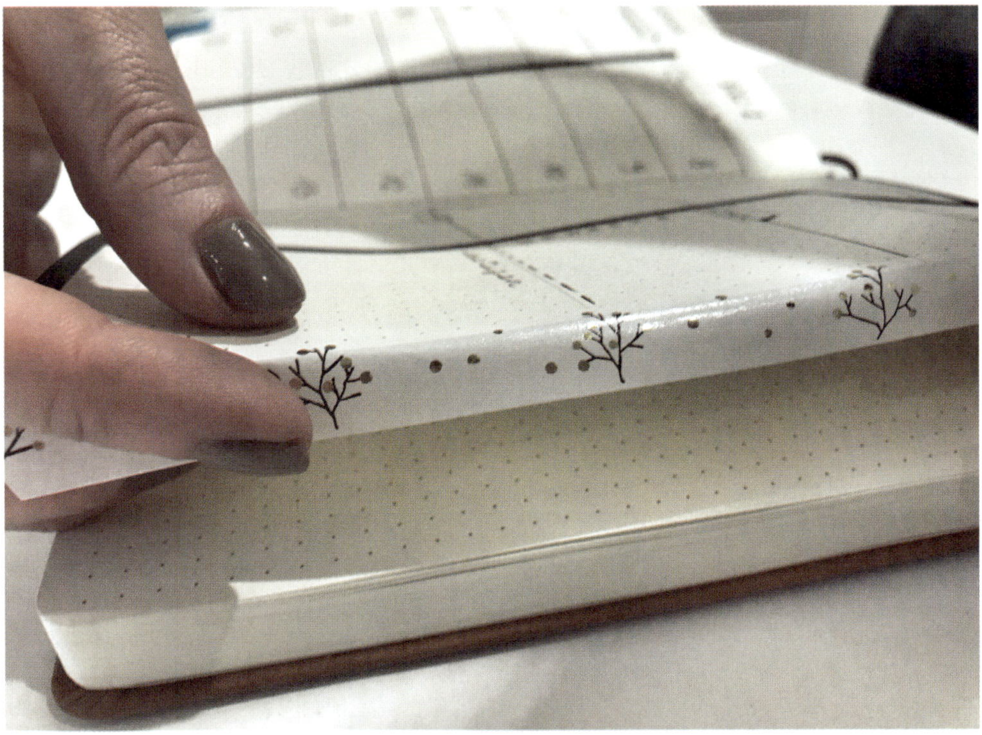

Auch einzelne Seiten, die dir wichtig sind und auf die du immer wieder zugreifen möchtest, kannst du auf diese Art markieren. In diesem Fall klebst du das Washi Tape um den Rand dieser einzelnen Seite. Wenn das Buch zugeklappt ist, wirst du sehen, dass du die Seite schnell wiederfindest, wenn du mit dem Finger über die Seiten deines Bullet Journals fährst. So markiere ich zum Beispiel Habit Tracker, auf die ich jeden Tag zugreife, oder ein großes Projekt, an dem ich zurzeit arbeite.

Du kannst Washi Tapes natürlich auch als kleine Lesezeichen benutzen. Zum Beispiel wenn du immer nur deine Monatsübersichten markieren möchtest. Dafür brauchst du nur ein kleines Stück abschneiden und sie oben auf die Seite kleben. Wenn du möchtest, kannst du sie natürlich auch beschriften.

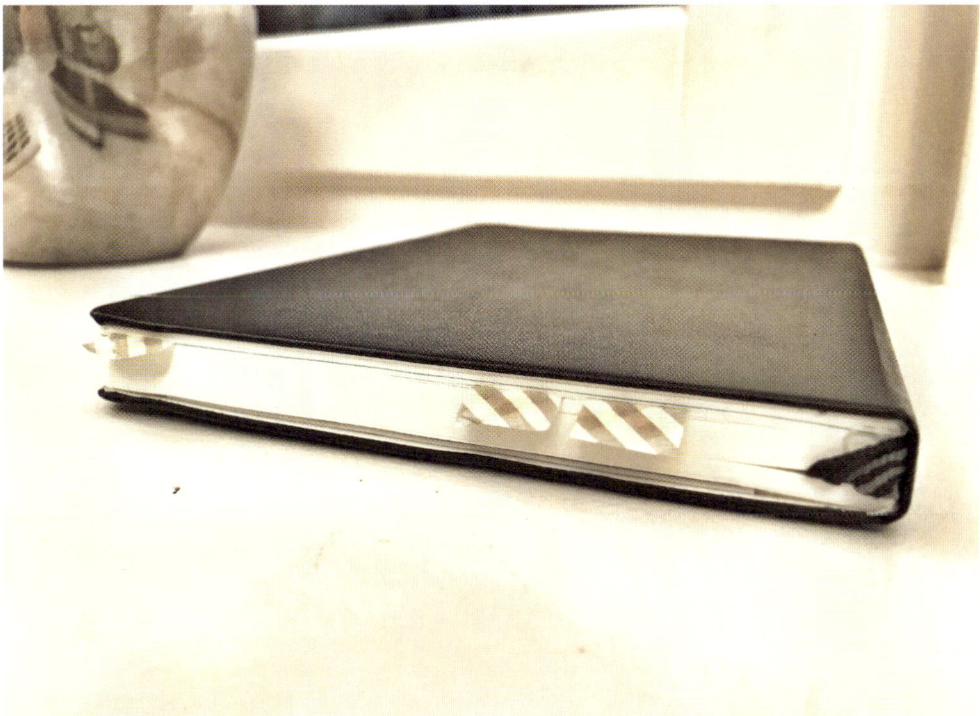

Tipp

Da man gutes Washi Tape ja immer wieder ablösen kann, kannst du deiner Kreativität hier erst einmal freien Lauf lassen. Probiere alles aus, was dir in den Sinn kommt. Gefällt es dir doch nicht oder es passt einfach nicht in die Art, wie du mit deinem Bullet Journal arbeitest – weg damit!

Brauchst du eine zusätzliche Aufbewahrung? Zum Beispiel für Sticker oder Rechnungen? Klebe mit Washi Tape einen Umschlag in dein Bullet Journal und schon hast du eine zusätzliche kleine Ablage.

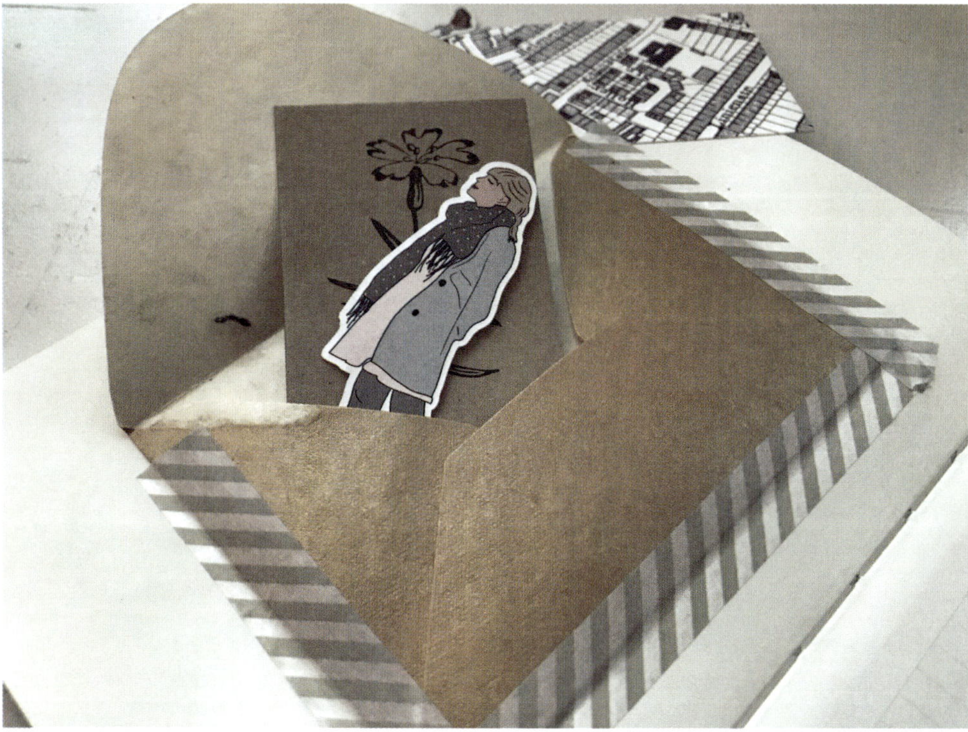

Du kannst auch zusätzliche Seiten mit dem Washi Tape einkleben. Wenn du zum Beispiel mit deinem Bullet Journal beginnst und noch nicht sicher mit den Key Codes bist, dann klebe diese Seite ganz vorne in dein Bullet Journal und zwar so, dass du es ausklappen und an jeder Stelle in deinem Buch wieder einklappen kannst.

Auf der nächsten Seite siehst du ein Beispiel: Dort habe ich im ersten Bild mit Washi meine Key Codes ausklappbar auf die erste Seite geklebt. Ich kann nun zu der Seite blättern, an der ich gerade arbeite, und meinen Zettel mit Key Codes wieder zurückklappen, damit ich ihn lesen kann. Auf diese Art muss ich nicht ständig hin- und herblättern. So kannst du auch mit anderen Informationen verfahren, die du öfters zur Hand haben möchtest.

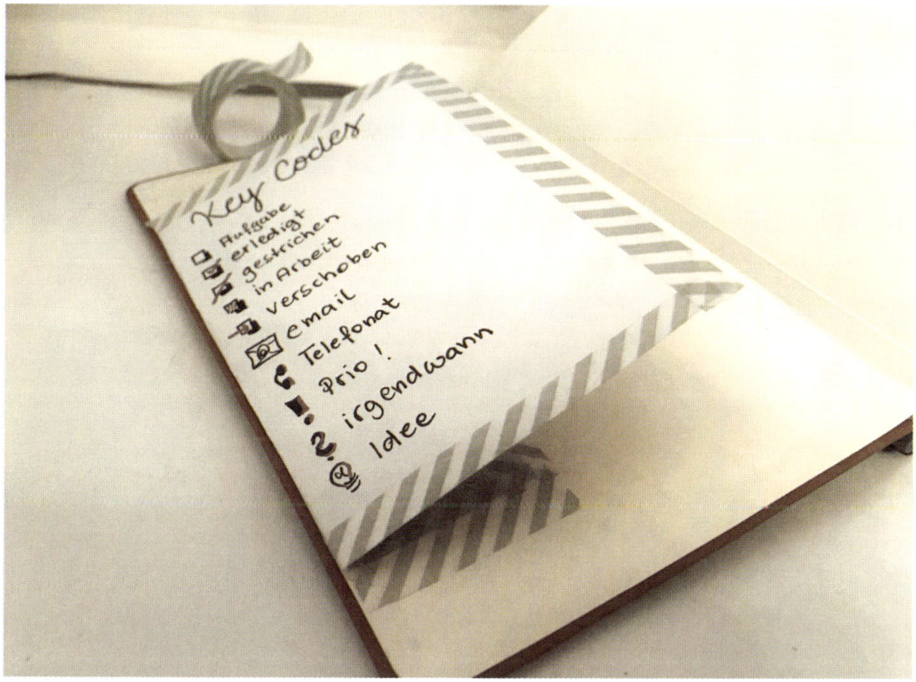
Key Codes
Aufgabe
erledigt
gestrichen
in Arbeit
verschoben
email
Telefonat
Prio !
irgendwann
Idee

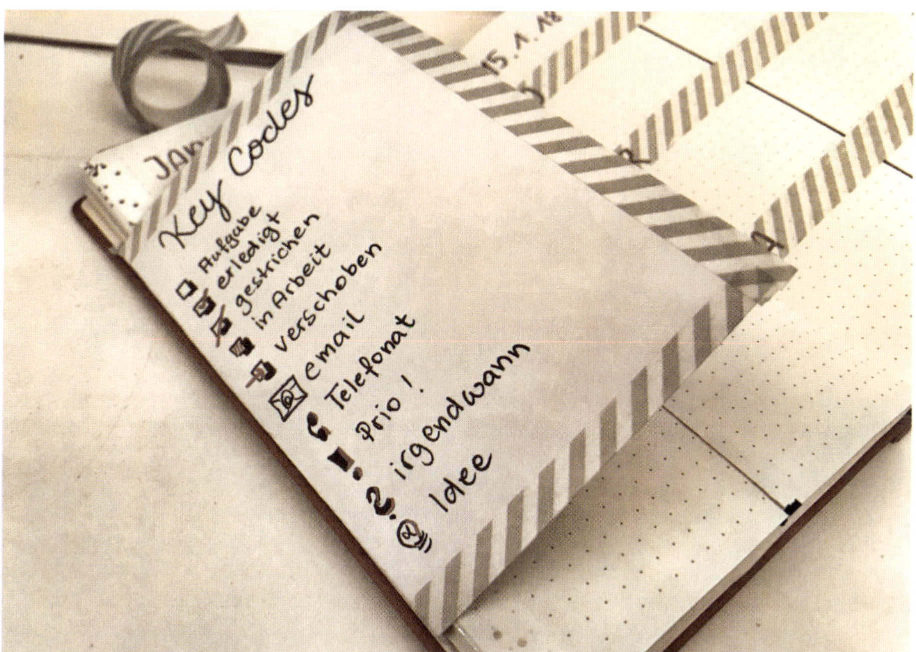
Key Codes
Aufgabe
erledigt
gestrichen
in Arbeit
verschoben
email
Telefonat
Prio !
irgendwann
Idee

Du hast eine Einkaufsliste erstellt, möchtest aber nicht dein ganzes Bullet Journal mitnehmen? Schreibe die Einkaufsliste auf eine extra Seite und klebe sie später wieder ein. Vielleicht besorgst du dir einen hübschen kleinen Notizblock für unterwegs. Dann kannst du schnelle Notizen später mit dekorativem Washi Tape in dein Bullet Journal kleben.

Der große Vorteil bei Washi Tapes von guter Qualität ist, dass sie wieder ablösbar sind. Möchtest du deine Lieblings-Washis mitnehmen, aber nicht gleich die ganzen Rollen? Dann wickle sie um Spielkarten, vielleicht hast du ja welche übrig. Die Washi Tapes lassen sich dort problemlos wieder ablösen und weiterverwenden.

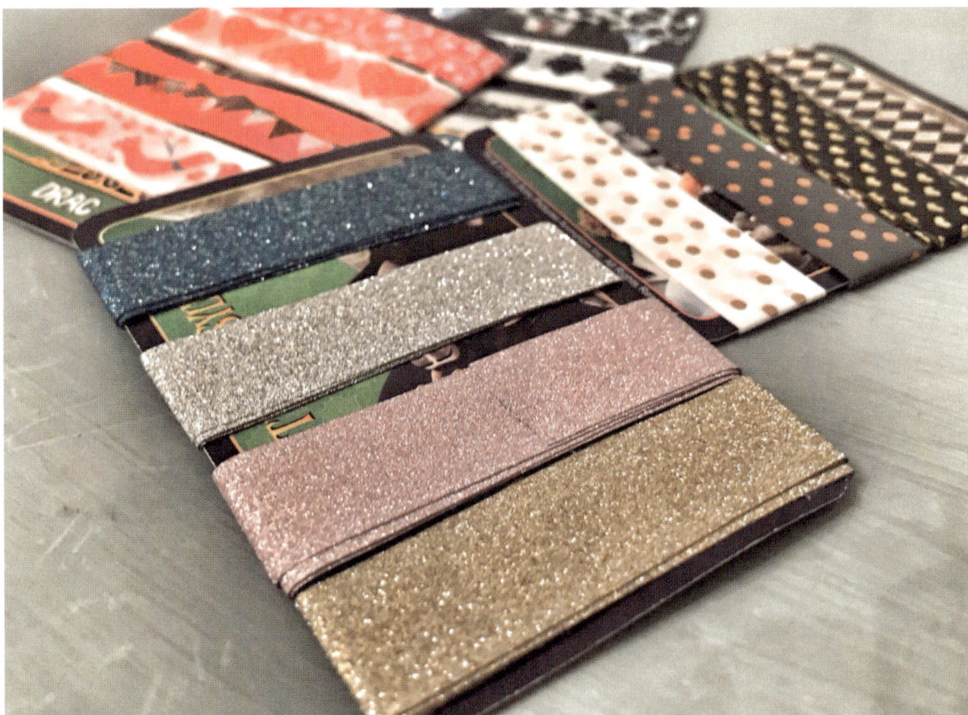

Washi Tapes findest du in Spielzeugläden, Bastelläden und im Internet. Die Preisunterschiede sind häufig sehr groß. Ich empfehle dir aber, nicht auf die günstigsten zurückzugreifen. Ich habe die Erfahrung gemacht, dass es in diesem Bereich viele Me-Too-Produkte gibt, die schön aussehen, von der Qualität her aber nicht überzeugen. Ein hochwertiges Washi Tape besteht aus Reispapier. Deswegen kann man sie nicht nur schneiden, sondern auch wunderbar reißen. Sie sind wieder ablösbar und man kann sie gut an anderer Stelle wieder ankleben. Und natürlich kannst du auf ihnen schreiben. Billige Washi Tapes können deine Seiten im Bullet Journal ruinieren, wenn du versuchst, sie wieder abzulösen.

10.2 Stempel und Schablonen

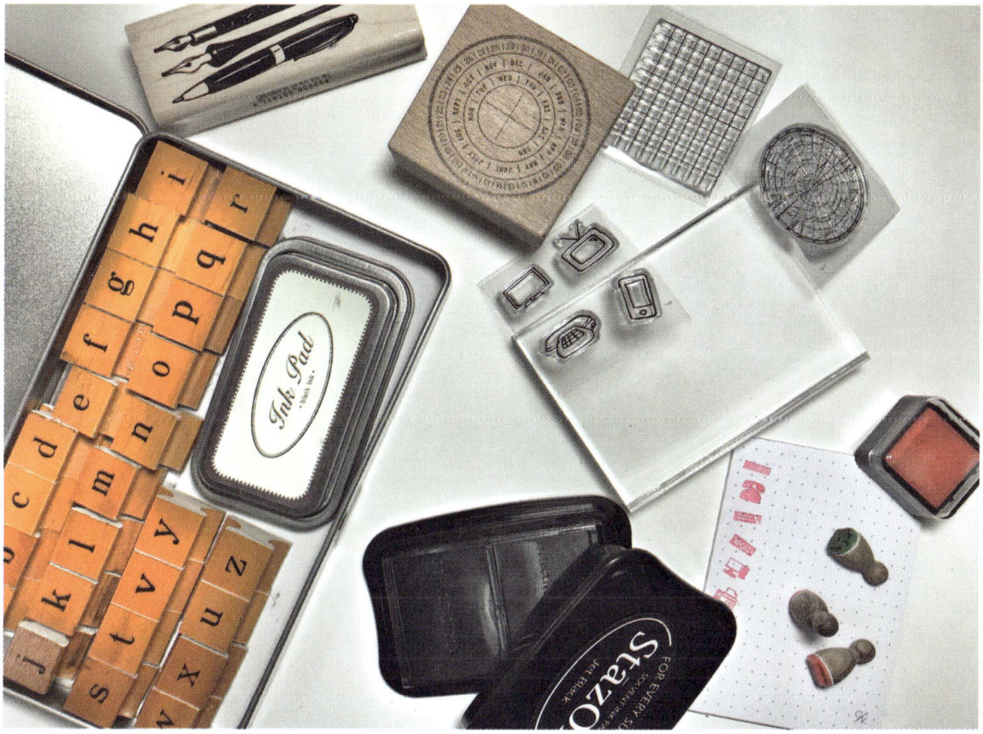

Stempel sind nicht nur ein wunderbares Dekorationselement, du kannst mit Stempeln natürlich auch dein Layout gestalten.

Stempel findest du klassisch aus Holz (montiert), oder du kaufst dir die sogenannten Clear Stamps (unmontiert). Der Vorteil von Clear Stamps ist, dass man für alle Stempel die gleiche Halterung benutzt. Die Motive liegen auf Schutzfolien und können dort abgezogen werden. Dann legt man sie auf einen sogenannten Acrylblock, der als Halterung dient. Der Stempel hält auf dem Block und ist wieder ablösbar. Der größte Vorteil ist dabei, dass sowohl Stempelmotiv als auch Acrylblock durchsichtig sind und man genau sehen kann, wohin man stempelt.

Es gibt im Handel ein großes Angebot von Stempeln für Tage, Monate, Zahlen und Buchstaben. Wenn du kein Freund von Schönschreiben bist, kannst du mit diesen Stempeln ein einheitliches Bild für deine Übersichten schaffen.

Stempelkissen gibt es in vielen verschiedenen Farben, und so kannst du in deinem Bullet Journal wunderbare Effekte erzielen.

Das Gleiche gilt natürlich für Schablonen. Sie erlauben gleichmäßige Schriften für deine Themen oder Überschriften. Du kannst mit Schablonen ein schönes Layout zaubern und auf Wunsch deinem Bullet Journal eine gleichmäßige Richtung bzw. einen einheitlichen Style geben.

10.3 Sticker

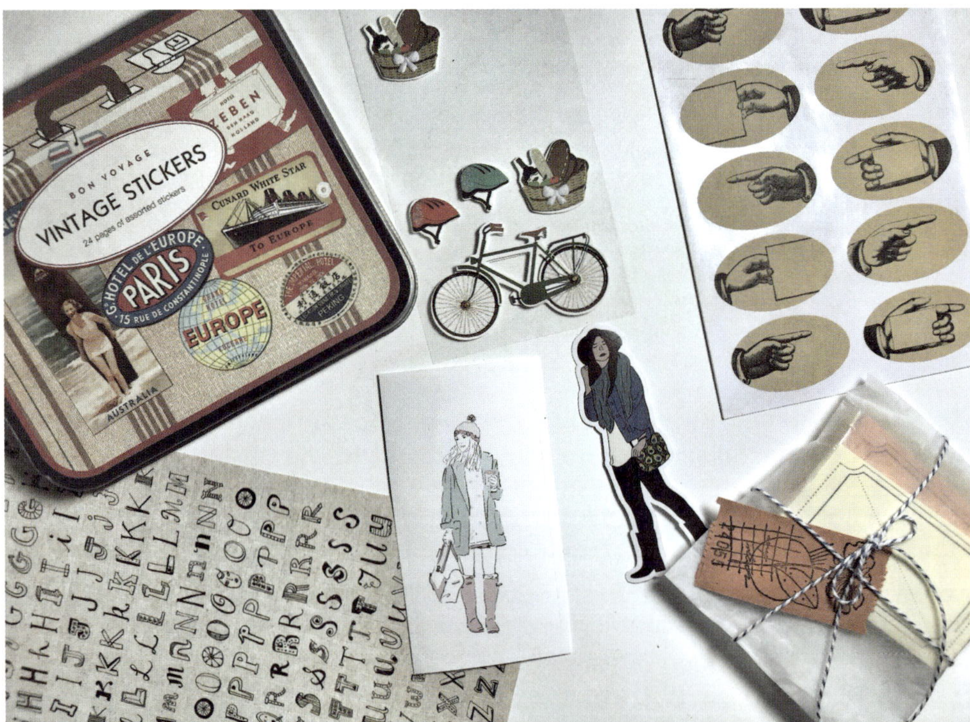

Wenn du nicht so gern zeichnest, aber deinem Bullet Journal einen kreativen Touch geben möchtest, kannst du durch das Einsetzen von Stickern schöne Effekte erzielen. Es gibt unzählige Sticker für Themen wie Weihnachten, Office Work, Sport u. v.m. Viele Händler bieten auch (wie bei den Stempeln) Buchstaben, Zahlen, Tage und Monate als Sticker an, damit du dein Kalendarium aufbauen und Sticker für dein Layout einsetzen kannst.

10.4 Weitere Dekoelemente

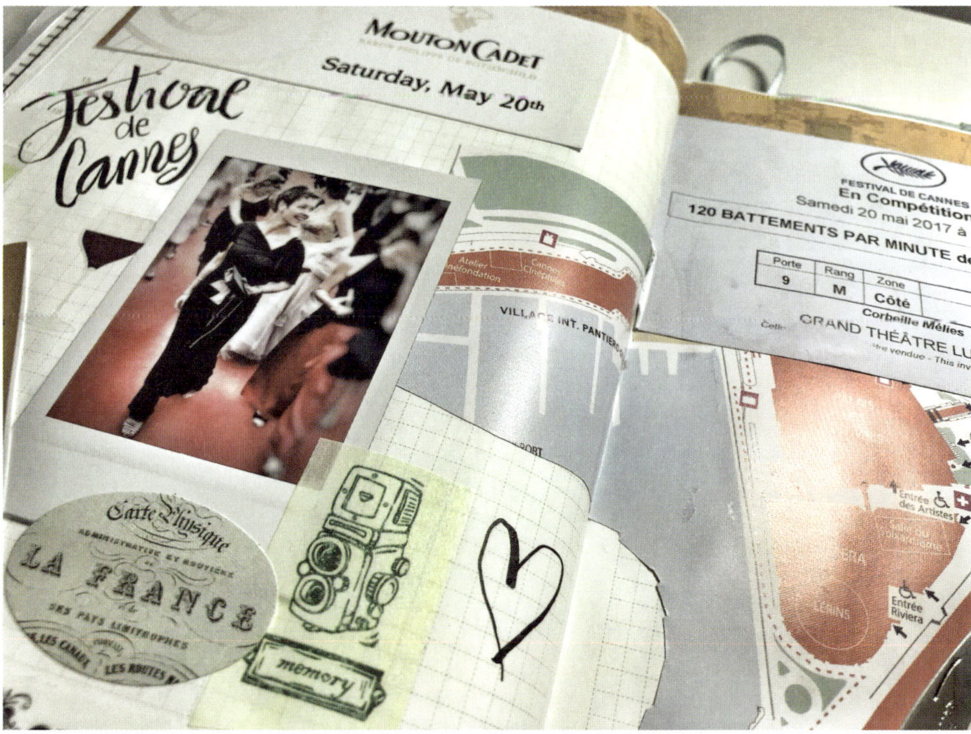

Willst du ein besonders kreatives Bullet Journal führen, kannst du jegliche Form von Dekoelementen benutzen. So dient dein Bullet Journal zugleich der Aufbewahrung von schönen Erinnerungen, wie bei einem Tagebuch.

Du kannst Kinokarten einkleben, besondere Erinnerungsstücke, Postkarten, eine getrocknete Blume oder Fotos. Der Trend geht auch wieder zum Fotografieren mit Sofortbildkameras, ein Schnappschuss in deinem Bullet Journal für einen besonderen Tag gibt deinem Eintrag einen persönlichen Touch. Eine wunderbare Möglichkeit ist das Erstellen eines sogenannten Travel Journals. Mehr dazu findest du in Kapitel 8 »Travel Journal«.

11 Social Media und Bullet Journal Features

Bullet Journaling ist zurzeit DAS Trendthema – nicht nur in der Kreativszene. Der große Vorteil in unserem digitalen Zeitalter ist, dass wir nicht mehr im stillen Kämmerlein vor uns hinschreiben oder zeichnen, sondern wir die Möglichkeit haben, uns – egal von wo aus – inspirieren zu lassen, unsere Werke zu teilen und uns auszutauschen. Social-Media-Kanäle führen Menschen mit gleichen Interessen zusammen, unabhängig von Ort oder Status. Besuche z.B. meinen Blog, dort gibt es immer wieder Neues zu den Themen Sketchnotes, Stifte, Notizbücher und Bullet Journal: *www.sketchnotes-by-diana.com*

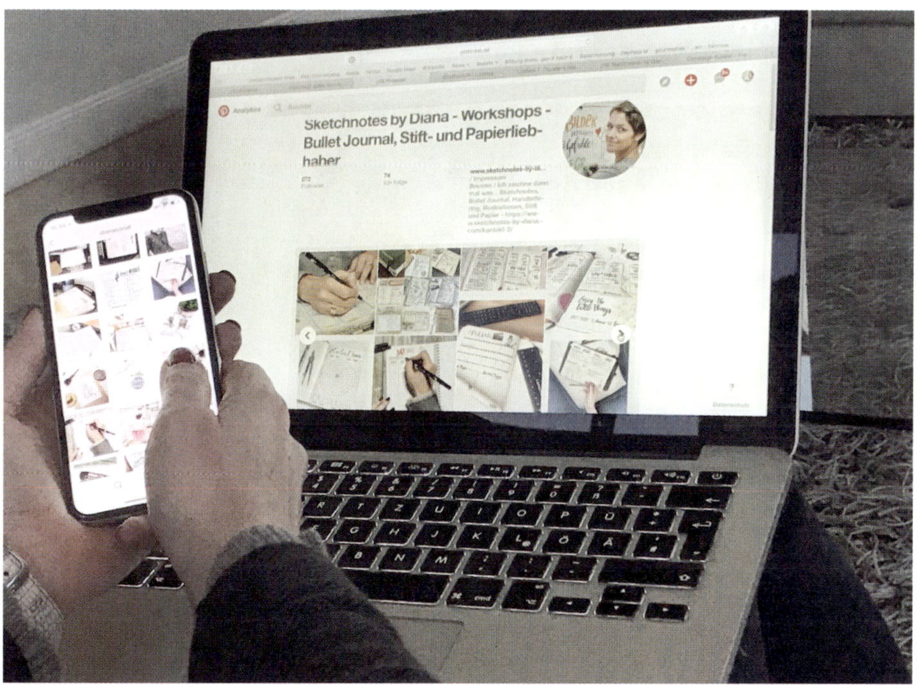

Instagram ist eine tolle Social-Media-Plattform für Fotografie, Kreatives und schöne Bilder. Es gibt zahlreiche Hashtags, die sich mittlerweile etabliert haben. Wenn du als Instagram-Nutzer die folgenden Hashtags eingibst, wirst du viele Bilder zum Thema Bullet Journal finden. Folgende Hashtags kann ich dir ans Herz legen:

#bulletjournal #bujo #bujolove #bujoinspire #bulletjournaljunkies #bulletjournalinspiration #bulletjournaldeutschland #germanbujojunkies #bulletjournallayout #minimalistbujo #showmeyourbulletjournal #showmeyourplanner #habittracker

Gerne kannst du mich auf meinem Instagram-Account besuchen: *https://www.instagram.com/dianasoriat/*

Auch **Pinterest** ist eine tolle Social-Media-Plattform für Inspirationen. Der Vorteil ist hier, dass du mehrere Hashtags eingeben kannst. Außerdem führen viele der Bilder direkt zu Webseiten oder **Blogposts**, wo du tiefer in das Thema Bullet Journal einsteigen kannst.

Auf meinem Account habe ich eine eigene Pinnwand zum Thema Bullet Journal erstellt:
https://www.pinterest.de/dianasoriat/

Und auch auf YouTube wirst du viele Inspirationen und Tutorials finden. Mein YouTube-Kanal heißt:
youtube.com/c/DianaMeierSoriat

Auf Facebook gibt es außerdem viele Facebook-Gruppen, wo sich Gleichgesinnte austauschen. Die interessantesten sind:

- Bullet Journal von Beginner bis Vollprofi
- Bullet Journal & Planner Ideen
- Bullet Journal Germany
- Minimalist Bullet Journal
- Bullet Journal Junkies
- We love Bulletjournaling

Meinen Facebook Account findest du unter
https://www.facebook.com/sketchnotesbydiana/

In diesem Kapitel möchte ich dir ein paar bekannte deutsche Bullet Journaler und ihre schönsten Bullet-Journal-Ideen vorstellen.

Sophie Jehle

Instagram: @phiespoetry

Du solltest unbedingt mal auf dem Instagram-Account von Sophie vorbeischauen. Bezeichnend für ihren Feed ist ihr Faible für Roségold und Nude-Farben. Sophie hat außerdem die Bullet-Journal-Seiten im Abschnitt 6.12 »Studium planen mit dem Bullet Journal« gestaltet.

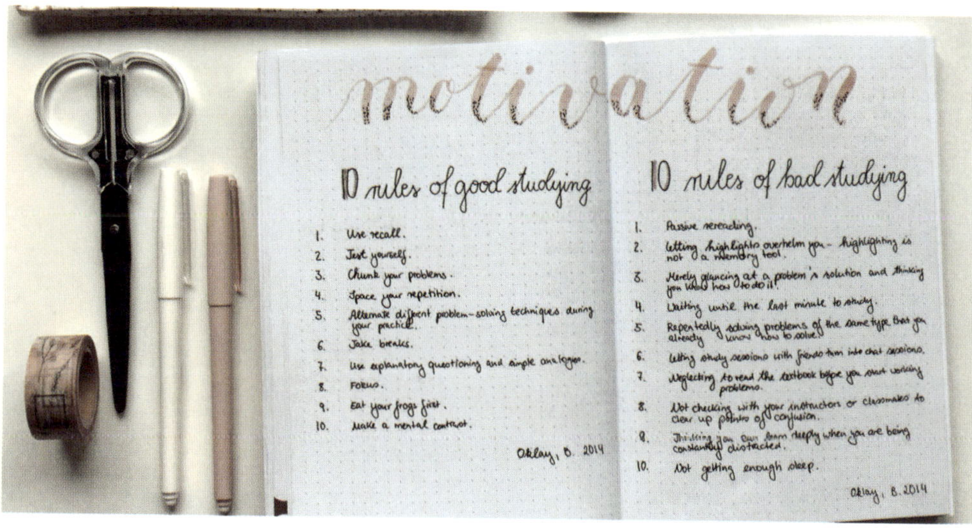

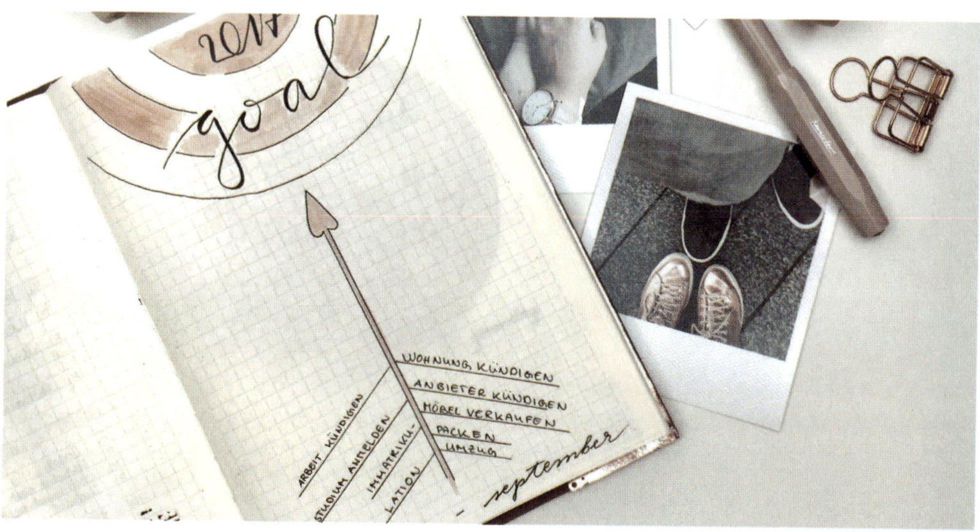

Anne Broszies

Instagram: @bujotrulla

Anne legt Wert auf wunderschön gestaltete Monatsübersichten. Mir gefällt besonders ihre Art, mit Farben zu arbeiten. Ihre Seiten stimmt sie mit wunderschönen Zeichnungen und Sticker & Co aufeinander ab.

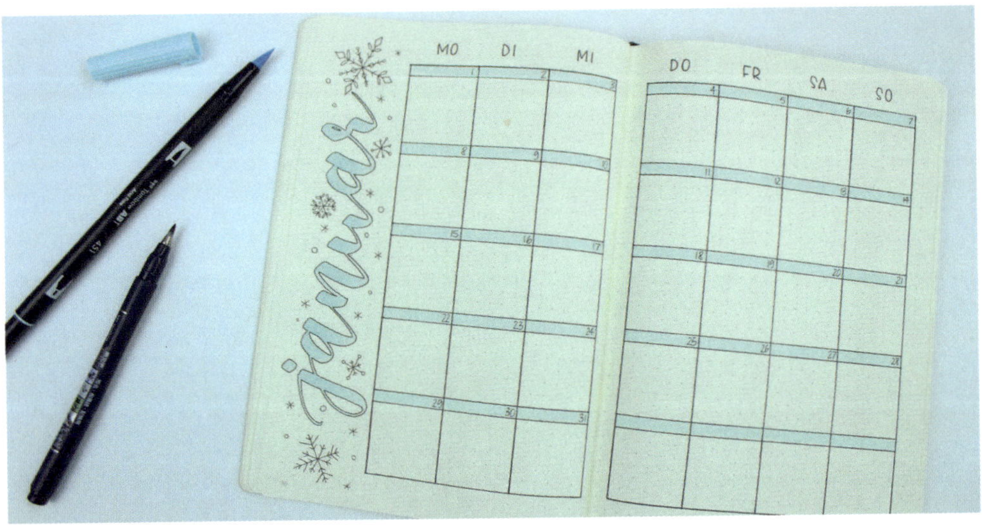

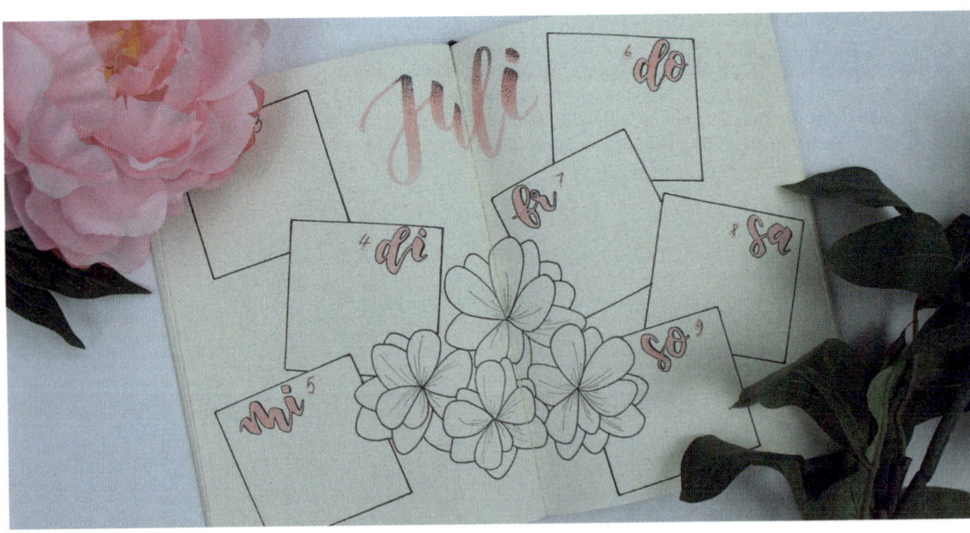

Sabine Wieners

Instagram: @eineckig

Website: *www.eineckig.com*

Sabines Instagram-Feed ist sehr clean und ruhig. Besonders schön sind ihre Aquarellarbeiten! Sie veröffentlicht auch regelmäßig Tutorials, schaue unbedingt auf ihrem Blog vorbei.

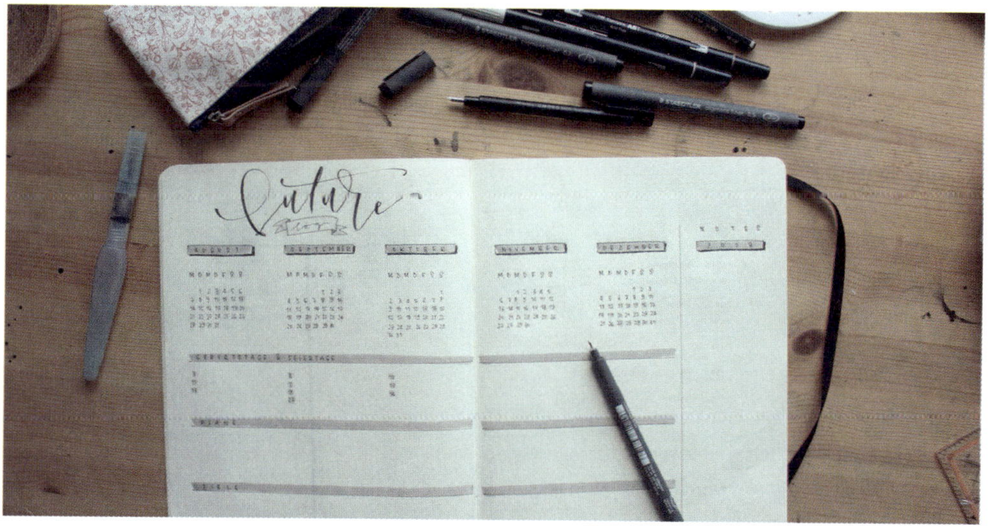

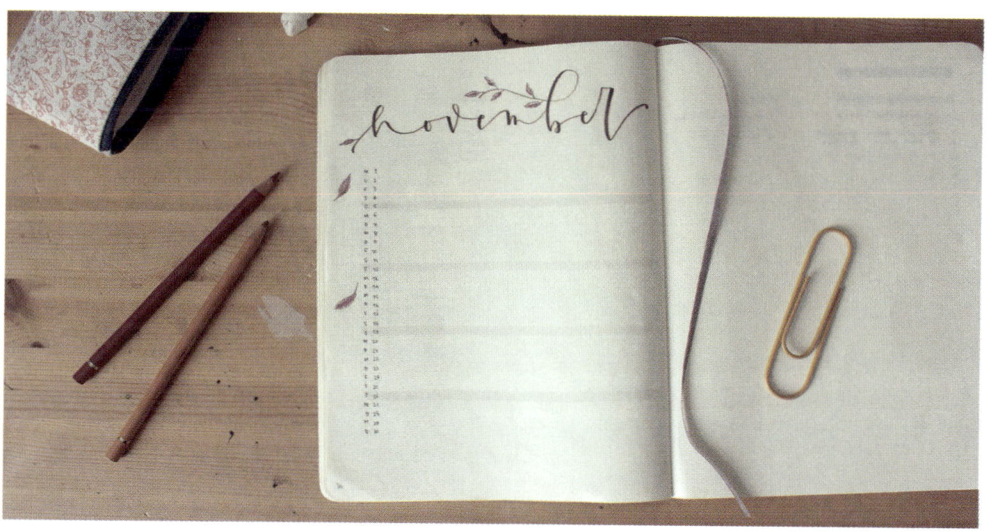

Julia Geörger

Instagram: @bulletbyjulia

Julia ist der Star, wenn es um das Führen eines minimalistischen Bullet Journals geht. Sie arbeitet viel mit Schablonen und Stempeln und benutzt wenig Farbe.

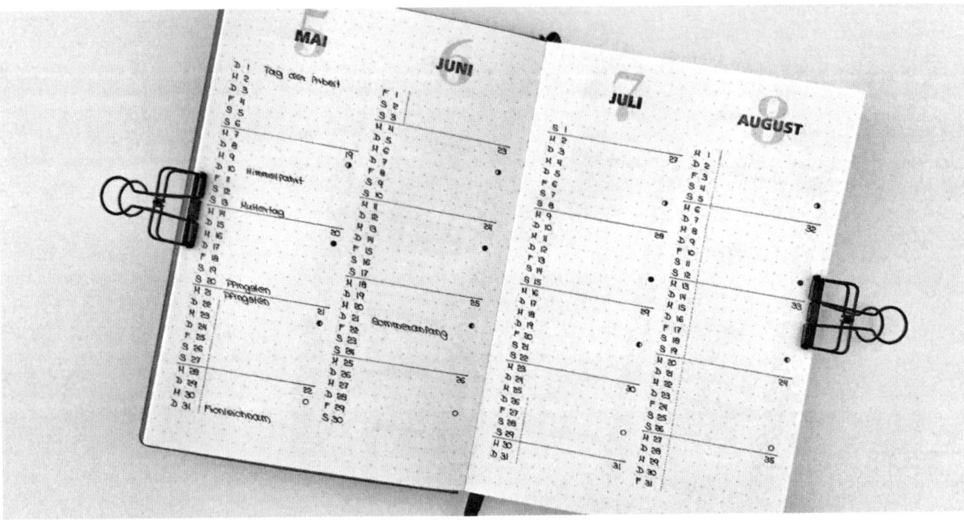

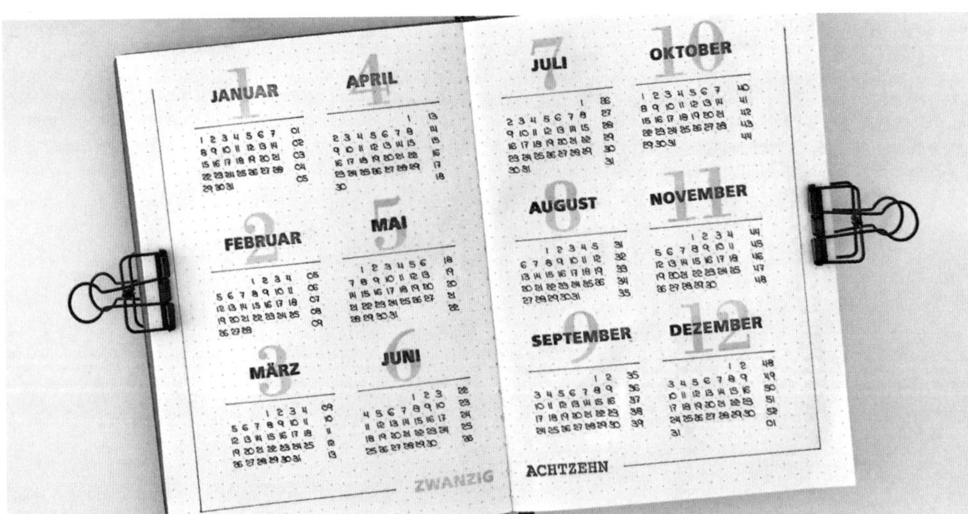

Helen Colebrook

Instagram: @journalwithpurpose

Helen war die erste, die mich zum Führen eines Bullet Journals inspiriert hat. Ich liebe ihre saubere Handschrift und ihre liebevollen Zeichnungen. Du solltest dir unbedingt ihren YouTube-Kanal ansehen, dort findest du wunderbare Inspiration.

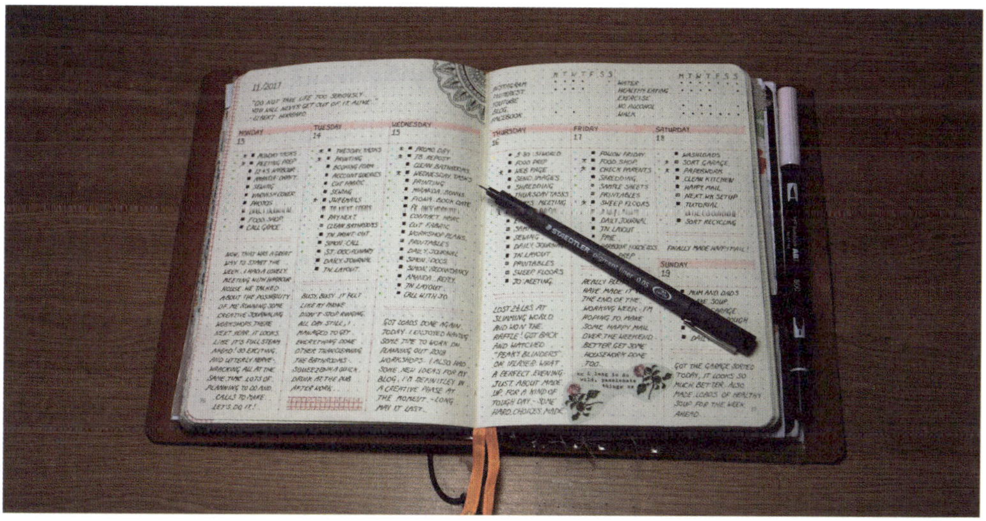

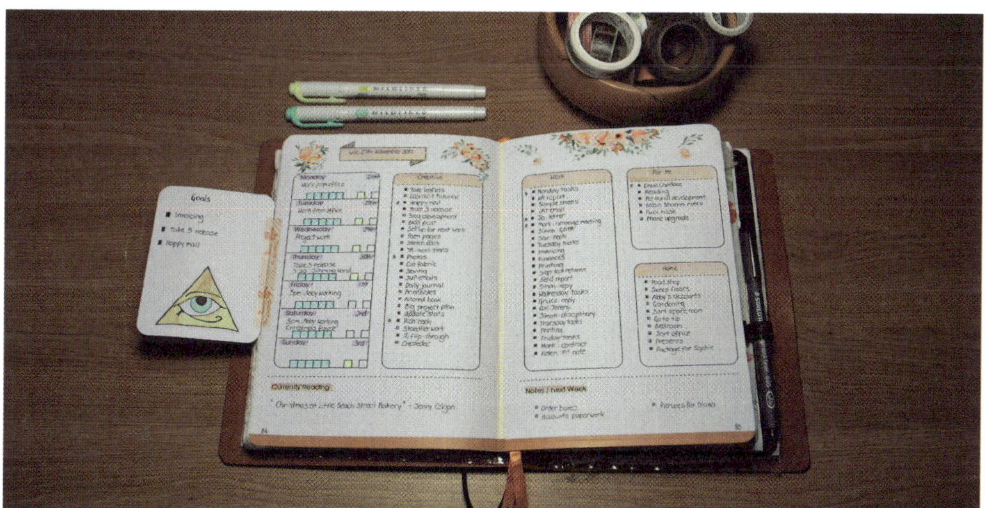

Anne Kuen

Instagram: @Bujobella und @redrose.arts

Webseite: *www.annekuen.de*

Anne Kuens Account @Bujobella ist eigentlich ihr Zweitaccount auf Instagram. Kennengelernt habe ich zunächst ihren Account @redrose.arts. Du solltest dir unbedingt beide Accounts ansehen. Neben dem Führen eines Bullet Journals zeigt sie auch wunderbar kreative Ideen rund um ihre Planer voll von Handletterings, verschiedenen Materialien wie Sticker, Stempel und Washi Tapes.

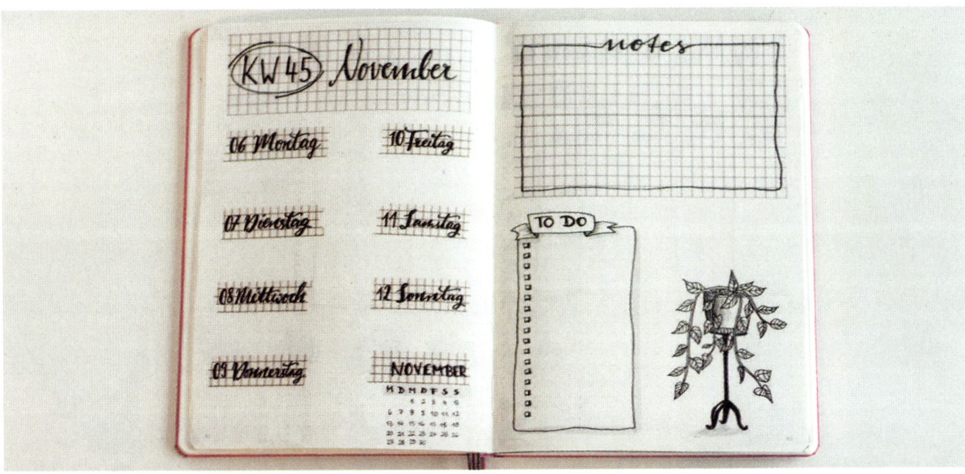

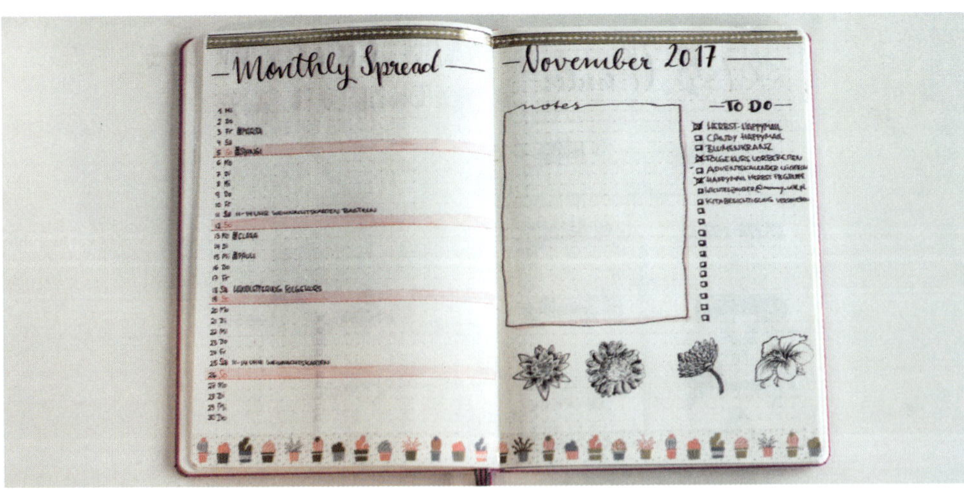

Maren Janka

Instagram: @pureplanning_byMJ

Marens Instagram-Feed ist eine wahre Augenweide. Ihre Bilder sind wunderbar aufgeräumt und in zarten Pastelltönen gehalten. Außerdem findest du bei ihr richtig tolle Notizhefte mit hochwertigem Papier. Mehr dazu findest du auch im Kapitel 2 »Materialkunde«.

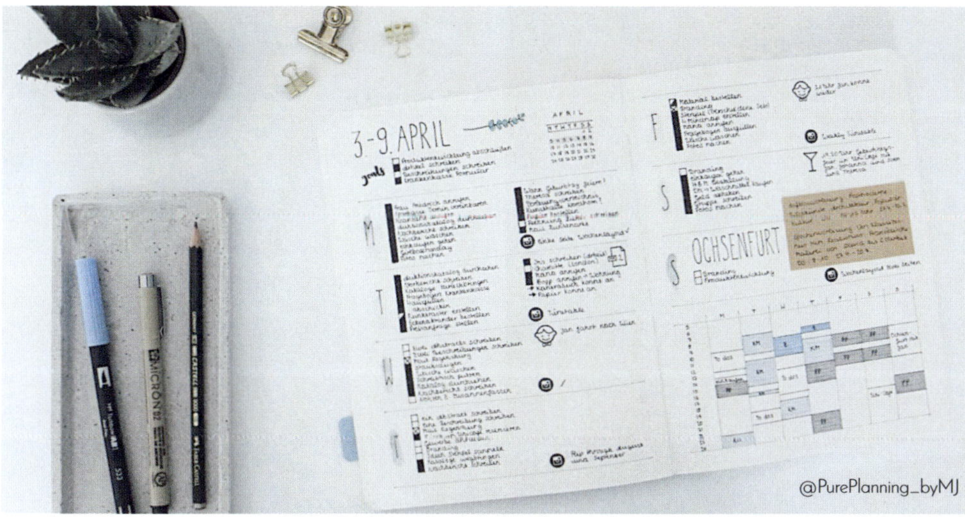

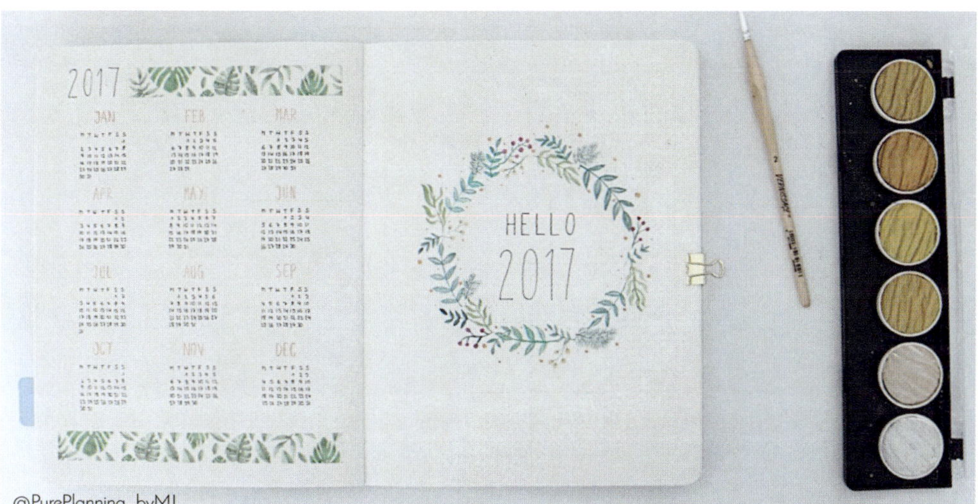

Ilona Regnery

Instagram: @ilonery69

Webseite: *http://www.ilonery.de*

Ilonas Account ist bunt und auffällig. Neben toll gestalteten Bullet-Journal-Seiten findest du wunderbare Aquarellbilder – eine tolle Inspiration.

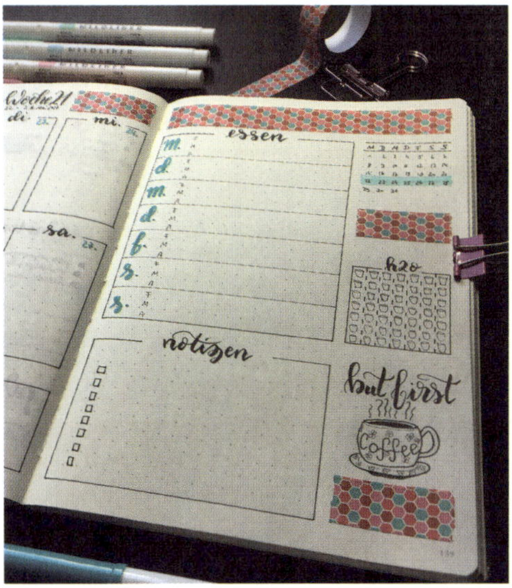

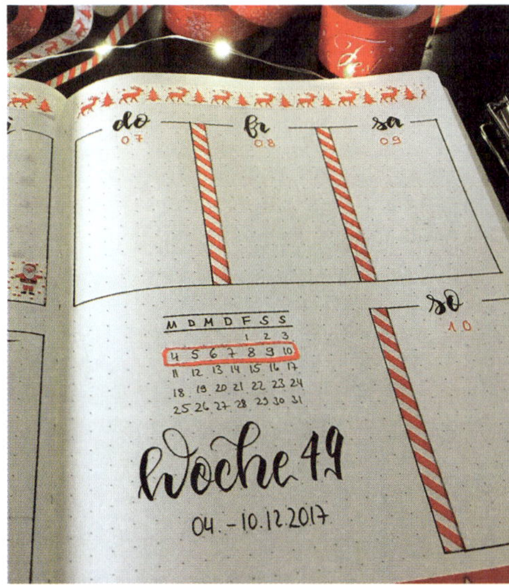

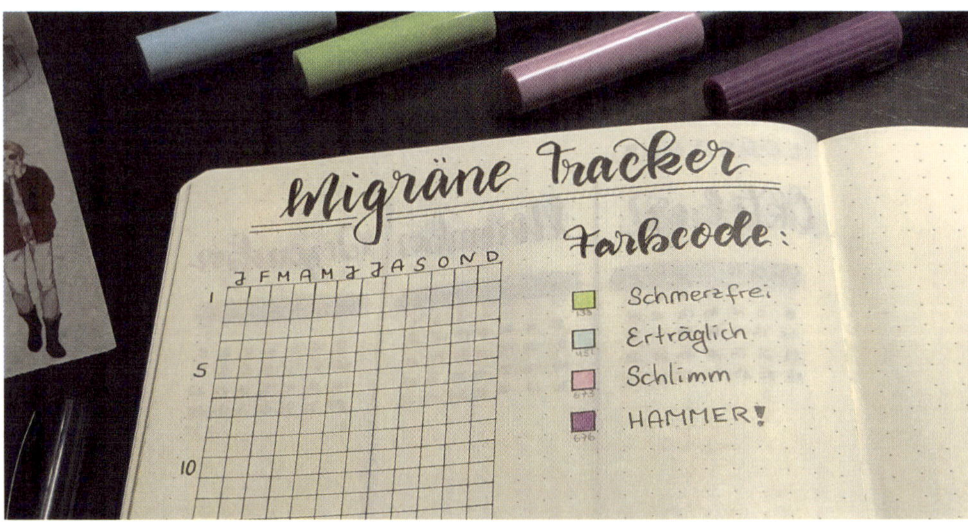

Carina Schwarz

Instagram: @bujostudy

Carina verbindet auf wunderbare Weise das Bullet Journaling mit ihrem Studium. Du findest auf ihrem Account viele Bilder und Inspirationen rund ums Lernen, Planen und die Uni. Eine tolle Inspiration nicht nur für Studenten.

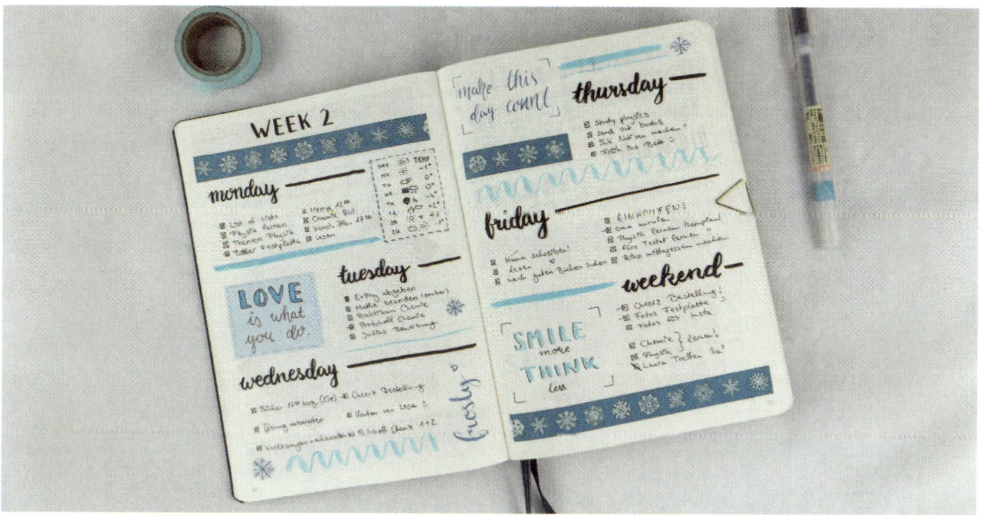

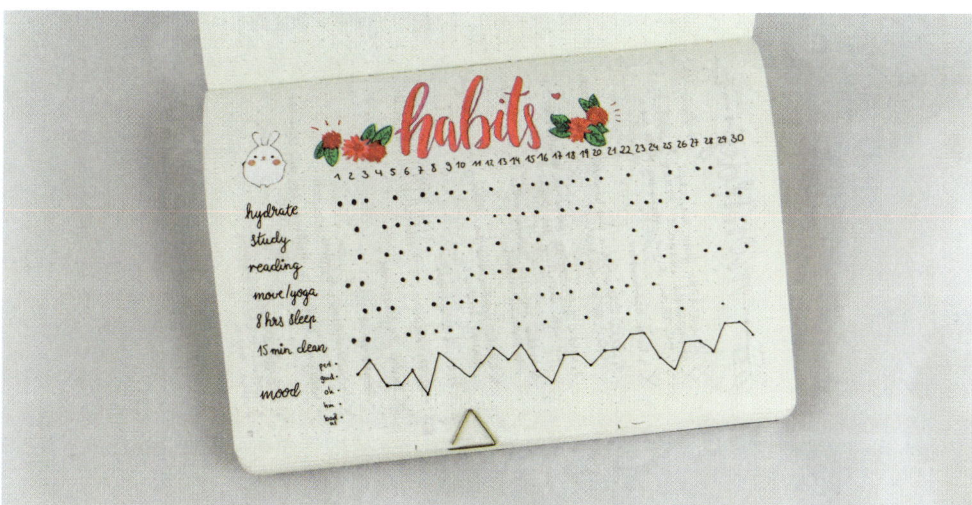

Anja Tönjes

Instagram: @lollepampolle

Webseite: *www.lollepampolle.wordpress.com*

Anjas Bullet Journal habe ich persönlich gesehen und ich muss gestehen, ich war hin und weg. Auf ihrem Instagram-Account findet ihr nicht nur BuJo-Bilder, sondern allerlei Buntes über sie und ihr Leben.

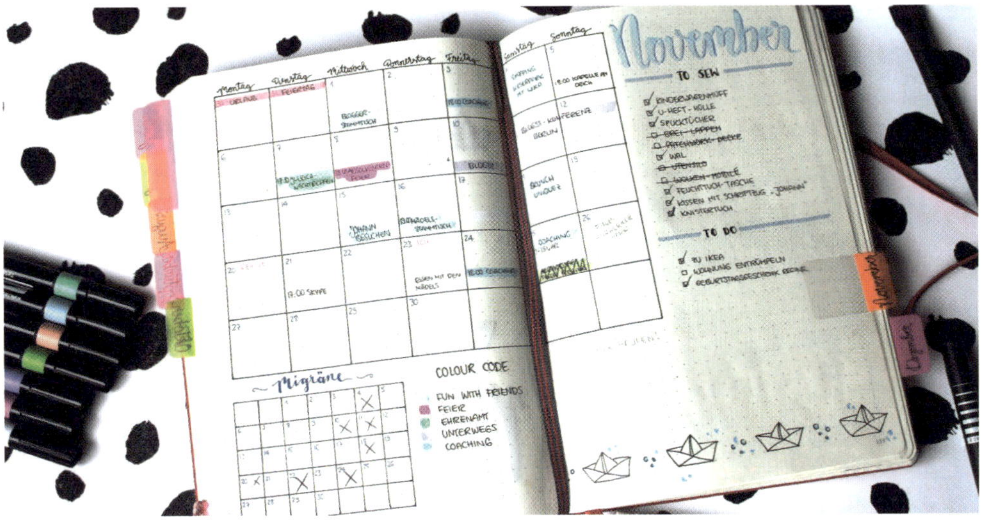

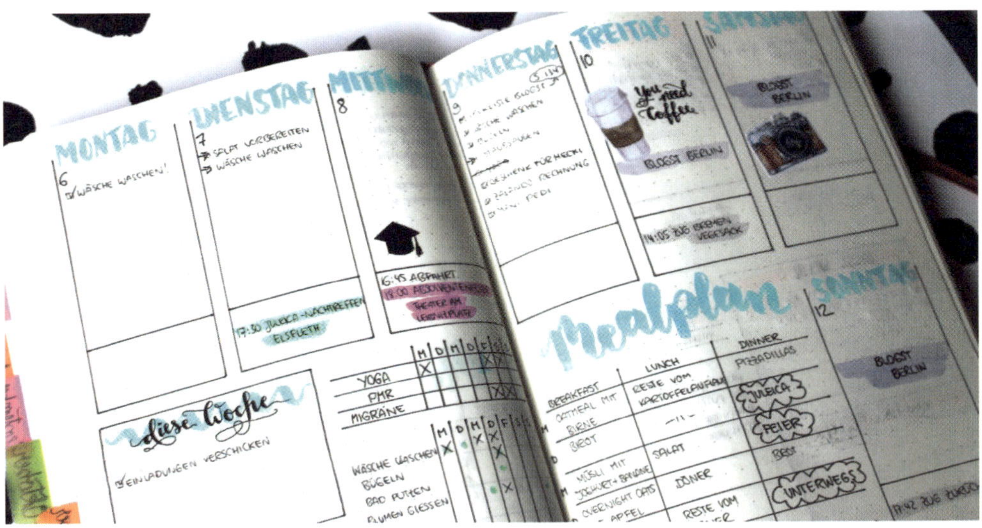

Christine Leineweber

Instagram: @chrisplan

Christine ist ein wahres »Plannergirl«. Sie ist eine tolle Inspiration für all jene, die gerne kleben, scrappen und ihre Seiten mit Stickern und Stempeln aufhübschen wollen.

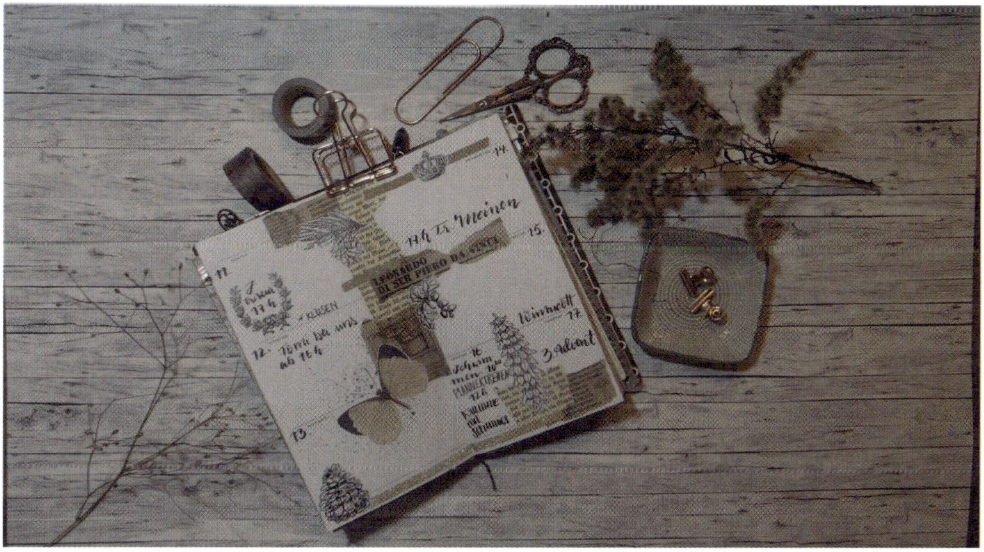

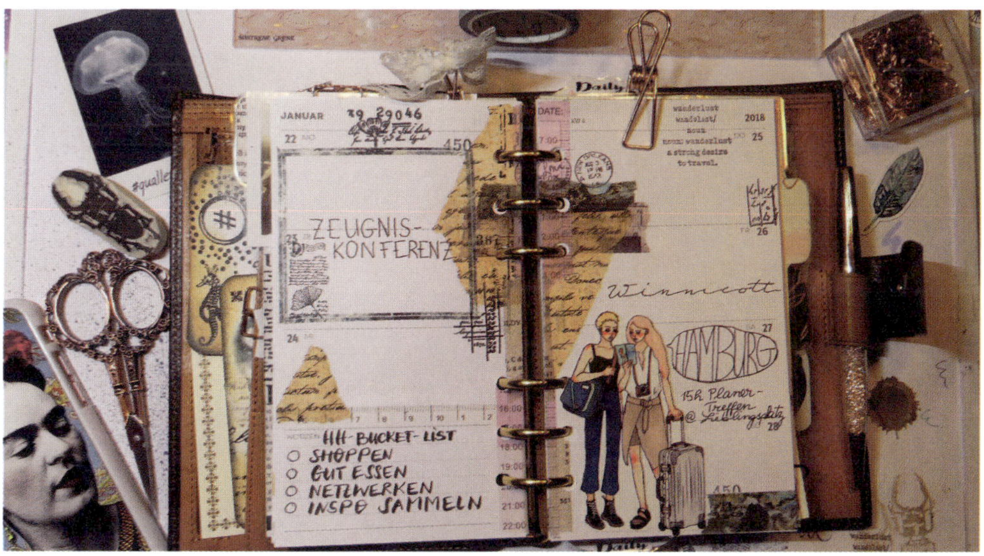

Michelle Bertram

Instagram: @michiliciousblog

Webseite: *www.michilicious.com*

Michelles Seiten sind wirklich inspirierend, sie ist ein wahres Organisationstalent. Du solltest auch unbedingt auf ihrem Blog vorbeischauen, wo sie regelmäßig Beiträge zum Thema Bullet Journal veröffentlicht.

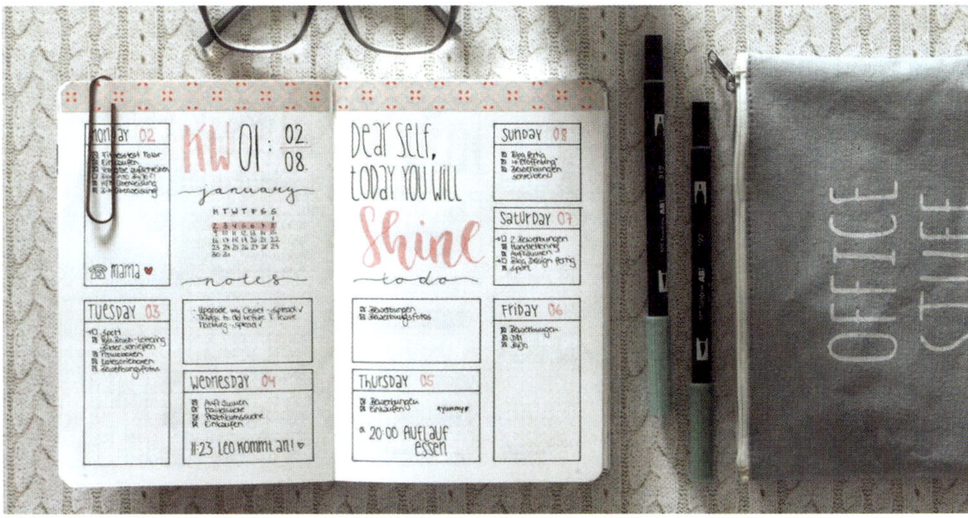

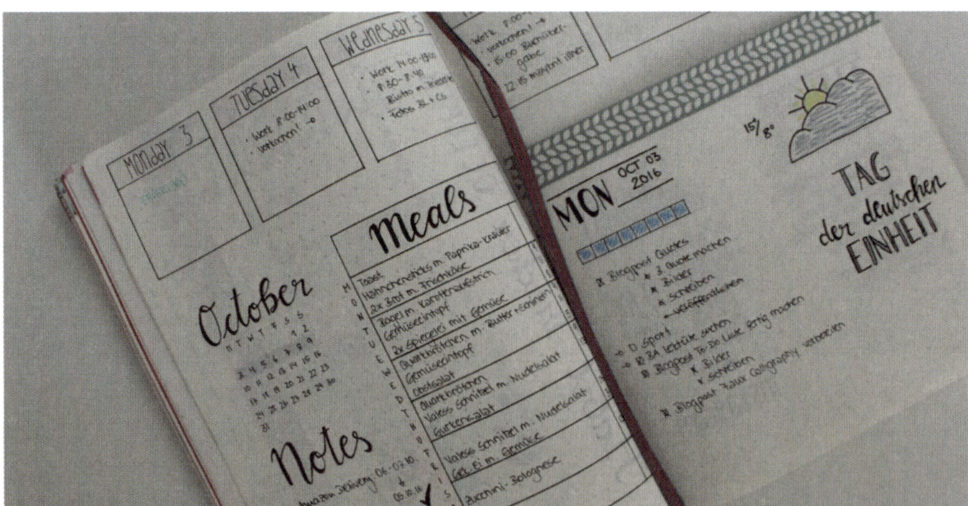

Nathalie Güllü

Instagram: @happyliee

Webseite: *Happyliee.com*

Nathalies Instagram-Feed ist ein bunter Mix aus Bullet Journal und Handlettering. Sie hat einen wunderbaren eigenen Stil und ist eine große Inspiration für alle.

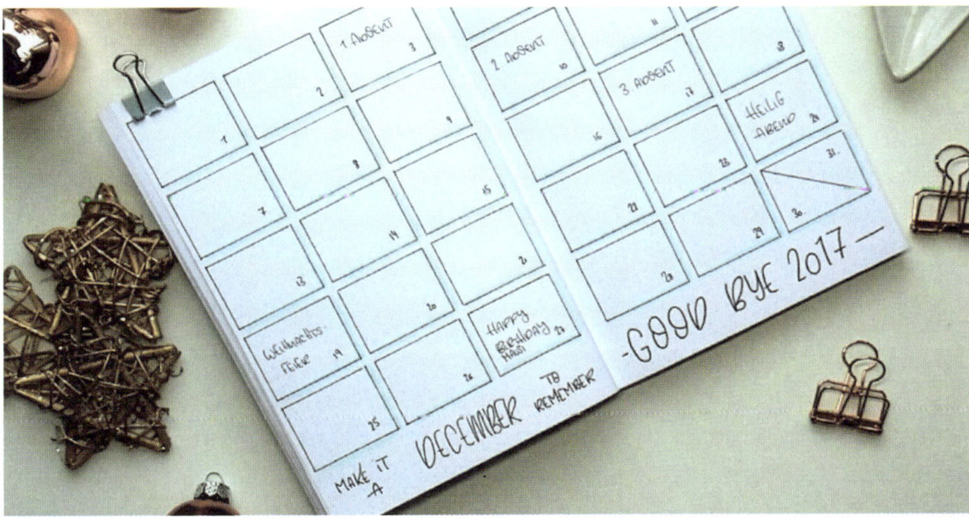

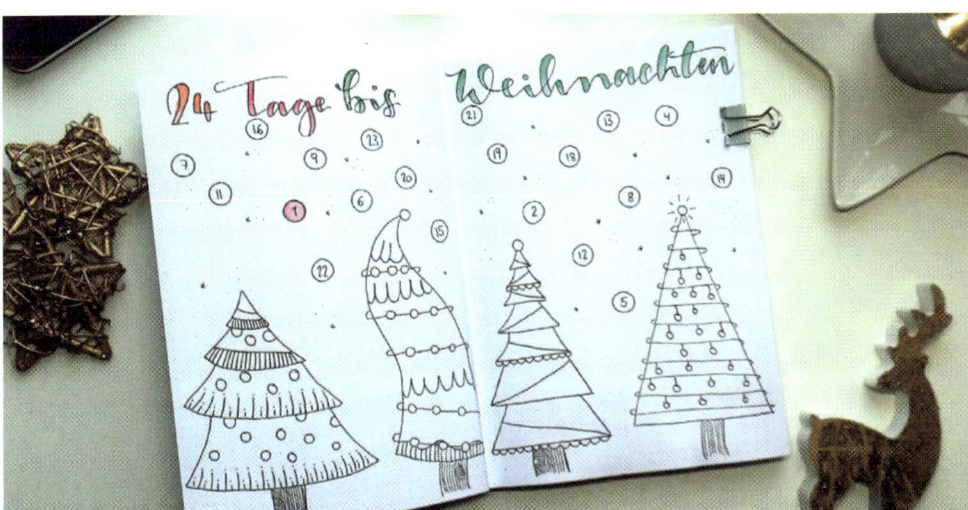

Michelle Tiedmann

Instagram: @gerokreativ

Webseite: www.gero-flock.de

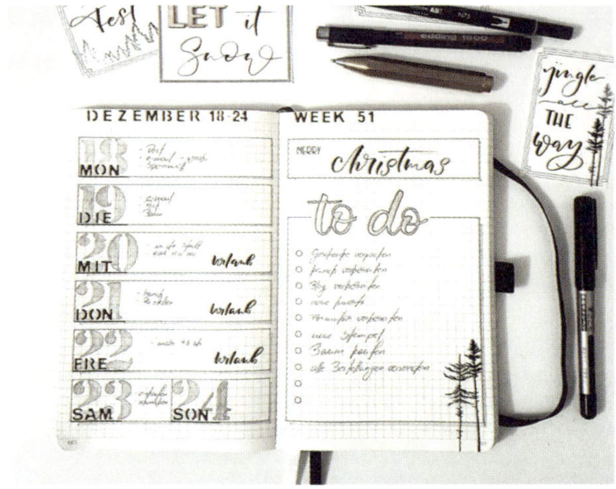

Michelles Feed ist einfach umwerfend. Du findest dort so viel Inspiration für dein Bullet Journal! Schaue auch unbedingt bei ihrem Shop vorbei. Dort gibt es die schönsten Washi Tapes überhaupt. Außerdem findest du dort tolle Traveler's Notebooks und Inserts (Notizhefte zum Einhängen) in allen möglichen Papiervarianten. Zum Beispiel auch kleine Aquarellhefte, so kannst du jederzeit munter mit Wasserfarben arbeiten und musst dich nicht sorgen, ob das Papier standhält. Auf ihrem Blog veröffentlicht sie außerdem regelmäßig tolle Ideen im Bereich DIY.

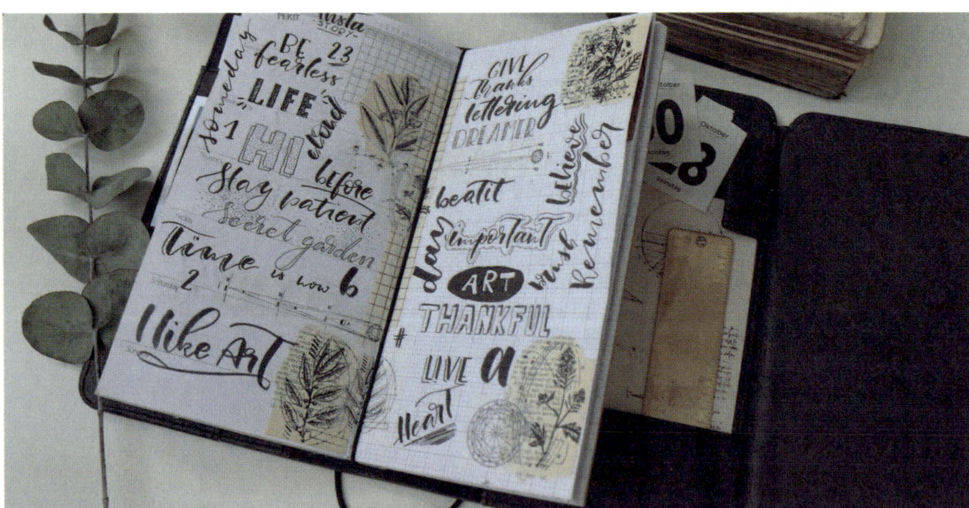

Index